Marginalien des Herausge

Zielsetzung und Entscheidungsprozeß als Gegenstand wissenschaftlicher Analyse

Die Entwicklung der Betriebswirtschaftslehre zu einer entscheidungsorientierten Wissenschaft hin — eine Entwicklung, die durch das Aufkommen besonders leistungsfähiger, quantifizierender Methoden und den immer stärkeren Einsatz elektronischer Datenverarbeitungsanlagen in den Betrieben wesentlich gefördert wurde und wird — gab Veranlassung, sich in verstärktem Maße mit den Zielen und Zielkombinationen zu befassen, an denen sich die Entscheidungen in der Unternehmung ausrichten. Sie hatte des weiteren zur Folge, daß der Entscheidungsprozeß selbst stärker als bisher in das Blickfeld wissenschaftlicher Untersuchungen und Analysen gerückt wurde.

Ziel, Daten, Maßnahmen

Den Zusammenhang zwischen der Zielkombination, die ein Unternehmen anstrebt, den Gegebenheiten innerhalb und außerhalb des Unternehmens, die dabei zu beachten sind, und den Maßnahmen, die unter Berücksichtigung der Daten zur Verwirklichung der gesetzten Ziele führen sollen, veranschaulicht die folgende Skizze.

Um den Kurs eines Schiffes eindeutig festlegen zu können, muß das Ziel bekannt sein, das erreicht werden soll. Um ein Unternehmen rational steuern und gestalten zu können, muß zuvor bewußt gemacht worden sein, welche Ziele verfolgt und durch die Tätigkeit des Unternehmens verwirklicht werden sollen.

Es liegt auf der Hand, daß nur solche Zielkombinationen eine eindeutige Richtschnur für die Entscheidungen in der Unternehmung bilden können, die in sich widerspruchsfrei sind. Ebensowenig wie ein Schiff zielstrebig gesteuert werden kann, dessen Kapitän versucht, gleichzeitig in zwei verschiedenen Richtungen liegende Ziele zu erreichen (bestenfalls kommt ein Zick-zack-Kurs zustande), kann ein Unternehmen erfolgreich geführt werden, dessen Leitung — oft ohne sich dessen bewußt zu sein — gleichzeitig zwei oder gar mehrere einander widerstreitende Ziele verfolgt. Um rationale Entscheidungen fällen zu können, bedarf es einer klaren und in sich geschlossenen Zielkonzeption, eines eindeutigen Bezugspunktes, auf den hin alle Entscheidungen auszurichten sind.

SKIZZE 1

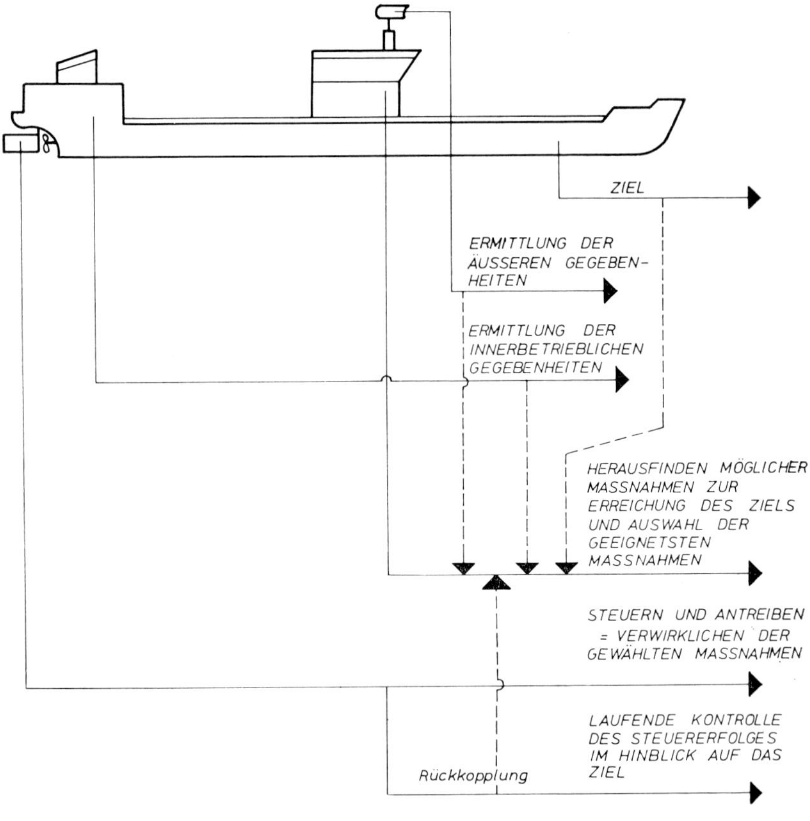

Die Skizze bringt nicht oder nur ungenügend zum Ausdruck, daß zur Unternehmensführung nicht nur die Steuerung eines gegebenen Unternehmens, sondern auch die dauernde Formung und Umgestaltung des Unternehmens selbst gehört. Steuerungs- und Gestaltungsentscheidungen müssen jeweils unter der gleichen Zielkonzeption stehen.

Eine solche in sich geschlossene unternehmerische Gesamtzielkonzeption vermag dann auch als Ausgangspunkt und Basis für die Entwicklung eines Systems kompatibler Unterziele zu dienen, die den Entscheidungsträgern unterhalb der obersten Führungsebene vorgegeben werden können. Der hierin zum Ausdruck kommende Führungsgrundsatz „Management by objectives" setzt eine klar durchdachte Zielkonzeption voraus.

Unternehmung, Staat und Gesellschaft

Da zwischen Wirtschaft, Staat und Gesellschaft engste Verflechtungen bestehen und diese Bereiche einander in vielfältiger Weise durchdringen, erwachsen der Unternehmung nicht nur Aufgaben, die aus dem ökonomischen Sektor resultieren; sie muß sich vielmehr auch mit jenen Forderungen auseinandersetzen, die von Staat und Gesellschaft an sie herangetragen werden. Anerkennt man, daß der Unternehmung nicht nur ökonomische, sondern auch gesellschaftspolitische Aufgaben gestellt sind, so erweitert sich die für die Unternehmensführung relevante Zielkombination um Komponenten, die diesen anderen Bereichen entstammen und Bezug nehmen auf die Anforderungen der Gesellschaft an die Unternehmung.

Während der Aufsatz „Zielanalyse als Grundlage rationaler Unternehmensführung" insbesondere das aus dem ökonomischen Sektor resultierende Zielsystem der Unternehmung analysiert und generelle Grundsätze für den Aufbau eines solchen Systems darlegt, beschäftigt sich der Beitrag „Die ökonomischen und gesellschaftspolitischen Aufgaben des Unternehmers" in erster Linie mit der sich aus der Verflechtung zwischen Wirtschaft, Staat und Gesellschaft ergebenden Stellung des Unternehmens, den daraus resultierenden Aufgaben und dem Zusammenklang zwischen ökonomischen und gesellschaftspolitischen Aufgaben und Zielsetzungen.

Zieldualismus

Es ist verständlich, daß bei der Vielzahl möglicher wünschenswerter Ziele Diskrepanzen zwischen den Komponenten einer Zielkombination auftreten können; Diskrepanzen, die sich um so mehr verschärfen, je konkreter man die einzelnen Zielvorstellungen zu erfassen und auszudrücken versucht. Vornehmlich auf die Bedeutung dieser widerstreitenden Kräfte, die letztlich in jeder Zielkombination auftreten und zum

Ausgleich gebracht werden müssen, weist die Arbeit „Der Dualismus in der Zielsetzung des Industrieunternehmens" hin: „Die Unternehmensführung muß zwangsläufig bei der Zielsetzung eine Kette entgegengerichteter Zielgrößen aufeinander abstimmen. Beispielsweise enthält das generell gesetzte Ziel ‚maximaler Gewinn' mindestens eine Gegengröße, die im ‚Minimalrisiko' gesehen werden kann."

Übergang zur kybernetischen Denkweise

In dem genannten Beitrag wird des weiteren untersucht, welche Bedeutung dem Moment der Unsicherheit und dem Auftreten nicht vorhersehbarer Störfaktoren für die Zielformulierung und dem sich insbesondere an den Abweichungen von bestimmten Zielgrößen orientierenden Steuerungsprozeß zukommt.

Mag sich auch die übergeordnete Zielsetzung nicht ändern, so müssen doch die Zielgrößen, in denen sie ihren konkreten Niederschlag gefunden hat, infolge nicht oder nur ungenau vorhergesehener Änderungen in den Umweltbedingungen laufend korrigiert werden. Für die Unternehmensleitung ergibt sich daraus die Aufgabe,

- einmal solche notwendig gewordenen Veränderungen der konkreten Zielgrößen möglichst schnell zu erkennen,
- zum andern das Unternehmen laufend so zu steuern, daß diesen Veränderungen Rechnung getragen wird.

Der Übergang von der deterministisch planenden zur kybernetischen Denkweise wird hier besonders deutlich.

Zur Organisation von Entscheidungsprozessen

Eine klare Zielvorstellung ist zwar die Voraussetzung dafür, rationale Entscheidungen treffen zu können; ob es aber tatsächlich dazu kommt, hängt von einer Reihe weiterer Faktoren ab. Als einer der bedeutsamsten ist die Organisation des Entscheidungsprozesses zu nennen. Wie ist dafür gesorgt, daß eine Entscheidung, weil sie notwendig ist, auch wirklich getroffen wird? Wie vollzieht sich der Prozeß, der schließlich zu der notwendigen Entscheidung führt? Wer ist daran beteiligt? Wie erfolgt die Selektion der gerade für diese Entscheidung notwendigen Daten? Wie werden gegebenenfalls widerstreitende Ansichten und

Meinungen auf einen Nenner gebracht? Schon diese wenigen Fragen lassen erkennen, welches Gewicht einer adäquaten Organisation des Entscheidungsprozesses zukommt. Während die bisher besprochenen Arbeiten des vorliegenden Bandes der Untersuchung der Ziele und Zielgrößen in einem Unternehmen gewidment sind, befassen sich die beiden folgenden Aufsätze mit dem Entscheidungsprozeß selbst.

In welchem Umfange der Entscheidungsprozeß überhaupt organisierbar ist, welche organisatorischen Gestaltungsmöglichkeiten bestehen, und wie sie sich verwirklichen lassen, ist in dem Beitrag „Zur Organisation von Entscheidungsprozessen" dargelegt. Es wird gezeigt, welche Teilaufgaben im Rahmen des Entscheidungsprozesses zu lösen sind und wie sich diese Teilaufgaben zu einer Einheit zusammenfügen bzw. zusammenfügen lassen. Die Untersuchungen münden ein in eine Darstellung verschiedener Organisations- und Führungsmodelle.

„Mensch-Maschinen-Kommunikation"; Elektronische Datenverarbeitung im Entscheidungsprozeß

Ein insbesondere durch die Entwicklung in den letzten Jahren aktuell gewordenes Thema greift der Aufsatz „Mensch-Maschinen-Kommunikation als Hilfe bei Entscheidungsvorbereitung und Planung" auf. Es ist verständlich, daß der immer stärkere Einsatz von elektronischen Datenverarbeitungssystemen auch auf den Entscheidungsprozeß selbst Einfluß nimmt. Aus der Erkenntnis heraus, daß sich ein vollautomatisches Disponieren besonders in komplexen Situationen nur sehr schwer oder zur Zeit überhaupt noch nicht in befriedigender Weise erreichen läßt, gingen die Bemühungen dahin, ein Zusammenspiel von Mensch und Maschine im Entscheidungs- und Planungsprozeß zu erreichen. Ähnlich wie die Arbeitsmaschinen im Produktionsprozeß als Verstärker der menschlichen Kraft und Geschicklichkeit auftreten, vermag der Computer in der Hand des Entscheidenden zu einem Instrument zu werden, das es ihm ermöglicht, bestimmte geistige Fähigkeiten in ungeahnter Weise zu verstärken. Es sei hier z. B. an die hohe Geschwindigkeit bei der Durchführung logischer und arithmetischer Operationen, an die geringe Fehlerrate, die große Speicherkapazität u. ä. erinnert. Daß ein Nutzbarmachen solcher Möglichkeiten für das Finden rationaler Entscheidungen, für eine erfolgreiche Gestaltung und Steuerung des Unternehmens von erheblicher Bedeutung ist, bedarf keiner Begründung.

Marginalien des Herausgebers

Fallstudie

In der Fallstudie 16 „Der Entscheidungsprozeß bei einer Standortwahl" ist eine konkrete Entscheidungssituation dargestellt und der Ablauf des Entscheidungsprozesses in dieser Situation beschrieben.

Empirische Untersuchung über Zielvorstellungen in der Praxis

Die Ergebnisse einer empirischen Untersuchung über Zielvorstellungen und Rangfolge von Zielen in der Praxis sind auf den Seiten 121 bis 124 wiedergegeben.

Zielanalyse als Grundlage rationaler Unternehmungspolitik

Von Professor Dr. Edmund Heinen, München

Inhaltsübersicht

I. Unternehmerische Entscheidungen

Faßt man die Betriebswirtschaftslehre als Entscheidungslehre[1]) auf, so bilden Erklärung und Gestaltung menschlicher Entscheidungen in der Einzelwirtschaft den Kern ihres Wissenschaftsprogrammes. Die Betriebswirtschaft wird als Organisation konzipiert; als ein zielgerichtetes Sozialsystem, das Informationen gewinnt und verarbeitet; ein System, das in der Regel mehrere Ziele verfolgt.

Die Frage nach den Zielen unternehmerischer Betätigung[2]) zählt in diesem System der Betriebswirtschaftslehre zu den bedeutsamsten und interessantesten Problemstellungen. In dieser Frage spiegelt sich die Vielschichtigkeit unternehmenspolitischer Grundsatzentscheidungen der verantwortlichen Disponenten wider. Die Bedeutung der Unternehmerziele und ihr Einfluß auf die unternehmungspolitischen Entscheidungen lassen sich am besten über eine kurze Analyse des Entscheidungsprozesses aufzeigen und begründen. Man darf davon ausgehen, daß wirtschaftliches Handeln ein ständiges Wählen zwischen verschiedenen Möglichkeiten erfordert.

Werden nun aber menschliche Wahlhandlungen bewußt vollzogen, so spricht man von Entscheidungen. Die Entscheidung stellt einen Vorgang der Willensbildung dar, der je nach Art des Entschlusses zu unterschiedlichen Verhaltensweisen führt.

1. Entscheidungsarten

Eine genetische Betrachtungsweise erlaubt es, zwischen zwei Gruppen unternehmerischer Entscheidungen zu trennen. Zunächst sind Ziele festzulegen, deren Erreichung mittels wirtschaftlicher Betätigung angestrebt werden soll. Dieser Vorgang charakterisiert die Zielentscheidung oder Zielsetzungsentscheidung. Diese Entscheidungen stellen weitgehend autonome Wahlhandlungen dar. Sie determinieren die Verhaltensweisen einer Unternehmung und bestimmen damit vornehmlich die Art ihrer Aufgaben.

Träger dieser Entscheidungen können verschiedene Personen sein. Die Entscheidungszuständigkeit hängt hierbei von der Rechtsform und der Organisationsstruktur der Unternehmung ab.

Geht man davon aus, daß die anzustrebenden Ziele durch autonome Zielentscheidungen oder durch autoritäre Vorgabe bestimmt sind, so stößt man dann auf eine zweite Gruppe von Entscheidungen, die sich mit der Wahl der einzusetzenden Mittel befaßt. Man bezeichnet diese Entscheidungen deshalb als Mittel- bzw. Zielerreichungsentscheidungen. Eine Mittelentscheidung liegt bei-

[1]) Vgl. Heinen, E., Einführung in die Betriebswirtschaftslehre, 2. Aufl., Wiesbaden 1970; ders., Betriebswirtschaftslehre heute – die Bedeutung der Entscheidungstheorie für Forschung und Praxis, Wiesbaden 1966; ders., Zum Wissenschaftsprogramm der entscheidungsorientierten Betriebswirtschaftslehre, ZfB 1969; Pack, L., Der Wandel im betriebswirtschaftlichen Denken, IBM-Nachrichten Nr. 179 (September 1966); Rühli E., Grundzüge einer betriebswirtschaftlichen Entscheidungslehre, in: Beiträge zur Lehre von der Unternehmung, Festschrift für K. Käfer, Stuttgart 1968, S. 271 ff.; Schmidt, R.-B., Wirtschaftslehre der Unternehmung – Grundlagen, Stuttgart 1969; Witte, E., Analyse der Entscheidung. Organisatorische Probleme eines geistigen Prozesses, in: Organisation und Rechnungswesen, Festschrift für E. Kosiol, Berlin 1964.

[2]) Vgl. Heinen, E., Das Zielsystem der Unternehmung, Wiesbaden 1966; Bidlingmaier, J., Unternehmerziele und Unternehmerstrategien, Wiesbaden 1964; Kirsch, W., Gewinn und Rentabilität – Ein Beitrag zur Theorie der Unternehmungsziele, Wiesbaden 1968; Schmidt-Sudhoff, Unternehmerziele und unternehmerisches Zielsystem, Wiesbaden 1967; Strasser, H., Zielbildung und Steuerung der Unternehmung, Wiesbaden 1966.

spielsweise vor, wenn sich ein Unternehmer dazu entschließt, Gewinn durch Produktion und Absatz bestimmter Güter anzustreben.

Es gilt zu beachten, daß die Mittelentscheidungen immer im Hinblick auf eine bestimmte Zielsetzung getroffen werden. Die unternehmerischen Zielsetzungen beeinflussen daher die Entscheidungen über den Mitteleinsatz. Beispielsweise kann das Streben nach größtmöglichem Gewinn einen anderen Mitteleinsatz erfordern als beispielsweise das Streben nach Unabhängigkeit.

2. Entscheidungsprozeß

Die Entscheidung stellt einen Vorgang der Willensbildung dar. Dieser Vorgang läßt sich in drei Stufen unterteilen, der Anregungsphase, der Suchphase und der Optimierungsphase.

Diese drei Stufen lassen sich, wenn auch mit wechselnder Bedeutung, im Ablauf jedes systematischen Entscheidungsprozesses nachweisen. Der Entscheidungsprozeß nimmt in der Anregungsphase mit der Feststellung eines Wahlproblems seinen Ausgang. In einer Ursachenanalyse führt man eine Klärung der vorliegenden Problemstellung herbei.

In der anschließenden Suchphase werden dann sämtliche, der Beschlußfassung vorausgehenden Maßnahmen getroffen. Dabei sind die möglichen Alternativen und die begrenzenden Daten ausfindig zu machen[3]) und die zugrundeliegenden Zielsetzungen zu präzisieren.

Der Prozeß der Willensbildung findet seinen Abschluß mit der Optimierungsphase (Entscheidungsakt). In dieser dritten Phase des Entscheidungsprozesses sind die zulässigen Handlungsalternativen im Hinblick auf die erwartete Zielerfüllung in eine Rangordnung zu bringen. Der handelnde Mensch wählt diejenige Alternative aus, die die vorgegebene Zielsetzung am besten erfüllt.

Im unternehmerischen Handlungsablauf folgt dann der Prozeß der Willensdurchsetzung. In diesem Prozeß ist die gewählte Alternative zu verwirklichen.

3. Entscheidungsdeterminanten

Die Bestrebungen der modernen Entscheidungsforschung gehen nun dahin, die empirisch relevanten Einflußgrößen systematisch zu erfassen. Die Motivationen und Zielsetzungen der Entscheidungsträger, deren intellektuelle Fähigkeiten und ihr Informationsstand werden ebenso einbezogen wie die zur Verfügung stehenden Arbeitsmittel, die Zahl der am Entscheidungsprozeß beteiligten Personen und die Art ihrer Zusammenarbeit.

Man braucht wohl keine ausführlichen Begründungen dafür zu geben, daß das Entscheidungsergebnis vom jeweiligen Zielinhalt und der Art der Zielformulierung abhängt. Die Ziele determinieren den unternehmerischen Entscheidungsprozeß in

[3]) Vgl. Meffert, H., Die Flexibilität in betriebswirtschaftlichen Entscheidungen, unveröffentlichte Habilitationsschrift, München 1968.

mehrfacher Art und Weise. Im Rahmen der Suchphase werden nur solche Alternativen analysiert, die im Hinblick auf die Erfüllung bestimmter Ziele auch relevant erscheinen. Für die Beurteilung der Konsequenzen der Alternativen und für die Festlegung der optimalen Aktionen müssen die Ziele qualitativ und quantitativ fixiert sein. Hinsichtlich der anschließenden Kontrolle der Zielerreichung ist zu sagen, daß diese wiederum Anregungen für neue Entscheidungsprozesse liefert.

Die Analyse zeigt, daß Willensbildung und Willensdurchsetzung in der Unternehmung zielgerichtet sein müssen. Voraussetzung hierfür ist, daß die im Ziel erstrebten Zustände auch klar definiert sind. Die Zielsetzung als Entscheidungsdeterminante wirft aber immer dann besondere Probleme auf, wenn die Entscheidungsträger mehrere Ziele gleichzeitig anstreben. Man kann die Gesamtheit der Zielsetzungen als eine Menge von Elementen auffassen, zwischen denen bestimmte Beziehungen bestehen; ein Netz von Relationen, das es rechtfertigt, von einem System zu sprechen. Ablauf und Ergebnis des Entscheidungsprozesses werden somit in diesem Falle durch ein Zielsystem determiniert.

Neben dem Zielsystem ist zweitens auch den Informationen Beachtung zu schenken. Die Informationen wirken sich wesentlich auf den betriebswirtschaftlichen Entscheidungsprozeß aus. Allen im Verlauf der Entscheidungsprozesse auszuführenden Verrichtungen liegen als gemeinsame Zwecke die Beschaffung und Verarbeitung von Informationen zugrunde, die für die Verwirklichung der gesetzten Ziele erforderlich sind. Deshalb bezeichnet man Informationen in der Regel auch als „zweckorientiertes Wissen". Dabei ist nicht nur Wissen mit Gewißheitscharakter von Bedeutung, sondern auch sogenanntes wahrscheinliches Wissen.

Es sei hier ferner auf den Sachverhalt verwiesen, daß Entscheidungen — vor allem in großen Unternehmungen — nicht nur von einer Einzelperson gefällt werden. Die Vielzahl der in einer Großunternehmung anfallenden Entscheidungen übersteigt das Leistungsvermögen eines einzelnen Menschen. Die Zahl der Entscheidungstatbestände, die zu beachtenden heterogenen Gesichtspunkte im Zielsystem und Informationssystem bewirken hier, daß ein einzelnes Individuum bei der Aufgabe, sämtliche Entscheidungen rational zu fällen, einfach überfordert ist. Aus diesem Grunde teilt man die Gesamtheit der Unternehmungsentscheidungen auf in Investitionsentscheidungen, Absatzentscheidungen, Produktionsentscheidungen usw. und delegiert sie an verschiedene Entscheidungsträger. Damit treten an die Stelle von Individualentscheidungen Gruppen- oder Kollektiventscheidungen.

Mit der Beteiligung mehrerer Personen ergibt sich ein ganz neuer, ein zusätzlicher Einflußfaktor im Prozeß der Entscheidungen. Jeder Entscheidungsträger hat das Verhalten der übrigen Entscheidungsträger zu beachten; denn die Konsequenzen, die die Wahl einer Alternative für eine Person hat, hängen auch von der Entscheidung einer anderen Person oder mehrerer anderer Personen ab. Diese Beziehungen sollen, da sie durch die Verhaltensbeziehungen zwischen den beteiligten Personen charakterisiert sind, deshalb auch als Sozialsystem bezeichnet werden.

Auch für das Sozialsystem kann man sagen, daß dieses ähnlich wie das Informationssystem durch Entscheidungen begründet ist. Diese Entscheidungen betreffen die Einführung von Regeln, die ein rationales Handeln der Gruppe gewährleisten sollen. Den beteiligten Personen werden Teilaufgaben und Teilziele zugewiesen.

Die Analyse liefert uns die Erkenntnis, daß die Formalisierung kollektiver Entscheidungen in der formalen Organisationsstruktur der Gruppe ihren Ausdruck findet. Die Gruppe beeinflußt die Güte des Entscheidungsprozesses ebenso wie die einer Regelung nicht zugänglicher informalen Beziehungen zwischen den Beteiligten. Hier gilt es zu beachten, daß neben den bei Individualentscheidungen auftretenden intrapersonalen Konflikte bei Gruppenentscheidungen auch interpersonale Konflikte auftreten können.

Die Darlegungen über das Entscheidungskollektiv zeigen mit Deutlichkeit auf, daß die Determinanten des Entscheidungsprozesses in der Unternehmung nicht isoliert nebeneinander stehen, sondern, daß Zielsystem, Informationssystem und Sozialsystem interdependente Untersysteme eines umfassenderen Obersystems sind. Dieses Obersystem definieren wir in der Betriebswirtschaftslehre bekanntlich als Unternehmung. Man geht von der Unternehmung als einer Organisation aus, von einem zielgerichteten Sozialsystem, das Informationen gewinnt und verarbeitet.

In einer solchen Betrachtungsweise steht der Entscheidungsprozeß immer im Mittelpunkt des wissenschaftlichen Interesses. Alle Organisationsteilnehmer werden als decision-makers und problem-solvers, als gestaltende und treibende Kräfte gedanklich in einer Gruppe zusammengefaßt.

II. Zielanalyse

Wenn nun festgestellt wurde, daß das Zielsystem, Informationssystem und Sozialsystem die allgemeine Grundlage für die Erklärung der Entscheidungsvorgänge in der Unternehmung bilden, so muß dem sofort hinzugefügt werden, daß diese Entscheidungsdeterminanten gleichzeitig auch Ansatzpunkte für die Verbesserung der Unternehmungsentscheidungen in der Praxis, für die Unternehmungspolitik liefern. Es versteht sich von selbst, daß hierbei vor allem die zwischen den Systemen bestehenden Interdependenzen Berücksichtigung finden müssen.

1. Problemstellung

Die Betriebswirtschaftslehre hat die Bedeutung der Unternehmerziele und ihr Einfluß auf Entscheidungen seit jeher erkannt. Man kann jedoch feststellen, daß die systematische Erforschung dieses Problemkreises lange Zeit hindurch vernachlässigt wurde. Die Zielsetzung bildete nicht den Gegenstand der unternehmenstheoretischen Analyse, sondern den Ausgangspunkt derselben. Man geht von der Prämisse der Gewinnmaximierung aus, die das erwerbswirtschaftliche Prinzip in seiner letzten Steigerungsform ausdrückt. Das vom Unternehmer verfolgte Ziel ist in einer derartigen Analyse kein Problem mehr sondern ein Datum, das vorausgesetzt wird. In der Fachdiskussion kann beobachtet werden, daß ein Großteil der bekannten Leitsätze über Unternehmungsplanung und Unternehmungsgleichgewicht, insbesondere die Aussagen über die Absatzentscheidungen, Investitions-

und Finanzierungsentscheidungen teils explizit teils implizit von einem einzigen Ziel ausgeht. Man unterstellt, daß der Unternehmer nach dem erwerbswrtschaftlichen Prinzip in der ausgeprägtesten Form handelt, nämlich nach der Leitmaxime der Gewinnmaximierung oder der Rentabilitätsmaximierung.

Es kann jedenfalls festgestellt werden, daß solchermaßen formulierte Entscheidungsmodelle Maximumprobleme darstellen, die mit Hilfe der Marginalanalyse formuliert werden, und daß sich alle Dispositionen der Unternehmung auf der Grundlage der Hypothese der Gewinnmaximierung eindeutig determinieren lassen. Eine derartige Zielannahme hat natürlich den Vorzug, daß sie als wunderbarer Schlüssel alle Türen zum Verständnis des unternehmerischen Verhaltens öffnet.

Beobachtung und Erfahrung lehren aber, daß die unternehmerische Aktivität von einer Vielfalt von Zielvorstellungen beherrscht wird. Man weiß auch, daß allein das erwerbswirtschaftliche Prinzip sich in vielen Formen und Abwandlungen findet. Die Betriebswirtschaftslehre macht sich nun in ihrem Bemühen, neue Erkenntnisse über die Zielbildung und Zielerreichung zu erhalten, die Forschungsergebnisse der Soziologie und Psychologie zu eigen. Die Forschungsergebnisse dieser Disziplinen legen den Schluß nahe, daß nicht nur unterschiedliche Einzelziele sondern auch Zielkombinationen, vor allem aber auch nicht-monetäre Zielvorstellungen wie Machtstreben und Prestigestreben im unternehmerischen Entscheidungsprozeß eine wesentliche Rolle spielen. Die Realität der Unternehmung ist durch einen Zielpluralismus gekennzeichnet.

2. Methoden der Zielforschung

Die Richtigkeit einer Zielfunktion — im Begriff der Zielfunktion sind alle Ziele zusammengefaßt, die eine Unternehmung verfolgt — kann auf rein theoretischem Weg nicht bewiesen werden. Aussagen über angestrebte Ziele können nur auf der Grundlage eingehender empirischer Untersuchungen gemacht werden. In der empirischen Zielforschung untersucht man die Art, das Ausmaß und die relative Bedeutung der in der Unternehmungspraxis angestrebten Ziele. Die empirische Zielforschung sucht ferner festzustellen, welcher Personenkreis zu welchen Zeitpunkten und Gelegenheiten in der Unternehmung an der Zielbildung beteiligt ist. Das wissenschaftliche Bemühen geht schließlich auch dahin, Aufschluß zu gewinnen, ob und in welcher Weise Inhalt, Ausmaß und relative Bedeutung der Unternehmerziele im Zeitablauf variieren.

Es mag in Erstaunen versetzen, daß nur wenig empirisches Material über diese Fragestellungen vorliegt. Die Mehrzahl der wenigen Untersuchungen befaßt sich lediglich mit der Frage nach dem Inhalt und nach dem Ausmaß der angestrebten Ziele. Nur hin und wieder finden wir die Fragestellung nach dem bei der Zielbildung beteiligten Personenkreis oder nach der Zielveränderung im Zeitablauf. Mit der erstgenannten Fragestellung sucht die Betriebswirtschaftslehre die quantitativen Ergebnisse über die Häufigkeit einzelner Zielsetzungen zu finden. Die Untersuchungen erstrecken sich dabei sowohl auf Unternehmungen verschiedener

Branchen als auch gleicher Branchen. Auf diese Weise versucht man, sogenannte dominante und typische Unternehmerziele aufzudecken.

Wenn nun gesagt wurde, daß es nur eine relativ geringe Zahl von Untersuchungen auf diesem Gebiete gibt, so kann dies einmal aus dem Umstand erklärt werden, daß die Antriebskräfte unternehmerischen Handelns einer Analyse nur schwer zugänglich sind. Zum anderen kann man sagen, daß alle zur Verfügung stehenden Methoden der empirischen Zielanalyse mehr oder weniger große Mängel aufweisen. Allein aus diesen Gründen sind allgemeine Schlußfolgerungen aus empirischen Erhebungen nicht oder nur mit großen Vorbehalten möglich.

Methodisch gibt es zwei Möglichkeiten, über die in der Wirklichkeit vorherrschenden Unternehmerziele Aufschluß zu gewinnen. Die erste oder indirekte Methode der Zielanalyse untersucht Mittelentscheidungen bzw. deren Konsequenzen und versucht daraus Rückschlüsse auf die zugrunde liegenden Ziele zu ziehen. Die zweite oder direkte Methode zielt darauf ab, die Zielsetzungen mittels Befragung, psychologischer Tests oder Auswertung entsprechender Dokumente unmittelbar zu erkennen; man denke an Bibliographien, Grundsatzreferate von Unternehmern und dergleichen mehr.

Zur indirekten Methode ist zu sagen, daß das Unternehmerverhalten insbesondere am Beispiel von Investitionsentscheidungen und Preisentscheidungen beobachtet wird. Beide Arten von Entscheidungen sind insofern besonders geeignet, als in ihnen — im Falle der Investitionsentscheidungen langfristig, im Falle der Preisentscheidungen kurzfristig — jene Verhaltensweisen zum Ausdruck gelangen, die sich aus den wichtigsten Zielsetzungen in der Unternehmung ergeben.

Zu beachten bleibt, daß die dem beobachtenden Investitions- und Preisverhalten zugrundeliegenden Ziele nicht ohne Hypothesen bestimmt werden können. Je nach Situation beeinträchtigen die Annahmen den sogenannten Wahrheitsgehalt der Aussagen. Es ist denkbar, daß die beobachteten Verhaltensweisen nicht auf echten Entscheidungen beruhen, sondern Ausfluß eines routinemäßigen oder irrationalen Handelns sind. Die häufig beobachtete Preisstarrheit auf oligopolistischen Märkten kann beispielsweise ebenso im Routineverhalten wie im Sicherheitsstreben ihren Ursprung haben.

Sieht man einmal von solchen Möglichkeiten der Fehldeutung ab, so stehen exakten Rückschlüssen von den Mittelentscheidungen auf die Unternehmerziele dennoch weitere Schwierigkeiten entgegen. Solche Schwierigkeiten ergeben sich aus der Struktur des unternehmerischen Entscheidungsfeldes. Darunter soll das folgende verstanden werden:

1. Das Unternehmerverhalten wird durch die im Entscheidungszeitpunkt bestehende Umweltsituation wesentlich beeinflußt. Über die Umweltsituation wirken externe und interne Daten. Und diese Daten engen den Entscheidungsspielraum der Unternehmung ein. In diesem Zusammenhang ist beispielsweise an juristische Bindungen zu denken. Sollen Unternehmerziele am Preisverhalten verifiziert werden, so darf man aus dem Einhalten des juristischen Spielraumes — man denke an Höchstpreise oder Mindestpreise — nicht ohne weiteres den

Schluß ziehen, die Unternehmung sei an größtmöglichen Periodengewinnen desinteressiert. Das Beispiel soll zum Ausdruck bringen, daß ohne Kenntnis des Entscheidungsspielraums leicht falsche Schlußfolgerungen über die einem gegebenen Unternehmensverhalten zugrundeliegenden Ziele möglich sind.

2. Bei der Interpretation des beobachteten Unternehmensverhaltens ist ferner die Abhängigkeit der Entscheidungen vom Informationssystem zu beachten. Auf Grund der Interdependenzen zwischen Informationssystem und Zielsystem kann, je nach dem Informationsstand, ein und dasselbe Ziel zu verschiedenen Verhaltensweisen führen. Umgekehrt ist es in Abhängigkeit von den benutzten Informationen durchaus denkbar, daß inhaltlich verschiedene Ziele ein gleiches Verhalten zeitigen.

   Als Beispiel sei wiederum das preispolitische Verhalten in Oligopolsituationen angeführt. Je nach den Informationen über das Verhalten der Konkurrenten kann z. B. das Gewinnstreben zu unterschiedlichen Preisstellungen führen. Verschiedene Ziele, wie beispielsweise Gewinnmaximierung und Wahrung der Unabhängigkeit können bei unterschiedlichem Informationsstand über das gegnerische Verhalten dennoch gleiche preispolitische Maßnahmen zur Folge haben.

   Das Beispiel soll zeigen, daß sich die Interpretation des unternehmerischen Verhaltens auf bestimmte Hypothesen über das Informationssystem stützen muß. Insbesondere ist die Kenntnis der Regeln der Informationsgewinnung und Informationsverarbeitung in diesem Zusammenhange wesentlich. Aber selbst bei vorhandener Informationshypothese ist dennoch der Schluß vom Verhalten auf die Ziele problematisch, weil etwaige Ungewißheit je nach der Risikoneigung des Unternehmers die Ziele selbst beeinflussen kann.

3. Die indirekte Methode der empirischen Zielforschung stützt sich nicht nur auf die unmittelbare Beobachtung des Unternehmerverhaltens. Die Methode geht vielmehr vom Unternehmensverhalten aus. Und dieses Unternehmensverhalten beruht ja auf Entscheidungen und Ausführungen aller im Sozialsystem integrierten Individuen. Das zielgerichtete Verhalten des Systems ist durch die organisatorische Willensbildung und Willensdurchsetzung geprägt. Die Betriebswirtschaftslehre geht hier von der Annahme aus, daß die ursprünglich von einer privilegierten Gruppe, seien es Eigentümerunternehmer oder Managerunternehmer, gesetzten Ziele in mannigfacher Weise modifiziert werden können. Wenn man aber auf diesem Wege Schlüsse auf die Unternehmerziele zieht oder ziehen will, so sind wiederum Hypothesen zu bilden; in diesem Falle Hypothesen über die Organisationsstruktur, das Kommunikationssystem und die möglichen organisatorischen Friktionen.

Die skizzierten Schwierigkeiten und Problemstellungen der indirekten Methode geben nun Anlaß, die Zielforschung im Wege der direkten Methode mittels Interviews, schriftlicher Befragung usw. durchzuführen. Gibt man der direkten Methode den Vorzug, so sollte man jedoch beachten, daß schriftliche Antworten auf Fragebogenuntersuchungen auch problematisch sind. Nur detaillierte Diskussionen verschiedener Situationen und Entscheidungen bringen hier die wirklichen Verhaltensmotive des einzelnen Unternehmers ans Licht. Interviews sind mit allen aus der Demoskopie bekannten Fehlern behaftet; man denke beispielsweise an mangelnde Aussagebereitschaft und unklare Vorstellungen der Befragten sowie an die Beeinflussung durch die Befrager usw. Mit diesen Vorbehalten seien einige mit Hilfe der direkten Methode gewonnenen Ergebnisse der empirischen Zielforschung wiedergegeben und gewürdigt.

Kaplan, Dirlam und Lanzillotti versuchen durch Befragung über die preispolitischen Ziele von 42 der 100 größten amerikanischen Unternehmungen Aufschluß zu erhalten über die Ziele dieser Unternehmungen. Die wichtigsten Ziele der Preispolitik werden von den drei Autoren wie folgt charakterisiert[4]):

1. Preisstellung mit dem Ziel der Sicherung einer angemessenen Rentabilität,
2. Stabilisierung der Preise und Gewinnmargen,
3. Preisstellung als Gegenmaßnahme oder Anpassung an den Wettbewerb,
4. Preisstellung mit dem Ziel der Aufrechterhaltung oder Verbesserung des Marktanteils.

Wie aus den Ergebnissen dieser Untersuchung zu ersehen ist, werden diese vier Ziele von nahezu allen befragten Gesellschaften angeführt. Auffällig ist, daß das Ziel der Gewinnmaximierung fehlt.

Als weiteres charakteristisches Beispiel für die preispolitische Verhaltensweise der Unternehmungen sei angeführt, daß die Preispolitik des größten amerikanischen Stahlerzeugers, der US-Steel-Corporation, hier einen gewissen Aufschluß gibt. Die Preispolitik wird in den Befragungen von der Geschäftsleitung der US-Steel-Corporation wie folgt umschrieben: Die Vereinigung hat zu keiner Zeit, weder kurz- noch langfristig versucht, ihre Preise nach dem Gewinnmaximum zu bestimmen. Die Geschäftsleitung ist vielmehr darauf bedacht, Preise zu setzen, welche die Kosten decken und eine angemessene Kapitalverzinsung gewährleisten. Unsere Gesellschaft hat den Beweis geliefert, daß sie das Gewinnstreben begrenzt und von einer Ausnutzung kurzfristiger Situationen absieht. Die Gesellschaft war sich also der Verantwortung und der Krisenempfindlichkeit als größtes und beherrschendes Industrieunternehmen sehr wohl bewußt[5]).

Zu einer derartigen Auskunft kann man kritisch bemerken, daß die als angemessen betrachtete Kapitalverzinsung im Zeitablauf allerdings nicht konstant bleibt, sondern daß sie entsprechend den Umweltbedingungen in ihrer Höhe Schwankungen unterworfen ist.

Die empirischen Untersuchungen von Kaplan, Dirlam und Lanzillotti verdeutlichen, daß die Ziele der Unternehmungen einer ständigen Revision unterliegen. Auf die Ursachen solcher Zielrevisionen gehen die genannten Autoren nicht weiter ein. Diese Ursachen wären aber gerade für den Aspekt der Zielbildung von besonderem wissenschaftlichem Interesse.

---

[4]) Vgl. Kaplan, Dirham, Lanzilotti, Pricing in Big Business, Washington 1958, S. 128.

[5]) Vgl. Dieselben, a. a. O., S. 57 ff.

3. Empirische Zielforschung des Instituts für Industrieforschung und betriebliches Rechnungswesen der Universität München

Im Rahmen der Untersuchungen des Instituts wurde eine größere Zahl von Unternehmungen, vorwiegend aus dem süddeutschen Raum, befragt. Im Mittelpunkt der Befragung standen Fragen nach dem Personenkreis, der die jeweiligen Unternehmungsziele festlegt und Fragen nach Art und Rangordnung dieser Ziele. Die Ergebnisse beruhen also in erster Linie auf persönlichen Gesprächen. Die Interviews wurden an Hand eines Fragebogens einheitlich vorbereitet. Der Fragebogen diente aber nur als allgemeine Richtlinie, während die Gespräche frei geführt wurden.

Die Gesprächspartner gehörten meist der Unternehmungsleitung an. In einigen Fällen wurden die Fragen von engeren Mitarbeitern der Unternehmungsleitungen beantwortet. Vereinzelt waren die Befragten Vorstandsmitglieder von Konzerngesellschaften. Hier war es zum Teil nicht möglich festzustellen, inwieweit die Gesprächspartner die zweite oder gar dritte Ebene der Konzernhierarchie repräsentierten. Es kann also nicht ausgeschlossen werden, daß die Ergebnisse der Befragung in gewissem Umfange Ansichten von Personen enthalten, die nicht der Unternehmungsleitung im strengen Sinne angehören.

Angesichts dieses Sachverhaltes ist es dennoch interessant, daß durchweg alle Gesprächspartner der Meinung waren, persönlich einen Einfluß auf die Festlegung und das relative Gewicht der Ziele ihres Unternehmens zu besitzen. Diese Anschauung der Gesprächspartner ist nur bedingt auf eine mögliche Fehleinschätzung der eigenen Position zurückzuführen. Die Tatsache legt vielmehr den Schluß nahe, daß der Kreis der an der Zielbildung beteiligten Organisationsmitglieder nicht eindeutig abgrenzbar ist.

Bei der Befragung nach den einzelnen Zielen und deren Rangordnung betonten die Gesprächspartner, daß sie lediglich ihre persönliche Ansicht zum Ausdruck brächten; diese sei keineswegs für die übrigen Mitglieder der Unternehmungsleitung verbindlich. Dieser Hinweis läßt nun darauf schließen, daß es vielfach verfehlt ist, von einem festumrissenen Zielsystem der Unternehmung auszugehen. Die einzelnen Unternehmungsziele und ihre Gewichtung werden keineswegs immer explizit und für alle Mitarbeiter der Unternehmungsleitung verbindlich festgelegt. Diese Vorbehalte sind natürlich bei der Interpretation der Befragungsergebnisse zu beachten, insbesondere hinsichtlich der Rangordnung der Unternehmungsziele. Die gestellten Fragen lauteten:

In empirischen Untersuchungen werden in der Regel die folgenden Unternehmerziele als wichtig angesehen:

- Gewinn
- Soziale Verantwortung gegenüber der Belegschaft
- Unabhängigkeit
- Marktanteil
- Sicherheit

- Wachstum
- Prestige und
- Kundenpflege

Dazu die Fragen:

a) Sind alle diese Ziele für Ihre Entscheidungen bedeutsam?

b) Welche anderen Ziele sind für Sie sonst noch relevant?

c) Sind diese Ziele für Sie gleichwertig oder können Sie eine Rangordnung angeben?

d) Ändert sich diese Rangordnung in Abhängigkeit von der allgemeinen konjunkturellen oder branchenbedingten Situation?

Die einzelnen Ziele waren bewußt nicht näher erläutert worden, um auf diese Weise die Gesprächspartner zu Definitionen zu veranlassen. Die Fragen a) und d) wurden meist spontan bejaht. Nur vereinzelt wurde der Katalog der genannten Ziele als unvollständig empfunden und die Rangordnung dieser Ziele als im Zeitablauf konstant bezeichnet. Die Befragten nannten als zusätzliche Ziele Kapitalerhaltung, Finanzstruktur, Tradition, Produktqualität, gute Beziehungen zum Staat, Elastizität zur Gewährleistung von Anpassungsvorgängen, technisch fortschrittliche Produktionsausrüstung, Kapazitätsausnutzung. Das Ziel der Kostenwirtschaftlichkeit wurde im Fragenkatalog bewußt weggelassen. Nur drei der Befragten vermißten diese Zielsetzung. Interessant war auch die Mitteilung, daß folgende Ziele teilweise als nicht relevant zu betrachten seien: Wachstum, Marktanteil, Unabhängigkeit, Kundenpflege.

Die Frage c) lautete, welchen Rang die Gesprächspartner den einzelnen Zielen beilegen. Zur Ermittlung dieser Rangordnungen wurden die Gesprächspartner gebeten, Karten zu ordnen, auf denen die einzelnen Ziele angegeben waren. Es zeigte sich nun deutlich, daß eine einheitliche Rangordnung der Unternehmungsziele nicht existierte. Die Unterschiede sind nur bedingt auf Mängel zurückzuführen, die der stark vereinfachenden Befragungsmethode anhaften. Die Werte für den durchschnittlichen und den häufigsten Rang der einzelnen Ziele können wegen der überaus hohen Streuung wohl kaum verallgemeinert werden.

Dennoch kann man gewisse Ähnlichkeiten und Tendenzen in der Rangordnung der Unternehmungsziele feststellen. Das Gewinnziel steht grundsätzlich an der Spitze der Unternehmungsziele. Die Dominanz des Gewinnzieles wurde allerdings unterschiedlich begründet. Die Befragten wiesen vielfach darauf hin, daß Gewinnerzielung Voraussetzung für die Erreichung der nachgeordneten Ziele sei. Umgekehrt wurden Ziele zum Teil deshalb dem Gewinnziel nachgeordnet, weil sie lediglich als Mittel zur Erreichung des Gewinnzieles dienten. Beide Auffassungen aber stehen in einem gewissen Widerspruch zueinander.

Weiterhin konnte festgestellt werden, daß das Prestigeziel keine allzu große Rolle in den Entscheidungsüberlegungen der Unternehmungen spielt. Dieses Ergebnis ist jedoch mit Vorbehalt zu betrachten. In den Gesprächen wurde das Prestigeziel zunächst fast ausnahmslos als irrelevant bezeichnet. Nach weiteren Hinweisen erfolgte jedoch zum Teil eine gewisse Modifikation der ursprünglichen Aussage. Eine Beeinflussung des Untersuchungsergebnisses durch den Befragenden ist daher nicht auszuschließen.

Die Befragung hat eine Reihe von Ergebnissen erbracht, die zum Teil eine Bestätigung der in der wissenschaftlichen Diskussion vorgebrachten Hypothesen über die Unternehmungsziele darstellen. Die Ergebnisse dürfen jedoch nicht überbewertet werden.

4. Bestimmung der Zieldimensionen

Die betriebswirtschaftliche Zielanalyse hat vorrangig zwei Gesichtspunkten Rechnung zu tragen, einmal den Dimensionen der Unternehmungsziele, zum zweiten den Beziehungen und Interdependenzen der Unternehmungsziele.

Zum ersten Gesichtspunkt der Dimensionen der Unternehmungsziele ist zu sagen: Unternehmungen verdanken ihre Existenz stets der Initiative und den Zielvorstellungen autonomer Wirtschaftssubjekte. Bei der Analyse der Dimensionen der Unternehmerziele muß man deshalb von den empirisch wichtigsten Zielvorstellungen der verantwortlichen Personen ausgehen. Diesem Personenkreis gehören sowohl Eigentümerunternehmer an, als auch von diesen autorisierte Geschäftsführerunternehmer. Empirische Untersuchungen zeigen, daß sich die unternehmerischen Antriebskräfte in einer Vielzahl verschiedener Zielgrößen manifestieren. Aus der Fülle möglicher Zielvorstellungen sollen einige typische Unternehmerziele ausgewählt und nach Inhalt, erstrebtem Ausmaß und zeitlichem Bezug präzisiert werden.

Typische Unternehmerziele sind beispielsweise:

das Gewinnstreben,
das Umsatzstreben,
das Wirtschaftlichkeitsstreben,
die Sicherung des Unternehmenspotentials,
die Sicherung der Liquidität,
das Unabhängigkeitsstreben und Vereinigungsstreben,
das Prestigestreben,
das Machtstreben,
ethische und soziale Bestrebungen.

Die eindeutige Fixierung unternehmerischer Zielsetzungen erfordert neben einer inhaltlichen Definition der Zielvariablen auch die Festlegung des Ausmaßes, in dem die Zielerreichung anzustreben ist, und die Bestimmung der Zeitgrößen, auf die die Ziele bezogen werden.

Die Unterscheidung wird deutlich, wenn man die beiden folgenden Ziele miteinander vergleicht:

Ziel I: Erstrebe einen maximalen Gewinn pro Jahr,

Ziel II: Erstrebe einen monatlichen Umsatzzuwachs von 10 % des Vormonatsergebnisses.

Die beiden Ziele unterscheiden sich zunächst darin, daß in den Imperativen mit Gewinn und Umsatz zwei völlig verschiedene Zielinhalte angesprochen sind. Man stellt ferner fest, daß das Gewinnstreben bei Ziel I grundsätzlich unbegrenzt formuliert ist, während ja das Umsatzstreben auf eine bestimmte Zuwachsrate begrenzt ist. Gewinn und Umsatzziel weichen somit auch im angestrebten Ausmaß der Zielerreichung voneinander ab. Schließlich ist auch der zeitliche Bezug der beiden Ziele verschieden. Das äußert sich einmal darin, daß mit Jahr bzw. Monat unterschiedliche Bezugszeiträume der Ziele gegeben sind. Darüber hinaus ist das angestrebte Ausmaß des Umsatzzieles von der Zielerreichung des Vormonats abhängig.

Die drei Dimensionen „Inhalt, erstrebtes Ausmaß und zeitlicher Bezug" seien an einem der als typisch bezeichneten Unternehmerziele noch etwas näher aufgezeigt, nämlich an Hand des Gewinnstrebens:

Das Gewinnstreben ist bekanntlich Ausdruck des Einkommensmotivs, des Strebens nach höherem Wohlstand bzw. umfassenderer Güterversorgung auf Seiten jener Personen, die der Unternehmung Eigenkapital und residualentlohnte Unternehmerleistung zur Verfügung stellen; was generell im erwerbswirtschaftlichen Prinzip zum Ausdruck gebracht wird. Viele Forschungsergebnisse beruhen meist einseitig auf der Berücksichtigung des Gewinnstrebens als Auswahlprinzip. Angesichts dieser Tatsache ist es eigentlich überraschend, daß bislang keine hinreichende Klarheit über den Inhalt des Gewinnziels geschaffen wurde.

In der Fachdiskussion unterstellt man vielfach jenen Gewinn als Zielgröße, der im betrieblichen Rechnungswesen — in der Bilanz oder in der kurzfristigen Erfolgsrechnung — ermittelt wird. Diese Gewinngröße stellt aber nicht nur einen Ausdruck des monetären Erwerbsstrebens der Unternehmungseigner dar. Diese Gewinngröße des Rechnungswesens ist in starkem Maße auch im allgemeinen Erhaltungsziel der Unternehmung begründet.

Bei rein formaler Betrachtung ergeben sich im Grunde fünf verschiedene Möglichkeiten, dieses monetäre Einkommensmotiv der Unternehmenseigner als Ziel der Unternehmung auszudrücken: Drei Formen des absoluten Gewinnstrebens, nämlich Kapitalgewinn, pagatorischer Gewinn und kalkulatorischer Gewinn, und zwei Formen des relativen Gewinnstrebens, nämlich Gesamtkapitalrentabilität und Eigenkapitalrentabilität.

Eine Abgrenzung der Gewinnbegriffe läßt sich erreichen, wenn man den Kostenbegriff wertmäßig interpretiert und ihn dem pagatorischen Aufwandsbegriff gegenüberstellt. Je nachdem, welche negative Gewinnkomponente angesetzt wird, ergibt sich eine kalkulatorische Gewinngröße oder eine pagatorische.

Beschränkt man die Betrachtung auf den Begriffsumfang, so unterscheiden sich die beiden konkurrierenden Gewinngrößen in erster Linie dadurch, daß im Falle des kalkulatorischen Gewinnes Eigenkapitalzinsen als gewinnmindernde Kostenbestandteile betrachtet werden. Im Falle des pagatorischen Gewinnes dagegen nicht. Die Diskussion, ob Eigenkapitalzinsen Gewinn oder Kostenbestandteile sind, ist bis heute noch nicht abgeschlossen. Einige Repräsentanten unseres Faches vertreten sogar die Auffassung, daß Zinsen jeglicher Art, also auch Fremdkapitalzinsen, Gewinnbestandteile darstellen (so z. B. Seischab). Der Gewinnbegriff, der von diesen Repräsentanten unseres Faches vertreten wird, kann als Kapitalgewinn bezeichnet werden.

Das monetäre Erwerbsstreben findet andererseits auch in der Maximierung eines relativen Gewinnes seinen adäquaten Ausdruck (ggf. Optimierung). Der erzielte Gewinn wird in diesem Falle auf das eingesetzte Kapital bezogen. Das Gewinnstreben wird hier durch das Rentabilitätsstreben ersetzt. Je nachdem, ob das gesamte Kapital oder nur das Eigenkapital Bezugsgröße des Gewinnes ist, spricht man von Gesamtkapitalrentabilität oder Eigenkapitalrentabilität als Ziel der Unternehmung. Nach dem G r u n d s a t z d e r E x t e n s i o n s e n t s p r e c h u n g müssen im Falle der Gesamtkapitalrentabilität der Kapitalgewinn, im Falle der Eigenkapitalrentabilität dagegen der pagatorische Gewinn im Zähler des Rentabilitätsquotienten stehen.

Ein Vergleich der Zielinhalte zeigt, daß die Maximierung (Optimierung) des pagatorischen Gewinnes ein Sonderfall der Eigenkapitalrentabilität darstellt; die Maximierung des Kapitalgewinns dagegen ein Sonderfall der Gesamtkapitalrentabilität. Unter der Voraussetzung nämlich, daß das Gesamtkapital bzw. das Eigenkapital konstante Größen sind, werden die Rentabilitätsquotienten dann maximiert, wenn die variablen absoluten Gewinngrößen ihr Maximum erreichen.

Die Gesamtkapitalrentabilität erscheint jedoch als Zielgröße nur wenig plausibel. Die Maximierung der Gesamtkapitalrentabilität hat beispielsweise die unrealistische Konsequenz, daß die Kapitalstruktur der Unternehmung, d. h. das Verhältnis von Fremdkapital zu Eigenkapital, keinen Einfluß auf die Zielerreichung nimmt. Die Höhe der Gesamtkapitalrentabilität ist nämlich definitionsgemäß von der Höhe der zu zahlenden Fremdkapitalzinsen und damit von der Kapitalstruktur unabhängig. Folgt man dieser Argumentation so konzentriert sich die Diskussion auf die Frage, ob die Maximierung des kalkulatorischen Gewinnes oder die Maximierung der Eigenkapitalrentabilität als Ziel des Unternehmers anzusehen ist. Betrachtet man den Sachverhalt rein formal, so stellt sich diese Frage als entscheidungslogisches Problem der mathematischen Formulierung einer Zweck-Mittel-Relation. Die Maximierung eines Zweck-Mittel-Quotienten, wie ihn die Eigenkapitalrentabilität ausdrückt, steht der Maximierung einer Zweck-Mittel-Differenz, wie sie im kalkulatorischen Gewinn als Differenz von pagatorischem Gewinn und Eigenkapitalzinsen zum Ausdruck kommt, gegenüber. Eine entscheidungsorientierte Analyse dieser Zusammenhänge erfordert also eine Bezugnahme auf den Zielentscheidungsprozeß innerhalb der Gruppe.

Die eindeutige Fixierung unternehmerischer Zielsetzungen im Rahmen der Zielanalyse erfordert neben einer inhaltlichen Definition der Zielvariablen auch die Festlegung des Ausmaßes, in dem die Zielerreichung anzustreben ist. Die Bestimmung des Zielausmaßes stellt insofern einen weiteren Teilaspekt der umfassenden Zielentscheidung dar.

Bezüglich des Ausmaßes der Zielfixierung können zwei Möglichkeiten unterschieden werden. Zum einen ist es denkbar, daß der Entscheidungsträger Alternativen zu ermitteln sucht, für die die Zielvariablen optimale Werte annehmen. Zum anderen kann der Entscheidungsträger die Lösungssuche bereits dann abbrechen, wenn die Zielvariable einen bestimmten — als befriedigend angesehenen — Wert übersteigt.

Das Streben nach optimalen und befriedigenden Lösungen bezeichnet aber zwei verschiedene Verhaltensweisen des Entscheidungsträgers. Die Bestimmung eines Optimums für die Zielvariablen erfordert in mathematischen Entscheidungsmodellen die Ermittlung maximaler oder minimaler Extremwerte. Zu diesem Zwecke müssen sämtliche verfügbaren Alternativen bekannt sein. Ferner sind deren Konsequenzen nach den relevanten Kriterien vollständig zu beschreiben. Dabei ist es notwendig, daß sich eine der Alternativen gegenüber allen anderen als vorziehenswürdig erweist.

Die Annahme, daß Wirtschaftssubjekte bei der Lösung von Entscheidungsproblemen in der Realität optimale (extremale) Alternativen zu ermitteln suchen, wird häufig stark kritisiert. So betont beispielsweise Sandig[6]), daß sich die verantwortlichen Entscheidungsträger in den Unternehmungen nicht von Optimalitätsvorstellungen, sondern von Angemessenheitsvorstellungen leiten lassen. Angemessenheitsvorstellungen wurzeln regelmäßig nach Sandig in der Idee der Gerechtigkeit. Sie finden sich in den Auffassungen vom gerechten Lohn, von gerechten Preisen und gerechten Leistungsentgelten.

Andere Repräsentanten unseres Faches argumentieren demgegenüber, daß auf Grund der Komplexität ökonomischer Wahlsituationen meist weder sämtliche Alternativen noch deren genaue Konsequenzen bekannt sind. Die Voraussetzung vollkommener, d. h. objektiver Rationalität, auf der ja die Ermittlung optimaler Alternativen in strengem Sinne beruht, sei deshalb in der Empirie nicht erfüllt. Ihre Argumentation lautet weiter, für reale Entscheidungssituationen könne nur eine subjektive bzw. begrenzte Rationalität unterstellt werden.

Man darf aber wohl von der Anschauung ausgehen, daß das Ergebnis eines auf befriedigende Lösungen abzielenden Entscheidungsprozesses wesentlich dadurch bestimmt wird, in welcher Höhe die als befriedigend angesehenen Werte der Zielvariablen festgelegt sind. In Anlehnung an die in der Psychologie übliche Terminologie bezeichnet man diese Werte als Anspruchsniveau (level of aspiration). Ein Anspruchsniveau läßt sich somit mit Bezug auf jeden beliebigen Zielinhalt fixieren. Das Anspruchsniveau kann beispielsweise den für eine Planperiode

---

[6]) Vgl. Sandig.

erforderlichen Mindestgewinn betreffen, aber auch das Mindestmaß finanzieller Unabhängigkeit. Hier muß man einfach von der Tatsache ausgehen, daß für die Festlegung des Anspruchsniveaus eines Entscheidungsträgers psychologische Gesetze maßgebend sind. Man kann darüber nur in sehr globaler Form generelle Aussagen machen. Die Höhe des Anspruchsniveaus wird beispielsweise durch die Einschätzung der eigenen Leistungskraft bestimmt, und sie wird von jedem Menschen sicherlich unterschiedlich eingeschätzt.

Die unternehmerischen Ziele sind aber erst dann eindeutig determiniert, wenn neben dem Inhalt und dem erstrebten Ausmaß auch ihre Zeitdimension fixiert ist. Im Rahmen der Zielentscheidung sind darum auch die Zeitgrößen zu bestimmen, auf die sich die generellen Imperative beziehen sollen. Die Probleme des zeitlichen Bezugs der Unternehmungsziele sind relativ unerforscht. Die Bedeutung des zeitlichen Bezugs für die Lösung unternehmerischer Wahlprobleme ergibt sich aus dem Umstand, daß der Zeitaspekt zu einem wesentlichen Teil für die Zusammensetzung des Entscheidungsfeldes maßgeblich ist. Dieses Feld wird der Formulierung eines speziellen Entscheidungsmodells zugrunde gelegt. Der zeitliche Bezug der Ziele beeinflußt zunächst einmal die zu berücksichtigenden Aktionsparameter und die begrenzenden Daten. Die zeitliche Zielfixierung wirkt sich ferner auf die in den Erklärungsgleichungen zu erfassenden Einflußgrößen aus. Dadurch werden auch die Konsequenzen mit bestimmt, die für die einzelnen Aktionsparameter zu prognostizieren sind. Diese Beeinflussung des Entscheidungsfeldes führt dazu, daß der zeitliche Bezug der Ziele auf die Wahl der optimalen Lösungsalternative einwirkt.

Um die Ziele in jeder Hinsicht eindeutig formulieren zu können, sind verschiedene Kriterien heranzuziehen. Zunächst kann die Zielformulierung auf einen Zeitpunkt oder einen Zeitraum bezogen werden.

Dabei können der Zielfixierung eine oder mehrere Bezugszeitgrößen zugrunde liegen, also Zeitpunkte oder Zeiträume. Ferner lassen sich entsprechend der Betrachtung des Zeitablaufes kontinuierliche und diskontinuierliche Formulierungen unternehmerischer Ziele unterscheiden. Schließlich können Ziele danach unterschieden werden, ob sich die einzelnen Zielvariablen auf gleiche oder verschiedene Bezugszeitgrößen, also Zeitpunkte oder Zeiträume beziehen. Bei der Entscheidung über die Berücksichtigung des Zeitaspektes im Rahmen der Zielformulierung werden diese Merkmale in bestimmter Art und Weise miteinander kombiniert.

In der klassischen Unternehmenstheorie werden — sofern die Überlegungen überhaupt auf die Formulierung von Entscheidungsmodellen abzielen — fast ausschließlich zeitpunktbezogene Zielsetzungen verwendet. Beispiele hierfür finden sich insbesondere in den preis- und kostentheoretischen Modellen. In diesen stellt z. B. die Gewinnmaximierung ein statisch formuliertes Ziel dar.

Unternehmerisches Handeln vollzieht sich jedoch im Zeitablauf. Der Realitätsgehalt zeitpunktbezogener statischer Modelle reicht deshalb für empirische Wahlsituationen nicht aus. Aus diesem Grunde stellt man es bei der Formulierung statischer Entscheidungsmodelle häufig auf Zeiträume als Bezugsbasis ab. Für derartige Problemstellungen ist demzufolge auch eine zeitraumbezogene statische Zielsetzung zu fixieren. Man kann einer Zeitraumanalyse eine statische Zielformulierung nur zugrunde legen, wenn durch entsprechende Annahmen eine Normierung der Zielerreichung während des zeitlichen Geschehens erfolgt. Unter dieser Voraussetzung lassen sich in den Maßgrößen der Zielvariablen auch Zeiteinheiten erfassen, z. B. Gewinn oder Umsatz in DM je Zeiteinheit. Die gewählte Zeiteinheit ist dabei von der Länge der Planperiode abhängig.

Die Zielvariablen und die auf sie einwirkenden Größen beziehen sich jedoch ausnahmslos oder teilweise auf unterschiedliche Zeitpunkte bzw. Zeiträume. Darum ist eine dynamische Zielfixierung erforderlich, denn nur sie vermag die Interdependenzen mehrerer Entscheidungsperioden zu berücksichtigen. Sie ermöglicht es ferner zu berücksichtigen, daß bestimmte inhaltlich fixierte Ziele zu verschiedenen Zeiten unterschiedlich bedeutsam erscheinen. Die Erfahrung lehrt, daß beispielsweise die Liquidität vor Steuerterminen besonders wichtig ist. In diesem Zusammenhange verdient auch die Unterscheidung zwischen dauernden und vorübergehenden Zielen Beachtung.

Die betriebswirtschaftliche Zielanalyse liefert so mit der eindeutigen Fixierung der Ziele nach Inhalt, erstrebtem Ausmaß und zeitlichem Bezug eine wichtige Voraussetzung für eine rationale Unternehmungspolitik.

5. Ermittlung der Zielbedingungen

Die Zielanalyse muß auch den Beziehungen und Interdependenzen der Unternehmungsziele Beachtung schenken. Ein Vergleich der nach den drei Dimensionen beschriebenen Unternehmerziele zeigt, daß die betreffenden Ziele nicht auf der gleichen Ebene und isoliert nebeneinander stehen. Die Zielsetzung einer Unternehmung kann auch nicht durch ein einziges Ziel erfaßt werden. Die Realität der Unternehmung ist durch einen Zielpluralismus gekennzeichnet. Die einzelnen Ziele stehen nicht isoliert nebeneinander. Es kann vielmehr eine Reihe von Beziehungen und Interdependenzen festgestellt werden.

Für eine rationale Unternehmungspolitik (zur optimalen Entscheidungsfindung) bebedarf es deshalb der Kenntnis dieser Abhängigkeiten. Die betriebswirtschaftliche Zielsetzungslehre hat hier eine spezifische Ordnungsfunktion zu erfüllen. Ihre Aufgabe heißt, aus der ungeordneten Zielmenge ein für unternehmerische Entscheidungen relevantes Zielsystem zu entwickeln. Das bedeutet, daß zwischen der Menge der inhaltlich voneinander abgegrenzten Zielgrößen Beziehungen hergestellt werden müssen. Unter Berücksichtigung dieser Beziehungen sind die Ziele nach zweckdienlichen Kriterien zu gruppieren und zu systematisieren.

Solche Beziehungen können einmal in Tatbeständen begründet sein, die das Entscheidungsfeld der Unternehmung betreffen. Derartige Beziehungen können aber auch auf die Person des Entscheidungsträgers und auf seine individuellen Präferenzen und Ansprüche zurückführbar sein. Führt die Analyse zu dem Ergebnis, daß zwischen zwei Zielen Komplementarität oder Konkurrenz oder Indifferenz besteht, so liegen rein entscheidungsfeldbedingte Beziehungen vor. Eine Aussage darüber, ob zwei Ziele miteinander konkurrieren, kann nur aus der Kenntnis der zur Verfügung stehenden Handlungsalternativen und der konkreten Umweltsituation entschieden werden. Ein Bezug auf den jeweiligen Entscheidungsträger ist in diesem Falle nicht erforderlich.

Der entscheidungsträgerausgerichtete Bezug ist dagegen bei der Differenzierung von Hauptzielen und Nebenzielen der Fall. Die hierdurch zum Ausdruck gebrachte Präferenzbeziehung zwischen den Zielen geht ausschließlich auf den Entscheidungsträger zurück.

Man sollte ferner beachten, daß die Analyse der Mittel-Zweck-Beziehung zwischen den Zielen relativ komplex ist. Die Mittel-Zweck-Beziehung führt zu der wichtigen Unterscheidung in Oberziele, Zwischenziele, Unterziele; eine Unterscheidung, die vor allem für organisatorische Überlegungen von Bedeutung ist. Hier sind sowohl entscheidungsfeldbedingte Tatbestände als auch entscheidungsträgerbedingte von Bedeutung.

Dieser Sachzusammenhang läßt sich in der Weise verdeutlichen, daß die Unterziele jeweils als ein Mittel zum Zwecke der Erreichung eines Oberzieles betrachtet werden. Die Verfolgung eines Unterzieles als Mittel zur Erreichung eines Oberzieles ist aber nur dann gegeben, wenn zwischen beiden Zielen entweder eine vollständige Komplementarität besteht, oder wenn trotz partieller Konkurrenz das Oberziel mit einem Zielerreichungsgrad erfüllt wird, der das subjektive Zufriedenheitsniveau des Entscheidungsträgers übersteigt. Das Unterziel vermag in diesem Falle das Oberziel im Entscheidungsprozeß zu ersetzen.

Die Analyse liefert hier die Erkenntnis, daß sich über die Beziehungen zwischen Zielen keine allgemeingültigen Aussagen machen lassen, weil sie eben vom konkreten Entscheidungsfeld oder vom jeweiligen Entscheidungsträger abhängig sind. Relativ generelle Aussagen erhält man jedoch dann, wenn man die Zielmenge der Unternehmungen nach zweckdienlichen Kriterien in Teilmengen aufgliedert. Unter diesem Aspekt kann man u. a. zwischen quantifizierbaren und nicht quantifizierbaren Zielen unterscheiden, zwischen kurzfristigen, mittel- und langfristigen Zielen; zwischen Absatzzielen, Produktionszielen und Finanzzielen. Und schließlich zwischen Wachstumszielen, Erhaltungszielen und Schrumpfungszielen. Man findet beispielsweise allgemeine Aussagen über die Beziehungen zwischen den Zielen dieser Teilmengen, wenn man die Bemühungen in der Unternehmungsorganisation berücksichtigt und nicht operationale Ziele durch operationale Ziele ersetzt.

Aus der zweiten Aufgabe der Zielanalyse „Ermittlung der Beziehungen und Interdependenzen der Ziele" ergeben sich folgende Erkenntnisse: Die eigentlichen Unternehmungsziele sind keine Einzelziele sondern Zielkombinationen, Zielfunktionen. Große investitions- und absatzpolitische Entscheidungen werden beispielsweise unter mannigfaltigen Gesichtspunkten getroffen. Die Art dieser kaum übersehbaren monetären und nicht monetären Zielsetzungen reicht hierbei vom Rentabilitätsstreben und Gewinnstreben über das Umsatz- und Wirtschaftlichkeitsstreben bis hin zu ethischen und sozialen Prinzipien, aber auch machtpolitischen Momenten. Mit Hilfe der entscheidungsorientierten Analyse kann eine Lehre von den unternehmerischen Zielfunktionen entwickelt werden. Man versucht, die verschiedenen Zielvariablen inhaltlich genau zu präzisieren, sie nach entscheidungslogischen Gesichtspunkten zu systematisieren und auf diese Weise die Interdependenzen zwischen den Zielen aufzuzeigen. Eine solchermaßen verstandene Zielbildungslehre besitzt nicht nur einen höheren Erklärungswert, sie liefert zugleich auch konkrete Anhaltspunkte für eine exakte Zielformulierung und für die Lösung möglicher Zielkonflikte in empirischen Entscheidungssituationen; Anhaltspunkte also für eine rationale Unternehmungspolitik.

Das gleiche gilt auch für die Formulierung der relevanten Nebenbedingungen, die die Wahlmöglichkeiten begrenzen.

Aus der zweiten Aufgabe der Zielanalyse ergibt sich darüber hinaus aber auch noch ein Koordinationsproblem: die eigentlichen Unternehmungsziele sind ja Oberziele. Sie stellen für mittlere und untere Instanzen in aller Regel keine operationalen Kriterien dar, an denen diese Instanzen die ihnen übertragenen Entscheidungen orientieren könnten.

Eine Entlastung der oberen Instanz und ein befriedigendes Ergebnis sind wohl nur dann zu erwarten, wenn es gelingt, das delegierte Entscheidungsproblem für die unteren Instanzen operational zu machen. Ein Entscheidungsproblem ist nämlich für eine untere Instanz nur in dem Maße als operational anzusehen, als ihr geeignete Entscheidungskriterien und relevante Informationen zur Verfügung stehen.

Die Delegierung von Teilentscheidungen hat daher mit der Formulierung operationaler Ersatzkriterien Hand in Hand zu gehen. Und nur auf diese Art und Weise können trotz Delegierung befriedigende Ergebnisse erzielt werden.

Die Operationalität dieser Ersatzkriterien ist darüber hinaus für die Entlastung der delegierenden Instanz von Bedeutung. Die Ersatzkriterien stellen ja nicht nur Entscheidungskriterien der unteren Instanzen dar, sondern auch Kontrollkriterien der oberen Instanzen. Ihre Operationalität erleichtert deshalb die Kontrolle und die Überwachung, und vermindert, was vielfach übersehen wird, Konflikte, die aus dem Verhältnis Vorgesetzter - Unternehmer zwangsläufig erwachsen. Solche operationalen Entscheidungskriterien der mittleren und unteren Instanzen einer Unternehmung, solche Teilziele findet man in einem altbekannten, in der Forschung vielleicht etwas stiefmütterlich behandelten Teilgebiet des betrieblichen Rechnungswesens, in der sogenannten Kennziffernrechnung. Kennziffern, die auf Mengen- und

Wertgrößen basieren, sind jene Kontroll- und Entscheidungskriterien oder Teilziele, nach denen dezentrale Organisationen gesteuert werden.

III. Schlußbemerkung

Unternehmungspolitik hat immer Zielentscheidungen und Mittelentscheidungen, oder, was das gleiche bedeutet, Zielsetzung und Zielerreichung zum Inhalt. Die Zielanalyse liefert die Erkenntnisse über die Ziele der Unternehmung und die Möglichkeit ihrer optimalen Erreichung. Die Dimensionen der Ziele zu erkennen, ihre Beziehungen und Interdependenzen zu überschauen, sind wichtige Voraussetzungen rationalen unternehmungspolitischen Handelns.

Die ökonomischen und gesellschaftspolitischen Aufgaben des Unternehmers

von Dr. K. A. Körber, Hamburg

Inhaltsübersicht

I. Der Unternehmer im Spannungsfeld divergierender Kräfte

Wenn ich die Situation des Unternehmers in Staat und Gesellschaft darzustellen versuche, so argumentiere ich nicht aus einer theoretischen oder wissenschaftlichen Distanz, sondern als ein Unternehmer, der täglich konkrete Entscheidungen in seinen eigenen Werken in der Bundesrepublik, in den USA und in einigen anderen westlichen Ländern durchzusetzen hat. Ich selbst stehe also in der Situation.

Um heute in einer Wirtschaft, die durch Wissenschaft und Technik ständigen Wandlungen unterworfen ist, als Unternehmer sachgerecht handeln zu können, muß ich mich um ein Denken bemühen, das nicht nur den ökonomischen, sondern auch den gesellschaftlichen und politischen Tatbeständen Rechnung trägt – vor allem auch deshalb, weil zwischen Wirtschaft, Staat und Gesellschaft nicht auflösbare Zusammenhänge bestehen, wofür deutliches Beispiel die politisch-gesellschaftliche Auseinandersetzung mit dem östlichen System ist, die nicht zuletzt auf dem Gebiet der Wirtschaft ausgetragen wird.

Wie kaum ein anderer steht der Unternehmer im Spannungsfeld divergierender Kräfte. Jede betriebspolitische Maßnahme muß der ökonomischen Forderung nach Produktivität und Rentabilität Rechnung tragen sowie die Gesetze von Angebot und Nachfrage beachten. So muß ich mich z. B., wie jeder andere Industrielle, aller Mittel bedienen oder sie – als Ingenieur – erst schaffen, die mir im Wettbewerb nutzen, auf dem unser System beruht. Überwinde ich diese Zwänge nicht, so wird mein Unternehmen überwunden.

Neben den ökonomischen und technischen Sachgesetzen gelten die Bedingungen und Ansprüche der Belegschaft sowie die Forderungen der Gesellschaft und des Staates.

Technik in den verschiedensten Anwendungsformen – bis hin zur Automation und Kybernetik – muß in den Entscheidungsraum des Unternehmers genauso einbezogen werden wie die sozialpolitischen, konjunktur- und steuerpolitischen Maßnahmen des Staates und die Ergebnisse verbandspolitischer Auseinandersetzungen, beispielsweise zwischen den Sozialpartnern. Der *freie* Entscheidungsspielraum wird also durch

1. staatliche Maßnahmen,
2. gesellschaftliche Forderungen und Entwicklungen,
3. wirtschaftliche Fakten,
4. wissenschaftlich-technische Notwendigkeiten

eingeengt.

Aus diesen Gegebenheiten erklärt sich die eigentümliche Struktur unserer freien und sozialen Marktwirtschaft. Diesem Ordnungssystem liegt als konstitutives Prinzip die freie Entscheidung des einzelnen als Voraussetzung für jegliche Initiativentfaltung zugrunde; mit ihr steht und fällt das System. Um so mehr stellt sich aber für den Unternehmer die Frage: *Wie frei* ist heute noch die unternehmerische Entscheidung? Welche Möglichkeiten zur Initiativentfaltung verbleiben?

Wir wollen versuchen, diese Fragen zu beantworten.

II. Wirtschaftliche und gesellschaftliche Zielsetzungen

Zunächst ist es eine unverkennbare Tatsache, daß die Wirtschaftsgesellschaft von heute weitgehend vom industriellen Unternehmer geformt wurde. Er hat ihre Dynamik entfesselt und dem technischen Fortschritt zum Durchbruch verholfen. Diese Entwicklung konnte nur infolge des Vorhandenseins freier individueller Initiativmöglichkeiten in Gang kommen. Dafür gewährleistete der Staat zwar Ordnungsgarantien, enthielt sich aber weitgehend der Eingriffe in das wirtschaftliche Geschehen – mit allen sozialnegativen Folgen, die sich im Liberalismus damit einstellten. Dieses Laissez-faire-Prinzip ist durch die Übernahme von Kontroll- und Sozialfunktionen seitens des Staates korrigiert worden, die notwendigerweise eine Einschränkung des Entscheidungsspielraumes zur Folge hatten, jedoch nicht die individuellen Initiativmöglichkeiten aufhoben.

Wir können deshalb heute mit Recht von zwei Ordnungsprinzipien unserer Marktwirtschaft sprechen: Das liberale ist durch das soziale Prinzip ergänzt worden. Diese sozial-ökonomische Symbiose ist ein Ergebnis der geschichtlichen Entwicklung und zugleich die Antwort der westlichen Gesellschaft auf den ideologischen Angriff des Ostens.

Diese symbiotische Einheit unseres Wirtschaftssystems ist aber nur dann lebensfähig, wenn beide Merkmale in ihrer Eigengesetzlichkeit gewahrt und dennoch in ihrer Wirkeinheit begriffen werden. Die Marktwirtschaft, die infolge der motorischen Kraft der privaten Initiative der Unternehmer und des Wettbewerbs viel schneller und wirksamer ist als jede staatlich betriebene Wirtschaft, trägt unauflöslich eine sozialpolitische Verpflichtung in sich. Das wiederum bedingt, daß wirtschaftliche und gesellschaftliche Zielsetzungen heute in Übereinstimmung gebracht werden müssen. Es kann das Problem des Gemeinwohls aus einem Prinzip allein nicht mehr beantwortet werden. Jeder monistische Harmonieglaube liberalistischer wie kollektivistischer Prägung ist von der geschichtlichen Entwicklung verabschiedet worden.

Wenn wir im Westen das Individuum als Prinzip und Ziel der Gemeinschaft ansehen, dann folgt daraus, daß der Unternehmer sich heute nicht nur als Initiativträger im ökonomischen und technischen Bereich verstehen darf, sondern sich gleichzeitig seiner sozialen Verpflichtung bewußt werden muß. Das ist keine ethische Forderung, sondern eine pragmatische Frage der Lebensfähigkeit unseres Systems.

III. Die Situation des Unternehmers in der heutigen Gesellschaft

Wenn wir bisher in methodischer Vereinfachung von dem Unternehmer gesprochen haben, so müssen wir nunmehr konkret fragen, wie denn heute soziologisch die Situation des Unternehmers in unserer Gesellschaft aussieht.

Wenn wir als relevante Merkmale für den Unternehmer die Fähigkeit zur Initiativdurchsetzung und die Bereitschaft zur Risikoübernahme ansehen, dann stellen wir fest, daß man soziologisch von dem Unternehmer gar nicht sprechen kann.

Man kann grundsätzlich d r e i Unternehmertypen unterscheiden:

1. Den P i o n i e r u n t e r n e h m e r, der die Frühphase der industriellen Entwicklung bestimmte, aber in einer entwickelten Industriegesellschaft mehr und mehr an Bedeutung verliert, wiewohl sie ihn nicht entbehren kann.
2. Den s e l b s t ä n d i g e n U n t e r n e h m e r unserer Zeit, bei dem Kapital und Führung in e i n e r Hand liegen, wenn auch nicht mehr in so umfassender Weise wie beim Pionierunternehmer. Er wird auch als Eigentumsunternehmer bezeichnet.
3. Den Typ des M a n a g e r - U n t e r n e h m e r s, den wir vor allem in den Großbetrieben antreffen. Besonders bei diesem Unternehmertyp zeigen sich die Wandlungen des Unternehmerbegriffes am deutlichsten, da sie ihren Ausdruck in der Trennung von Unternehmensführung und Kapital finden. Er ist rein juristisch ein Angestellter, in seiner Funktion aber ein Unternehmer.

Welche soziologischen Konsequenzen ergeben sich aus diesem vielschichtigen Bild der Unternehmer?

1. Sie bilden keine gemeinsame „Klasse" oder Schicht.

   Der Generaldirektor, der kleine Einzelhändler, der Fuhrunternehmer usw. bilden nicht einmal eine in sich geschlossene Gruppe, weder was die objektiven Merkmale einer Gruppe anbelangt (Statusgleichheit und Verhaltenskonformität), noch was das Bewußtsein des einzelnen betrifft, sich mit den anderen in einer gemeinsamen Gruppe zu befinden. Vor allem bestehen keine sozialen Beziehungen zwischen diesen verschiedenen Typen von Unternehmern, die sich auf alle Schichten unserer Gesellschaft verteilen. Das heißt also: Weder die gesellschaftlichen Verpflichtungen noch Vermögen, noch Bildung, noch irgendwelche anderen Merkmale sind diesen Unternehmern gemeinsam.

2. Die Solidarität der Unternehmer ist nicht vergleichbar mit der Solidarität anderer Verbände, beispielsweise der Gewerkschaften, selbst dann, wenn sie gemeinsam organisiert sind – und das ist in vielfältiger Weise der Fall.

   Das ist auch gar nicht möglich und stellt ein besonderes Problem in der Unternehmerfrage dar.

   Ursachen der fehlenden Solidarität sind nicht nur die Unterschiedlichkeit der Betriebs- und Unternehmensgrößen, nicht nur die Verschiedenartigkeit der Branchen und Marktinteressen, sondern auch die Konkurrenz zwischen den Unternehmern selbst. Diese Konkurrenzsituation, die wir Unternehmer als eine der Voraussetzungen der freien Marktwirtschaft bejahen, erstreckt sich nicht nur auf den Wettbewerb, den Prozeß von Angebot und Nachfrage, sondern heute – in einer überbeschäftigten Volkswirtschaft – auch auf den Arbeitsmarkt. Die Unternehmer, gleich welchen Typus, können also keine ursprüngliche Solidarität entwickeln, sondern verstehen sich höchstens in temporären, solidarischen Maßnahmen, besonders bei der Abwehr von Gefahrenmomenten, die durch staatliche oder verbandspolitische Drucksituationen bzw. Eingriffe auftreten können.

3. Aus dem bisher Gesagten folgt, daß die Unternehmer auch keine politische Führungsschicht in der Gesellschaft bilden.

   Sie haben sich übrigens auch nie ernsthaft darum bemüht. So gewiß es ein Streben nach persönlicher Einflußnahme gab und gibt, so wenig war es den Unternehmern um einen politischen Herrschaftsanspruch zu tun. Und ich betone das nicht deswegen, weil ich ein Alibi suche, sondern weil in diesem gesellschaftlichen Faktum folgende schwerwiegende Probleme liegen:

Wenn die Rolle der Unternehmer bei der Entwicklung der modernen Gesellschaft zu dem, was sie heute ist und was sie morgen sein wird, so ausschlaggebend ist, ist es fast unverständlich, daß sich daraus keine direkte, auf die politische Gestaltung stärker Einfluß nehmende Funktion ableitet. Das ist sicherlich keine Frage des Wollens oder des Desinteresses. Es erklärt sich vielmehr daraus, daß die Unternehmer ganz auf die Aufgaben konzentriert sind, die ihnen ihr Betrieb und ihr Absatzmarkt stellt und von denen sie sich nur schwer lösen können. Die moderne Unternehmensführung verlangt ein Übermaß an organisatorischer Tätigkeit, an Marktkenntnis, an technischem und psychologischem Wissen, an sozialpolitischer und finanzrechtlicher Aufmerksamkeit, und zwar im Großbetrieb bis hinunter zum Kleinbetrieb.

Neben dieser betrieblichen Tätigkeit, die ja nicht nur eine Verantwortung für das Unternehmen, sondern auch für die Menschen, die darin arbeiten, einschließt – was doch wohl auch eine gesellschaftliche Aufgabe ist -, verbleibt wenig Zeit für andere Fragen, vor allem nicht für persönliche Einflußnahmen in der Politik, die heute viel mehr Aktivität erfordern als früher. Aus Gründen der sozialen und wirtschaftlichen Stabilität unserer Gesellschaft sollten aber die Unternehmer weitaus stärker als bisher politische Funktionsträger sein.

IV. Die gesellschaftspolitische Funktion des Unternehmers

Warum ist es so wichtig, daß auch Unternehmer zur Sicherung unserer sozialen Stabilität politische Funktionsträger werden? Weil der heutige Unternehmer in seiner industriellen Praxis zwangsläufig sein soziales Verantwortungsbewußtsein gegenüber seinen Mitarbeitern im Betrieb – herunter bis zur kleinsten Gruppe – ständig unter Beweis stellen muß.

Das kritische Bewußtsein der heutigen Arbeitnehmer ist so stark ausgeprägt, daß die überlebten billigen Betriebsparolen wie: „Seid nett zueinander" keinesfalls genügen, um die im Produktionsprozeß erforderliche funktionelle Angewiesenheit der Menschen zu erreichen. Heute kann eine solche arbeitsbezogene Haltung bei den Betriebsangehörigen nur erzielt werden mit der Befriedigung ihrer menschlichen Grundbedürfnisse nach Sicherheit, Anerkennung, Gerechtigkeit, Freiheit im

Verantwortungsbereich und Information. Ein Wissens- und Erfahrungsgebiet, das vom Unternehmer beherrscht und bewältigt werden muß.

Darüber hinaus sind Produktivitätssteigerungen, wie sie z. B. durch die ständigen Arbeitszeitverkürzungen erforderlich werden, nur durch Einführung der Automation in Produktionsstraßen und Verwaltungen möglich.

Die durch diese Rationalisierungsmaßnahmen veränderten Arbeitsverhältnisse wiederum zwingen mehr und mehr zur Teamarbeit, d. h. zu Arbeitsformen teamspezifischer und kooperativer Natur.

Die Voraussetzungen für eine erfolgreiche Teamarbeit sind nun nicht allein durch Tarifverträge zu gewährleisten. Der moderne Unternehmer muß weit mehr tun; er muß zur Sicherung seines Unternehmens bei den immer schärfer werdenden Wettbewerbszwängen durch optimale Bewältigung der anstehenden Sozialprobleme eine innere Bereitschaft aller Betriebsangehörigen für eine erfolgreiche Zusammenarbeit gewährleisten.

Es ist daher wohl selbstverständlich, daß ein Unternehmer nur dann seiner gesellschaftspolitischen oder gar politischen Verantwortung gerecht werden kann, wenn er die vielfältigen Aufgaben, die ihm der eigene Betrieb Tag für Tag immer wieder stellt, optimal erfüllt. Die hier aufgewiesene Konfliktsituation, in der jeder verantwortungsbewußte Unternehmer heute steht, verdeutlicht eines der Kernprobleme unserer Demokratie, nämlich das Zusammenwirken von Wirtschaft und Gesellschaft.

a) Obwohl die Unternehmer kein „politischer Stand" sind und auch keine politische Tradition aufweisen, bedarf dennoch die Demokratie ihrer ständigen politischen Mitwirkung.

b) Eine erfolgreiche Unternehmensführung ist die Voraussetzung für die Übernahme politischer Aufgaben.

c) Nur durch einen neuen Führungsstil im Unternehmen kann eine zu verantwortende Entlastung des Unternehmers von betrieblichen Aufgaben erreicht werden, die ihn für die Übernahme politischer Aufgaben freimacht.

   Dieser neue Stil besteht in der Heranbildung eines umfassend qualifizierten obersten Führungsteams als zweite, zumindest jedoch als vorbereitende Instanz unternehmerischer Entscheidung.

   Daraus folgt gleichzeitig, daß der Unternehmer selbst unter den veränderten wissenschaftlichen, technischen und organisatorischen Bedingungen gewisse Entscheidungsbefugnisse delegieren muß.

Um diese Forderungen erfüllen zu können, müssen die Unternehmer Modelle schaffen, die sich in der betrieblichen Praxis bewähren können. Dabei muß stets berücksichtigt werden, daß zur Erzielung eines optimalen ökonomischen und sozialpolitischen Fortschritts auch im Betrieb eine Wettbewerbssituation erhalten werden sollte.

V. Ein Modell – zugleich ein Versuch in der Praxis

Ich habe versucht, in meinem Unternehmen, den Hauni-Werken in Hamburg-Bergedorf, diese Überlegungen zu realisieren. Obwohl ich mir im klaren darüber bin, daß unser Modell nicht ohne Modifikationen auf alle Arten und Größen von Betrieben anwendbar ist, möchte ich seine Grundzüge doch darstellen, um ein Beispiel zu setzen, das vielleicht manchen Unternehmen zumindest Anregungen vermittelt und Initiativen ähnlicher Art auslöst.

1. Grundsätzliche Überlegungen

Bei allen Plänen und Maßnahmen bin ich davon ausgegangen, daß die Antriebskraft unseres freiheitlichen Gesellschaftssystems im Wettbewerb liegt: In der Politik innerhalb der Rechtsstaatlichkeit mit ihren geistigen und ethischen Voraussetzungen, in der Wirtschaft im Rahmen der Privateigentumsordnung. Es ist ein durch und durch dynamisches System: Die Wandlungsprozesse vollziehen sich in faszinierender Geschwindigkeit, die unsere ganze Phantasie und Tatkraft herausfordert.

In dieser Entwicklung muß sich der arbeitende Mensch von heute bewähren. Es geschieht, indem er ein Höchstmaß an Leistungsfähigkeit anstrebt; zugleich aber – nun immer besser versorgt – soll er und muß er in Kooperation Herr seiner Selbst werden.

Damit die beiden Entwicklungen, die allgemeine und die ökonomische, jede auf die andere einwirkend, optimale Bedingungen des Fortschritts schaffen, sollte einiges, was vielerorts längst Praxis ist, in organisatorischen und rechtlichen Einrichtungen seinen Niederschlag finden. Das bezieht sich – und ich spreche jetzt nur von der Wirtschaft – auf die Betriebsverfassung, auf die Tätigkeitsverhältnisse und auf die Beteiligung der Mitarbeiter.

Innerhalb der Zusammenarbeit, die sachlich auf allen Produktionsstufen zu leisten ist, soll ein Maximum an freiwilligem Engagement und aus der Kooperation der Beteiligten der entsprechende Nutzeffekt sowohl für den einzelnen als auch für die Gesamtheit – des Betriebes und der Gesellschaft – erzielt werden. Die Solidarität aller ist hierfür die unbedingt zu fordernde Voraussetzung.

Schon seit vielen Jahren verfolge ich das Ziel, es nicht bei der technologischen und kaufmännischen Unternehmerleistung bewenden zu lassen, sie vielmehr mit gesellschaftspolitischer Initiative zu verbinden.

Jedes Unternehmen lebt aus den Voraussetzungen, die ihm die Gesellschaft ihrerseits bietet. Deshalb dürfen sowohl der Arbeitgeber als auch seine Mitarbeiter das Unternehmen nicht als ein Objekt betrachen, das nur ihren eigenen Interessen zu dienen hat.

Ich bin der Meinung, daß ein Teil dessen, was in ertragsstarken Unternehmen erwirtschaftet wird, der Allgemeinheit zukommen soll – nicht nur in Form von steuerlichen Abgaben, sondern, soweit als möglich, durch freiwillige Beiträge zur Lösung von Aufgaben, die nicht allein der staatlichen Sorge überlassen bleiben sollten. Das Gemeinwesen gedeiht mindestens ebenso aus den Einzel- und Gruppeninitiativen der Bürger wie aus der Pflichttätigkeit der Behörden.

Die Gewinne eines Unternehmens leiten sich aus dem Einsatz des Kapitals und aus der Tüchtigkeit derer her, die im Unternehmen arbeiten. Möglich aber sind sie nur in der gesamtgesellschaftlichen Situation, in die das Unternehmen eingebettet ist und die sich aus der Mitwirkung aller Bürger ergibt. Zu denen gehören nicht zuletzt die vielen Berufstätigen, die in dem immer größer werdenden, keineswegs stets auf Gewinnbasis arbeitenden Dienstleistungssektor beschäftigt sind – im öffentlichen Dienst, Schulen, in den Krankenhäusern, in Altersheimen und anderen gemeinnützigen Einrichtungen. Bei der Ausschüttung von Gewinnen eines gut florierenden Unternehmens an seine Mitarbeiter muß dies, so meine ich, berücksichtigt werden; sonst gibt der öffentliche Dienst keinen Anreiz für tüchtige Mitarbeiter.

2. Rechtliche Gestaltung

Die gemeinnützige Stiftung ist in unserem freiheitlichen Gesellschaftssystem ein geeigneter Weg, allen – also nicht nur der eigenen Belegschaft – das zugute kommen zu lassen, was ihnen mitgebührt und das ihnen individuell und direkt nicht zugeteilt werden kann. In diesem Sinne ist der Beitrag, den gemeinnützige Stiftungen aus privater Gewinnausschüttung zu leisten vermögen, ein Akt auch der sozial ausgleichenden Gerechtigkeit.

Mein Unternehmen hat daher im Interesse aller bereits Mittel für die verschiedensten Zwecke, so für den Bau von Fachschulen, eines Altersheimes, eines Studentenwohnheimes und dergleichen mehr, zur Verfügung gestellt.

Die Entscheidung über die Verwendung von Gewinnen zur Sicherung des Unternehmens, für seine Expansion und für die gemeinnützigen Zwecke lag bisher ausschließlich bei mir als dem Inhaber meines Unternehmens. Es scheint mir, um der gesellschaftlichen Entwicklung gerecht zu werden, nunmehr notwendig und richtig zu sein, juristisch sicherzustellen, daß in Zukunft auch unabhängig von meiner persönlichen Entscheidung oder der meines Nachfolgers ein Teil der erwirtschafteten Mittel zur Durchführung gesellschaftlicher Aufgaben bereitsteht, insbesondere auf dem für unsere Zukunft und für die Sicherheit des einzelnen so entscheidenden Bildungssektor.

Daher habe ich bereits im Jahre 1959 die gemeinnützige Kurt A. Körber Stiftung errichtet. Ihr Zweck ist es, Einrichtungen zu schaffen und zu unterstützen, die der Bildung und der Förderung von Wissenschaft und Forschung auf allen Gebieten dienen. Sie stellt ihr Vermögen gegen Verzinsung meinem Betrieb zur Verfügung.

Auf diese Weise geht dem Unternehmen das lebensnotwendige Kapital nicht verloren, und andererseits kommt die Stiftung in den Genuß laufender Einnahmen, mit denen sie die gemeinnützigen Aufgaben erfüllen kann.

Der alleinige persönlich haftende Gesellschafter meiner Werke bin gegenwärtig ich. Nach meinem Ableben oder bei meinem vorherigen Ausscheiden tritt an meine Stelle die bereits gegründete Körber G. m. b. H. Ihr Gesellschaftskapital geht spätestens mit meinem Ableben auf die ebenfalls von mir gegründete gemeinnützige Stiftung über. Im Gegensatz zur Kurt A. Körber Stiftung soll jedoch die Hauni Stiftung den Unternehmensgewinn, der ihr über die Körber G. m. b. H. zufließt, nur für die Förderung freier Basis-Forschung verwenden. -

3. Wahl der obersten Unternehmensleitung

Zugleich mit der Fortführung der Firma durch die Körber G. m. b.H. muß auch die Frage meiner Nachfolge in der Unternehmensleitung gelöst werden.

Meine eigenen und die Erfahrungen anderer lehren mich, daß die Persönlichkeit an der Spitze eines Unternehmens von Außeneinflüssen, die im Entscheidungsbereich Abhängigkeiten schaffen würden, möglichst freigehalten werden muß.

Der Tüchtige soll in den Grenzen, die sich aus unserer gesellschaftlichen Entwicklung als unerläßlich ergeben, freie Bahn haben. Die Vermögensübertragung auf Stiftungen darf daher nicht die Entfaltung der Qualität behindern, die die Dynamik unserer Entwicklung von der Unternehmensleitung fordert.

Die unternehmenspolitische Strategie muß entschieden und auch durchgesetzt werden können. Das verlangt vom Mann an der Spitze Sachverstand, Erfahrung, Mut zur Verantwortung und ein Höchstmaß an Unabhängigkeit.

Daher ist im Gesellschaftsvertrag der Körber G. m. b. H. ein Verfahren festgelegt, das die sorgfältige Auswahl meines Nachfolgers sichert. Zugleich sind Regelungen getroffen, die es ihm möglich machen werden, die besonderen Unternehmerqualitäten, die von ihm erwartet werden und die an ihm festgestellt sind, auch tatsächlich zu entfalten.

Er wird von einem aus siebzehn Personen bestehenden Gremium bestellt. Es ist so zusammengesetzt, daß die Mehrzahl von ihnen durch die Funktionen, die sie innerhalb oder außerhalb der Hauni-Werke erfüllen, über Bestand, Aufgaben und Entwicklungsmöglichkeiten des Unternehmens besonders aussagefähig sind. Darüber hinaus sind in dem Gremium Persönlichkeiten vertreten, die auf Grund ihrer Position qualifiziert erscheinen, bei der Wahl des Nachfolgers im gesamtgesellschaftlichen Interesse mitzubestimmen.

Der Geschäftsführer muß mit 75 % der Stimmen dieser Wahlkörperschaft in einer geheimen Abstimmung gewählt werden.

Die Wahlkörperschaft hat auch das Recht, mich selbst zum Rücktritt von der Firmenleitung aufzufordern. Finden sich dafür mehr als 75 % der Stimmen, so trete ich zurück.

Mit dieser Regelung möchte ich bei der Besetzung der Unternehmensspitze die neuere Vergesellschaftungs-Tendenz, die wir im allgemeinen feststellen, zwar, wie man sieht, nicht ausgeschaltet, sie aber doch in den Grenzen gehalten wissen, die Vernunft und Erfahrung – positive wie negative Erfahrung – nahelegen.

4. Das Prinzip der Stufenselektion

Um dem Wettbewerb auf dem Markt standhalten zu können, muß ein industrieller Betrieb auch das Zusammenwirken seiner Teile gewährleisten, denn ein Industrieunternehmen ist kein anonymer Produktionsmechanismus, selbst, wenn es automatisiert ist, sondern es wird von „Teilnehmern der Aufgabe und der Arbeit" gebildet, in Gang gehalten, den Anforderungen, die nicht gleichbleiben, angepaßt. Und es soll nicht nur rationell funktionieren, sondern den Beteiligten in der Ausführung der Aufgabe Befriedigung schaffen.

In der Frühzeit der Industriewirtschaft waren die Betriebe Anordnungsgefüge, die Arbeiter und Angestellte daher vornehmlich weisungsgebundene Objekte. Das hat sich durch die Produktionsmethoden selbst, durch den Einfluß der Gewerkschaften und durch unternehmerische Einsicht geändert und ändert sich weiter fortwährend. Der Entwicklungsabschnitt, in dem wir uns befinden, ist gekennzeichnet durch partnerschaftliches Zusammenwirken.

Der Lohn- und Gehaltsempfänger ist zum Mitarbeiter aufgestiegen, der in dem Maße, wie die von ihm zu erfüllende Teilfunktion es erfordert, selbstverantwortlich mithilft, das Betriebs- und Unternehmensziel zu erreichen. Diese Veränderung bedingt Verhältnisse, in denen es den Mitarbeitern möglich ist, sich mit dem Unternehmen persönlich zu identifizieren.

Sind die Voraussetzungen dafür in der betrieblichen Hierarchie und Organisation gegeben, und zwar nicht nur durch mehr oder minder allseits vorhandenen guten Willen, sondern auch in festen, verpflichtenden Gepflogenheiten, und stehen in stärkerem Maße Chancen der beruflichen Fortentwicklung offen, so führt das zur inneren Befriedigung der Mitarbeiter, die dann einen höheren Einsatz und verstärkte kreative Leistung bewirkt.

Kooperationsmethoden, die sich nicht aus den einzelnen Arbeitsabläufen von selbst ergeben, systematisch zu entwickeln, ist nicht leicht. Vieles davon ist bei uns noch in Diskussion. Wir meinen jedoch, daß es hier in einem modernen, zukunftsorientierten Unternehmen keine unüberbrückbaren Interessengegensätze zu geben braucht.

Für das Zusammenwirken in den Entscheidungsprozessen haben wir in den Hauni-Werken als organisatorische Einrichtung turnusmäßig tagende Arbeitskreise. An ihnen sind aus den verschiedenen Bereichen und aus allen Stufen des Betriebes die zum jeweiligen Thema aussagefähigen Mitarbeiter beteiligt.

Es scheint mir am Platz zu sein, hervorzuheben, daß bei uns nicht nur eine Fülle von Entscheidungen in den Arbeitskreisen gemeinsam erarbeitet wird, sondern daß auch, je nach Art des Vorhabens, die Verantwortung für die Ausführung auf diejenigen Mitarbeiter delegiert wird, die ungeachtet ihrer Stellung in der Betriebshierarchie jeweils kompetent sein können.

Eine der elementaren Voraussetzungen solcher Kooperation ist der Informationsfluß im Unternehmen. Er geht sowohl von oben nach unten als auch von unten nach oben. Wir betrachten es als wichtige Aufgabe für jeden Mitarbeiter, sich ständig Gedanken darüber zu machen, wer mit welchen Informationen versorgt werden muß und wie der Informationsfluß weiter verbessert werden kann. Nur ausreichend informierte Mitarbeiter sind in die Lage versetzt, sich mit den Zielen des Unternehmens zu identifizieren.

Was hier über die Teamarbeit und über die Delegation von Verantwortung gesagt ist, funktioniert nur, wenn die Mitarbeiter, in besonderem Maße die Vorgesetzten, zu einer solchen Verfahrensweise bereit und befähigt sind. Niemand bei uns erwartet eine konfliktlose Harmonie; sie brächte vielleicht ohnehin die Gefahr der Lethargie des Unternehmens mit sich. Aber Reibungen, die den Leistungswettbewerb spürbar beeinträchtigen, müssen vermieden werden; sie schlagen sich ja nicht nur in Verlust an Arbeitszeit, an Produktionskraft, an innerer Bereitschaft zu konstruktiver Mitwirkung um, sie können, wo immer einer stehen mag, psychisch und physisch den ganzen Menschen beeinträchtigen.

Der Auswahl von Vorgesetzten gilt daher bevorzugte Aufmerksamkeit.

Es liegt zutage, daß den menschlichen Führungsqualitäten die gleiche Bedeutung beigemessen wird wie der fachlichen Eignung. Um beides zu gewährleisten, haben wir ein System eingeführt, das wir Stufenselektion nennen.

Sie besteht zum Zweck der bestmöglichen Auswahl, aber auch der Bestätigung durch den in der Arbeitsorganisation dazu berufenen Personenkreis auf jeder Betriebsstufe im Zusammenwirken zwischen den jeweiligen nächsthöheren Vorgesetzten, der Belegschaft und der Geschäftsleitung.

Die fachliche Qualität eines Anwärters kann naturgemäß nur von denen beurteilt werden, die die Anforderungen an der zu besetzenden Führungsstelle kennen und sie im Zusammenhang des Ganzen überblicken. Die Geschäftsleitung sucht daher den Kandidaten im Einvernehmen mit seinen zukünftigen Vorgesetzten aus. Sein Leistungserfolg wird von seiner Überzeugungskraft und von der Autorität abhängen, die er sich erwirbt; ferner von der Loyalität, die er selber den Mitarbeitern entgegenbringt und die er hierauf von ihnen erwarten darf. Da mit der Stufenselektion die Voraussetzung für ein Optimum an kooperativer Zusammenarbeit geschaffen werden soll, muß die grundsätzliche Eignung des Kandidaten, als Vorgesetzter einer bestimmten Führungsstufe menschlich qualifiziert zu sein, von denen in einem Abstimmungsverfahren bestätigt werden, zu deren direktem Vorgesetzten er befördert werden soll. Für einen Meister beispielsweise sind dies die Vorarbeiter, für einen Abteilungsleiter die Gruppenleiter. Außerdem sind in jedem Abstimmungsverfahren der Vorsitzende des Betriebsrates und sein Stellvertreter stimmberechtigt. Es wird geheim abgestimmt. Erhält der Kandidat nicht wenigstens die einfache Mehrheit, so muß die Geschäftsleitung einen anderen Kandidaten vorschlagen.

Der Stellung des Betriebsrates wird, wie ersichtlich, in meinen Werken in einer Weise Rechnung getragen, die über seine im Betriebsverfassungsgesetz vorgesehenen Rechte hinausgeht. Da mit der Höhe der Stufe in der Verantwortungspyramide die Anzahl der Stimmberechtigten abnimmt, erhalten die Stimmen der beiden Betriebsräte, die auf jeder Stufe abgegeben werden, um so mehr Gewicht, je höher im Gesamtunternehmen die zu besetzende Position ist.

Unser System schließt nicht aus, daß ein Vorgesetzter, dem durch die Stufenselektion die menschliche Eignung für eine bestimmte Vorgesetztenfunktion bestätigt ist, der jedoch später die in ihn gesetzten Erwartungen nicht erfüllt, von der Geschäftsleitung abberufen wird. Die betriebsüblichen Kontrollmöglichkeiten durch Mitarbeiter, Betriebsrat und Vorgesetzte erlauben es, solche negative Entwicklung rechtzeitig festzustellen, so daß es zur Abberufung keines besonderen Abstimmungsverfahrens bedarf.

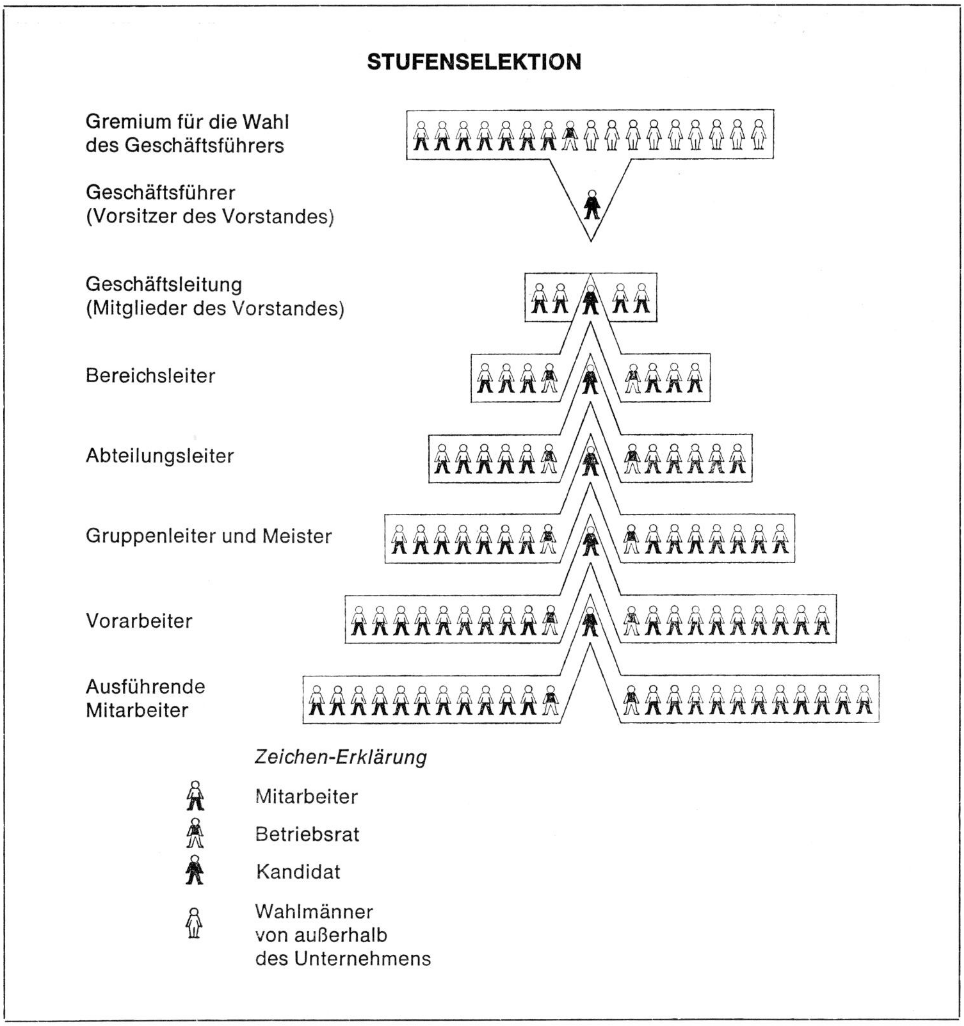

5. Gewinnverteilungsschlüssel

Der Erfolg unseres Unternehmens ist das Ergebnis der Zusammenarbeit von Arbeit, Kapital und Unternehmerleistung. Alle Mitarbeiter sollen daran auch materiell beteiligt werden – über ihren Lohn und über ihr Gehalt hinaus am Gewinn.

Der jährliche Betriebserfolg unserer Werke ist der Überschuß, der durch Produktion und Verkauf unserer Erzeugnisse erzielt wird. Gewinne oder Verluste, die nicht auf die Herstellung und den Verkauf unserer Produkte zurückzuführen sind, sondern ihren Ursprung in betriebsfremden Bereichen haben, gehören nicht mit in diesen Betriebserfolg.

Das sogenannte „neutrale Ergebnis" des Unternehmens, beispielsweise der Ertrag außerbetrieblicher Kapitalanlagen, wird also bei der Ermittlung des Betriebserfolges nicht berücksichtigt.

Das im Betrieb investierte Kapital wird unter Berücksichtigung des geltenden Diskontsatzes angemessen verzinst. Diese Verzinsung schließt die Kapitalrisikoprämie ein.

Vom verbleibenden Betriebserfolg werden jährlich 20 % als Erfolgsbeteiligung an die Gesamtheit der Mitarbeiter in Form einer Lebensversicherung und einer Barausschüttung verteilt.

Für jeden Mitarbeiter wird eine Lebensversicherung abgeschlossen, deren jährliche Prämien in Höhe von einheitlich 250,– DM für ganztägig Beschäftigte, beziehungsweise 125,– DM für halbtägig Beschäftigte aus der Erfolgsbeteiligung gezahlt werden.

Diese Lebensversicherung ist ein Beitrag zur Vermögensbildung und – für den Fall frühzeitigen Todes – zugleich eine materielle Sicherung für die Hinterbliebenen. Der Versicherungsanspruch wird in einer Urkunde verbrieft. Verläßt ein Mitarbeiter unser Unternehmen, so nimmt er den Versicherungsanspruch mit. Er kann die Versicherung selber fortsetzen oder – hoffentlich – in einem anderen Unternehmen fortgesetzt bekommen.

Die Lebensversicherung wurde bereits im Frühjahr 1969 für unsere Mitarbeiter als zusätzliche Leistung eingeführt und abgeschlossen. Sie wird jetzt Bestandteil der allgemeinen Gewinnbeteiligung, die erstmalig nach dem Betriebserfolg des Jahres 1970 ausgeschüttet wird.

Sollte die Ertragsentwicklung unseres Unternehmens einmal so ungünstig sein, daß die Beteiligung der Mitarbeiter am Betriebserfolg nicht ausreicht, die Versicherungsprämien zu decken, so zahlt sie das Unternehmen gleichwohl weiter.

Der andere Teil der Erfolgsbeteiligung, also alles, was nach Abzug der Versicherungsprämien verbleibt, wird in bar an die Mitarbeiter ausgeschüttet. Verteilungsschlüssel ist dabei der Lohn, beziehungsweise das Gehalt: Jeder Mitarbeiter erhält für jede während des Arbeitsjahres als Lohn oder als Gehalt verdiente Mark den gleichen Zuschlag, dessen Höhe sich aus der Umlage der Erfolgsbeteiligung abzüglich der Versicherungsprämien auf alle Löhne und Gehälter ergibt.

Der Betrag wird von der Firma auf ein für jeden Mitarbeiter eingerichtetes Sparbuch „Erfolgsbeteiligung" eingezahlt. Jeder kann darüber sofort verfügen, wie er es für richtig hält.

Wenn das Betriebsergebnis unserer Werke negativ sein sollte, so wird eine 20 %ige Beteiligung an diesem Verlust auf die nächsten Jahre vorgetragen. Die Auszahlung der Gewinnbeteiligung erfolgt erst wieder, wenn die Verluste durch neue Gewinne ausgeglichen sind.

Mit der Einführung der Erfolgsbeteiligung wird eine aktive Beratung der Mitarbeiter über die vielfältigen Möglichkeiten der Anlage von Sparbeträgen verbunden, damit die Vorteile der heutigen gesetzlichen Sparförderungsmaßnahmen in Anspruch genommen werden können. Wir möchten auf diese Weise, ohne der selbständigen Disposition der Mitarbeiter vorzugreifen, dazu beitragen, daß im Sinne einer breitgestreuten Vermögensbildung ein möglichst hoher Prozentsatz der ausgeschütteten Erfolgsbeteiligung gespart wird.

Die Gewinnbeteiligung, wie sie bei uns eingeführt wird, berücksichtigt in der Prämienzahlung für die Lebensversicherung einmal das Prinzip der Gleichheit aller, in der Barausschüttung je verdienter Mark jedoch das Prinzip der Berücksichtigung der individuellen Leistung.

VI. Zur Frage der paritätischen Mitbestimmung

Das Konzept mit gesellschaftspolitischer Bedeutung, das im Vorstehenden skizziert ist, hat unmittelbar nichts mit der paritätischen Mitbestimmung zu tun, wie die Gewerkschaften sie verlangen, doch glaube ich, im Rahmen dieser grundlegenden Darstellung zu diesem gewichtigen Problem meinen Standort aufzeigen zu sollen.

Gegen die Form einer schematischen „Gleichstellung von Kapital und Arbeit" habe ich ernsthafte Bedenken, nicht zuletzt im Interesse der Gewerkschaften selbst.

Durch die Übernahme unternehmerischer Aufgaben und Entscheidungen würden sie ihr Mandat zur Repräsentation der Arbeitnehmerschaft spalten und es letzten Endes aufgeben müssen. Eine derartige Veränderung der eigentlichen Funktion der Gewerkschaften würden gerade diejenigen Kreise – zu denen auch ich mich zähle – bedauern, die in ihnen nicht nur den Tarifpartner, sondern darüber hinaus eine tragende Säule unserer freiheitlichen Demokratie sehen: Die Konzentration der Macht, die sich mit der Umfunktionierung der gesellschaftspolitischen Stellung der Gewerkschaften meines Erachtens ergeben würde, könnte nicht ohne Kontrolle durch die Öffentlichkeit bleiben, so daß die Überwachung des innergewerkschaftlichen Geschehens durch den Gesetzgeber und die staatlichen Vollzugsorgane, mit anderen Worten die Beeinträchtigung der gewerkschaftlichen Selbständigkeit, eine der unausweichlichen Folgen wäre.

Mit meinen in die Praxis umgesetzten Beiträgen zur gesellschaftspolitischen Wegbereitung im Unternehmen wende ich mich aber auch gegen diejenigen Unternehmerkreise, bei denen zu diesen Fragen eine mir unverständliche Blindheit gegenüber den Erfordernissen unserer Zeit herrscht.

Ich hoffe, durch meine Verfügungen nicht nur für mein Unternehmen, sondern darüber hinaus, wie ich es einleitend bereits angedeutet habe, Voraussetzungen mitschaffen zu helfen, die uns zuversichtlich stimmen können – zuversichtlich in Hinsicht auf die Leistungsfähigkeit unseres freiheitlichen Wettbewerbs- und Kooperationssystems, sowohl – unmittelbar – in der Wirtschaft als auch – mittelbar – in der Politik.

Wieweit andere in der Lage und vielleicht willens sein werden, für ihre Bestimmungsbereiche das Konzept der Hauni-Werke ganz oder teilweise zu übernehmen, kann ich nicht sagen. Ich selbst wollte auf jeden Fall einen Beitrag leisten, der die technologische und die kaufmännische Unternehmeraufgabe, die ich in meinem Leben zu erfüllen bemüht gewesen bin, überschreitet und, wie ich hoffe, die Wahrnehmung der heute gesellschaftspolitisch notwendig gewordenen Zielsetzungen mitbewirkt.

Der Dualismus in der Zielsetzung des Industrieunternehmens

Von Dipl.-Kfm. Heinz Bendix

Inhaltsübersicht

I. Das Unternehmen als kybernetisches Teilsystem

Mit der Einbeziehung der Kybernetik in die Betriebswirtschaftslehre hat das Thema Zielsetzung eine variantenreiche Belebung erfahren. Der Einsatz von mathematischen Modellen, die zur Beschreibung und zur Analyse der optimalen Gestaltung und Verhaltensweise regelbarer Systeme benutzt werden können, hat nicht zuletzt mit dem Begriff „Zielfunktion" dazu beigetragen, daß man sich zwangsläufig mit den Kriterien der Zielsetzung und den Zielen des Unternehmens intensiv auseinandersetzen mußte.

Auch wenn durch die neuartige Behandlung dieses Problemkreises nicht unbedingt und unmittelbar bessere Zielkriterien gefunden werden konnten, so sind doch vielfach Zusammenhänge sichtbar geworden, die klarer als bisher zeigen, in welcher Varianzbreite zulässige und sinnvolle Unternehmensziele neben dem des maximalen Gewinns bestehen, und wie fragwürdig die hierbei jeweils zu benutzenden Kriterien sein können.

Mit Hilfe entsprechender Modelle kann man seit einigen Jahren sowohl Teilsysteme des Unternehmens als auch das Unternehmen als Teil eines Systems höherer Ordnung, z. B. einer Volkswirtschaft oder der Weltwirtschaft in ihrem Zusammenwirken unter den verschiedensten Bedingungen studieren. In zunehmendem Maße verweisen die hierbei gewonnenen Erkenntnisse auf bestehende Analogien und Übereinstimmungen zu manchen Naturgesetzen — insbesondere aus der Mechanik und der Thermodynamik —, in denen Aussagen gemacht werden, die sich auf die Existenz entgegengerichteter Kräfte und ihr Bestreben beziehen, einen Gleichgewichtszustand zu erreichen oder darin zu verharren. Andere Gesetze, u. a. auch aus der Biologie, umreißen die Reaktionen von Systemen auf Veränderungen, die das Gleichgewicht stören und Anpassungsreaktionen zur Erreichung eines neuen Gleichgewichtszustandes generieren können. Im industriellen Unternehmen, das als ein steuerbares Teilsystem und als ein aus Systemteilen bestehendes Steuerungssystem angesehen werden kann, begegnen wir auf jeder Systemebene gegensätzlichen Kräften und Wirkungen, die gleichzeitig nach innen und außen Gleichgewichtszustände erzeugen und verlagern.

II. Das Äquilibrium als Zielkriterium

Ausgehend vom Zweck des industriellen Unternehmens, Güter zu produzieren und sich für den Absatz dieser Güter Märkte zu schaffen, muß das Management bei der Festlegung der Zielrichtung, in der das Unternehmen als System zweckentsprechend wirksam werden soll, sich ständig damit auseinandersetzen, welches Gleichgewicht zu bewahren oder durch Anpassung neu anzusteuern ist. Die Unternehmensführung muß zwangsläufig bei der Zielsetzung eine Kette von entgegengerichteten Zielgrößen aufeinander abstimmen. Im dualen Sinne enthält z. B. das generell gesetzte Ziel „Maximaler Gewinn" mindestens eine Gegengröße, die im „Minimalen Risiko" gesehen werden kann.

Dieses spieltheoretisch im Minimaxproblem angestrebte Gleichgewicht kann zwar rechenbar gemacht werden, zeigt aber um so deutlicher, in welchem Ausmaß das Ergebnis einer solchen Rechnung vom Management und seiner Mitwirkung abhängt, denn die Einflußfaktoren in ihren kinetischen und dynamischen Effekten auf das Unternehmen und seine Teile, aber auch in der Beziehung zu einem System höherer Ordnung, unterliegen unvermeidbar ständig einer subjektiven Beurteilung. Daran ändert sich auch nichts, wenn man die einzelnen Elemente entweder als Teilziele auffaßt, die in eine subjektive Präferenzordnung zur Erreichung von Gesamtzielen gebracht und entsprechend intensiv verfolgt werden sollen, oder ob man an Stelle dieser Teilziele Beschränkungen einführt, in deren Rahmen sich das Unternehmen in seinen Teilen und als Gesamtheit in Verfolgung eines Unternehmenszieles, das auch maximaler Gewinn heißen kann, nur zu bewegen hat. Ein Vergleich solcher Präferenzordnungen oder der fixierten Grenzen, in denen Aktionsfreiheit bei der Zielverfolgung vorgesehen ist, weist nur auf Unterschiede in der Beurteilung der Wirkung künftiger Einflußgrößen und der Gleichgewichtszustände hin, die daraus resultieren können.

Eine Präferenzordnung kann beispielsweise unter der Zielsetzung, einen maximalen Gewinn während einer Periode zu erwirtschaften, in folgender Weise festgesetzt worden sein:

1. Die gesamte Produktion soll verkauft werden.
2. Die Produktionskapazität soll voll ausgelastet werden.
3. Die Erlöse sollen so hoch wie möglich sein.
4. Die Bestände sollen möglichst niedrig bleiben.

Der Regelprozeß aus dieser Rangordnung wird zunächst bei Schwierigkeiten im Markt zum Auflaufen der Bestände führen, danach werden die Preise gesenkt werden und in der Endphase wird man die Produktion drosseln, um schließlich feststellen zu müssen, daß auch das Absatzmengenziel geändert werden muß.

Dieser Regelprozeß kann andererseits durch Teilziele, die auf einen möglichen Absatzverlauf ausgerichtet sind und durch Beschränkungen, die z. B. obere und untere Abweichungsgrenzen umreißen, erheblich verfeinert werden. Je enger diese Grenzen gezogen werden, um so früher sind Störeinflüsse zu erkennen. Dadurch können die Zielvorstellungen rechtzeitig und sinnvoll korrigiert werden und in nahezu simultaner Anpassung die vom Markt herrührenden Störungen überwunden werden. Auch hier werden zunächst die Bestände steigen, dann die Preise gesenkt und schließlich die Produktion gedrosselt werden. Aber diese Anpassung kann als nahezu stetiger Prozeß unter bestimmten Voraussetzungen wirkungsvoller sein, als die Verwendung von Präferenzordnungen.

Ein Unternehmen, das bei der Durchsetzung seiner Ziele auf Störungen endogener oder exogener Art trifft, die nur selten auftreten, oder geringe Ausmaße annehmen und/oder nur schwer vorherzusehen sind, wird über Präferenzordnungen hinreichend wirkungsvoll zu steuern sein. Dagegen werden sich Teilziele mit Beschränkungen besser für Unternehmen eignen, bei denen mit Störungen häufiger zu rechnen ist, deren Wirkungen auch intensiver sein können oder auf deren Einsetzen — z. B. saisonale Nachfrageschwankungen — man sich grundsätzlich einstellen muß.

Welches Äquilibrium innerhalb des Unternehmens dabei jeweils angestrebt wird, hängt von der Unternehmensform und der Persönlichkeit des jeweiligen Managers ab. Das Gleichgewicht, das sich jeweils tatsächlich einstellt, wird dagegen von vielen Faktoren bestimmt, die teilweise überhaupt nicht in der Einflußsphäre einer Unternehmensleitung liegen, weil es durch gravierende Einflüsse aus Gleichgewichtszuständen in Systemen höherer Ordnung ausgelöst worden sein kann.

Das Setzen eines Hauptzieles mit einer daraus resultierenden Kette von Teilzielen läßt sich am besten unter den o. a. Prämissen an Industrieunternehmen in der Form der Aktiengesellschaft ableiten, wobei auch besondere Varianten, wie Machtstreben, soziales Prestige als Motiv und Antrieb bei Unternehmenszielen zu berücksichtigen wären, wenn sie zur Erringung materieller Vorteile gesetzt werden oder der sinnvollen Erfüllung des Unternehmenszweckes dienen sollen.

III. Zielkomponente zum Äquilibrium

Im Industrieunternehmen in der Form der Aktiengesellschaft dürfte im allgemeinen der Unternehmenszweck mit dem Hauptziel verknüpft sein, den Aktionären jedes Jahr eine möglichst hohe Dividende zu zahlen. Hohe Dividenden Jahr für Jahr auszuschütten, ist aber ökonomisch nur dann möglich, wenn das Unternehmen hohe Gewinne erzielen und gleichzeitig daraus genügend Reserven für den Ausgleich in ungünstigeren Geschäftsjahren abzweigen kann.

Große Gewinne kann das Unternehmen nur dadurch erwirtschaften, daß es möglichst große Mengen zu hohen Preisen absetzt, wobei die Kosten für Produktion und Vertrieb möglichst niedrig zu halten wären. Mit diesem recht trivial erscheinenden Hinweis sind jedoch eine Fülle von Gegensätzlichkeiten einbezogen, die zwangsläufig relevante Bestandteile der Zielsetzung sind, denn das Management muß neben der eingangs erwähnten Vorstellung über das einzugehende Risiko in seinen Überlegungen berücksichtigen, daß hohe Preise die Absatzmengen drücken können, aber nur durch hohe Produktionsmengen wiederum die angestrebten Kostensenkungen zu erreichen sein werden.

Bei ansteigenden Investitionsausgaben, die für eine Massenproduktion im allgemeinen erforderlich werden, wächst das Risiko, da die Unsicherheit in der Verhaltensweise der Teile eines Systems höherer Ordnung damit auch auf größere Mengen und Werte negativ einwirken kann.

Zwangsläufig ergibt sich daraus ein starker Trend zur Vergrößerung der unter Kontrolle zu bringenden Systemteile. Das kann z. B. in Richtung Beschaffung und Versorgung von langfristigen Abnahmeverträgen bis zur direkten Eingliederung weiterer Teile im Sinne einer vertikalen Strukturierung führen, mit dem Ziel billiger und sicherer Belieferungen mit Material, Energie und Dienstleistung, das dann im negativen Sinne mit einer Reduzierung der Anpassungsfähigkeit bzw. Flexibilität eines Unternehmens gegenüber evtl. Störungen aus anderen Richtungen verbunden sein kann.

Versuchung und Anreiz sind in einer solchen Wachstumsphase groß, ein möglichst stabiles Gleichgewicht gegenüber Veränderungen und Schwankungen im Markt zu sichern, indem man durch horizontale Integration — über Kartellabsprachen bis zu direkten Zusammenschlüssen — im extremen Fall eine Monopolstellung auf der Angebotsseite anstrebt, die damit möglichst unempfindlich gegenüber Störungen und Veränderungen ist, die von dem Nachfragesystem ausgelöst werden können.

Das Erreichen eines solchen Zieles impliziert jedoch neue Unsicherheiten und Störungen, da der Anreiz aus einer derartigen Kräfteverlagerung zur Ausnutzung der Monopolstellung führen kann, um durch besonders hohe Preise entsprechende Gewinne zu erreichen, die entweder neue Wettbewerber anlocken und/oder auf der Konsumentenseite Gegenreaktionen auslösen. Darüber hinaus kann eine anfängliche Unempfindlichkeit gegenüber Störungen auch eine Inaktivität auslösen, die ein solches System anpassungsunfähig und damit besonders gefährdet werden läßt gegenüber Fortschritts- und Konsumveränderungen.

Das Management muß sich demgemäß nicht nur ständig mit dem Komplex von Wirkung und Gegenwirkung als statischem, sondern auch als dynamischem Problem auseinandersetzen. Das heißt nicht nur, mit dem eigenen derzeitigen Unternehmenspotential so weit zu operieren, wie es die übrigen Teile eines größeren Systems zur Zeit zulassen, sondern auch den künftigen Gegenwirkungen Rechnung zu tragen, um das eigene System sowohl in der Ausstattung als auch in der Aktionsrichtung rechtzeitig entsprechend einzustellen.

IV. Veränderung von Gleichgewichtspositionen

Da das Verhalten der übrigen Teile (System-Konsumenten, System-Wettbewerb u. a. m.) nur bedingt vorhersehbar und abgrenzbar ist, insgesamt aber von der Umwelt bzw. von der Natur provoziert wird, streben alle Teile laufend neuen

Gleichgewichtszuständen zu. Die Richtung, in der ein neues Äquilibrium zu suchen und zu finden ist, kann sich ständig mehr oder weniger stark verändern. Wenn man demgemäß die Zielsetzung im Unternehmen zunächst als die Angabe der Richtung auffaßt, in der die Unternehmensteile wirken und sich weiter entwickeln sollen, dann muß ständig überprüft werden, ob die Möglichkeiten, die das sich ändernde Kräfteverhältnis im übergeordneten System zuläßt oder künftig bieten wird, durch die jeweilige Zielsetzung hinreichend berücksichtigt werden.

Steigende Konsumkraft durch höheres Einkommen, verstärkte Konsumentenpositionen über Zusammenschlüsse oder staatlichen Dirigismus, Veränderungen im Bereich des Wettbewerbs, Substitutionsmöglichkeiten aus technischem Fortschritt oder durch Geschmacksänderungen so wie viele andere außerhalb des Unternehmens entstehende Wandlungen können auf die künftigen Aktionsmöglichkeiten eines Unternehmens hemmend oder ausweitend wirken. Nur die richtige Einschätzung solcher Entwicklungen kann zu realisierbaren Zielen und Aktionen führen, durch die das Unternehmen in die Lage versetzt wird, optimal den sich ändernden Gleichgewichtsverhältnissen zu folgen.

1. Anpassung an Veränderungen

Da das Setzen von Zielen nicht im bloßen Wunschdenken verhaftet bleiben und das Unternehmen als kybernetisches Teilsystem mit seinen Aktionen in der vorgesehenen Richtung erfolgreich wirken soll, muß sich die Unternehmensführung zwangsläufig mit dem Phänomen der Zielabweichung und Zieländerung ständig beschäftigen, d. h. zur Zielsetzung gehört unabdingbar das Steuern, das sich aus den beiden Komponenten Überwachen und Anpassen zusammensetzt. Die erste Komponente Überwachen umfaßt nicht nur das Erkennen der Zielabweichungen, die aus Soll-Ist-Differenzen zu erklären sind, wobei die Ursachen dafür aus der Divergenz von Leistung und Verhalten der einzelnen Unternehmensteile zu vorgegebenen Planzahlen lokalisiert werden.

In mindestens gleichem Ausmaß muß ständig überprüft werden, ob die Voraussetzungen, die als Erwartungswerte bei der Zielsetzung berücksichtigt wurden, noch unverändert bestehen oder sich in einer für die Zielsetzung relevanten Weise gewandelt haben.

Leistung und Verhalten in den einzelnen Unternehmensteilen können im Sinne der Zielsetzung durch die erforderlichen Soll-Vorgaben definiert werden. Entsprechende Informationssysteme und/oder Institutionen — wie Revision, Budgetkontrolle u. a. m. — können Hinweise auf effektive Abweichungen von diesen Vorgaben liefern; aber bei hinreichender Komplexität eines Unternehmens mit vertikalem und horizontalem Aufbau werden bereits vielfältige Interdependenzen wirksam, die es in manchen Branchen äußerst schwierig machen, eindeutig zu erkennen, ob und in welchem Umfang abweichende Leistungen und Verhaltensweisen durch andere Unternehmensteile und/oder die Umwelt zwangsläufig ausgelöst bzw. willkürlich verursacht wurden.

Ein Eingreifen der Unternehmensführung auf Grund festgestellter Abweichungen gegenüber Zieldaten muß bei derartig komplexen Verflechtungen keineswegs immer sinnvoll bzw. erforderlich sein. Situationsänderungen sowohl interner als auch externer Art können bereits Anpassungsaktionen erzwungen haben, weil die Zielvorgaben nicht mehr realisierbar waren. Andererseits muß die Übereinstimmung zwischen Zieldaten und den erreichten Ergebnissen des Unternehmens nicht unbedingt auch bedeuten, daß daher ein Eingreifen der Unternehmensführung nutzlos oder überflüssig gewesen wäre. Änderungen in den Bedingungen und Voraussetzungen, die ursprünglich zur Zielfestlegung geführt hatten, können günstige Gelegenheiten hervorgebracht haben, die ungenutzt bleiben, weil die Möglichkeiten nicht rechtzeitig erkannt wurden, oder weil im extremen Fall die Erfüllung von Zielvorgaben dominieren muß, da organisatorisch derartige Reaktionen nicht vertretbar sind.

Nicht immer ist die klare Trennung der Tatbestände, die ein Eingreifen oder Unterlassen verlangen unter den erwähnten Aspekten möglich. In Unternehmen mit Kuppelproduktion und zahlreichen daraus resultierenden Interdependenzen können viele Faktoren zugleich wirken und sich in jeder Kombination sowohl gegenseitig aufheben als auch verstärken.

Die Ermittlung einer Zielabweichung auf Grund von Soll-Ist-Vergleichen setzt voraus, daß man für eine Folge von Zeitpunkten Ziele festgelegt hat. Je enger diese Folge ist, um so größer ist die Gefahr, daß die erkannten Abweichungen sich trival als das Ergebnis unvermeidbarer Fehleinschätzungen über das Umweltverhalten herausstellen, die wenig geeignet sind, Indikationen für Steuerungsmaßnahmen zu liefern.

Aus der Tatsache, daß von dem für ein Intervall fixierten Ziel abgewichen wurde, ist nicht notwendig zu schließen, daß auch das Ziel für die folgende Periode verfehlt werden wird, da im Rahmen der Unsicherheit jeweils Einflüsse wirksam werden, die Abweichungen erzwingen oder ratsam erscheinen lassen können.

Bei Branchen, die geringen Störungseinflüssen ausgesetzt sind, mag das Arbeiten mit Periodenzielen, die aus der Verknüpfung mit handelsrechtlichen, fiskalischen u. a. Erfordernissen periodischer Berichterstattung z. B. auf Jahresbasis erstellt und überwacht werden, noch völlig ausreichend für die Unternehmensführung sein.

Mit zunehmendem Umfang wirksamer stochastischer Störfaktoren aus dem Wettbewerbsverhalten, im Konsumverhalten, aus Witterungseinflüssen, durch Moderichtungen, im technischen Bereich u. a. m. verliert das Periodenziel und die dazu ausgewiesene Abweichungsgröße an Aussagewert als Steuerungs-

und Entscheidungskriterium. Die Messung gegen ein deterministisches Ziel, dessen Existenz und Berechtigung bei zunehmender Interdependenzbreite unter Unsicherheit als nahezu völlig unrealistisch angesehen werden muß, wird daher ergänzt bzw. ersetzt durch die permanente Überprüfung der gegenwärtigen und künftigen Funktionsfähigkeit des Unternehmens und seiner Teile als Glied eines größeren Systems. Diese Funktionsfähigkeit ist gegeben, wenn das Industrieunternehmen in der Lage ist, auch im Rahmen der Unsicherheit seine eingangs erwähnten Zwecke zu erfüllen und dabei Substanzverluste möglichst zu vermeiden bzw. wieder auszugleichen und Gewinne zu erzielen, ohne das Unternehmen übermäßig zu gefährden.

Hinter dieser Problematik verbergen sich zahlreiche Komplexe mit vielfältigen und schwerwiegenden Interdependenzen, von denen hier nur beispielsweise hervorgehoben werden sollen jene Zusammenhänge aus Liquiditätsentwicklung, Abnahme und Lieferverpflichtungen, Produktionsbereitschaft, Lieferfähigkeit sowie notwendige Sicherheitsreserven und Pufferungsmöglichkeiten, die in ihrer Entwicklung und sinnvollen Gestaltung kaum noch von der Bilanz oder G. u. V.-Rechnung abzuleiten sind bzw. durch ein Vorgehen im Sinne von trial und error optimal gestaltet werden können.

Nach dem Ausmaß der Verflechtung mit der Umwelt und dem Grad der Unsicherheit über das künftige Verhalten dieser Umwelt muß das Unternehmensziel als die jeweilige Richtungsangabe verstanden werden, in der das Unternehmen zeitweilig operieren soll, damit es eine Reihe von Stationen erreichen oder berühren kann, sofern die Umstände es zulassen oder soweit es überhaupt noch ratsam ist. Es muß in Abhängigkeit von dem Ausmaß der Veränderungen und Störungen geprüft werden, ob die Voraussetzungen, nach denen Richtungen und Zielstationen festgelegt wurden, sich ändern bzw. Ereignisse und Möglichkeiten auftreten oder zu erwarten sind, die Richtungsänderungen und/oder die Wahl anderer Stationen erzwingen bzw. als vorteilhaft erscheinen lassen.

2. Aktive Gleichgewichtsänderungen

Wenn man ein Gleichgewicht, das sich in einem System höherer Ordnung jeweils einstellt, als das Ergebnis aus dem Spiel der Kräfte versteht, dann hat neben der mehr passiven Anpassung an die Umwelteinflüsse auch das Bemühen zu stehen, die Kräfte des Unternehmens so anzusetzen, daß aktiv im Ausmaß der eigenen Einwirkungsmöglichkeiten die künftige Gleichgewichtsposition beeinflußt wird.

Werbefeldzüge, Zusammenschlüsse u. a. m. können durchaus wirksame und legitime Mittel sein, die in diesem Kräftespiel bei der Zielsetzung und der Durchsetzung der Ziele auch auf eine bewußte Verlagerung künftiger Gleichgewichtszustände angesetzt werden.

V. Die optimale Durchsetzung von Zielen

Beide Aufgaben — die aktive und passive Ausrichtung auf ein Äquilibrium — werden in einem Unternehmen unter dem Aspekt der Planung und der Steuerung verfolgt. Pläne werden bei Bedarf aber auch routinemäßig überarbeitet und revidiert, um durch geeignete, frühzeitig genug eingeleitete Maßnahmen das Unternehmen rechtzeitig in den Stand zu setzen, seine Funktionen zielgerecht zu erfüllen, während in das aktuelle Geschehen über die Steuerung eingegriffen wird, um mit den weder vorhergesehenen noch eingeplanten Schwierigkeiten fertig zu werden und um erkannte vorteilhafte Möglichkeiten auszunutzen.

Zieländerungen und die damit verbundenen Anpassungsmaßnahmen konnten bei komplexen Unternehmen allein aus organisatorischen, zeitlichen und physischen Beschränkungen in früheren Jahren eine gewisse Frequenzhöhe nicht überschreiten. Computereinsatz und Modellrechnungen lassen es heute zu, mit einer erheblich höheren Frequenz und sehr umfassend auch ein komplexes Unternehmen auf einsetzende und erwartete Situationsänderungen einzustellen. Diese Möglichkeit, schneller als bisher reagieren zu können, hat jedoch ihre besondere Problematik. Im Rahmen unsicherer Funktions- und Reaktionsvorgänge in allen miteinander korrespondierenden Systemen und Systemteilen ist es fraglich, ob man bei jeder ersichtlichen bzw. vermuteten Veränderung auch Anpassungsmaßnahmen ergreifen soll.

Jede bewußte Abweichung von einem ursprünglichen Optimalprogramm als Anpassungsmaßnahme verursacht einen zusätzlichen Kräfteverzehr oder bewirkt die Aufgabe von Vorteilen. Gleichzeitig können aber unvorhersehbare oder unerkannte Veränderungen und Einflüsse den Zweck einer angestrebten Anpassungsmaßnahme aufheben oder sogar zu einer für das Unternehmen nachteiligen Aktion werden lassen.

Die augenscheinliche Schwerfälligkeit im Reaktionsvermögen großer Industrieunternehmen hat sicherlich auch ihre positiven Seiten gehabt, denn sie verhinderte zwangsläufig viele Aktionen, die unter den angeführten Gesichtspunkten sich häufig als voreiliges und überflüssiges Handeln herausgestellt hätten. Andererseits kann ein zu spätes Anpassen von Plänen und Zielen an neue Voraussetzungen und Situationen kostspielig und außerordentlich nachteilig sein, insbesondere wenn technischer Fortschritt, Wettbewerb, soziale und politische Momente insgesamt eine zunehmende Beschleunigung bei der Verschiebung von Gleichgewichtsverhältnissen und in der Strukturierung der interdependenten Systeme auslösen, die ein rechtzeitiges Anpassen zum dringenden Erfordernis für das erfolgreiche Überleben eines Unternehmens werden lassen.

VI. Überleben als Zielvorstellung

Das Ziel zu überlegen, das sich bei einem Unternehmen in der Formulierung vielfältiger Teilziele und/oder in Handlungsrichtlinien niederschlägt, läßt sich in einer

Umwelt, die sich immer schneller verändert, auf eine Grundtendenz zurückführen, in der zwar auch das Gewinnstreben als Motiv zur Verbesserung der Überlebenschancen seinen Platz hat, aber darüber hinaus beherrschen Gesetzmäßigkeiten, denen auch lebende Organismen unterworfen sind, in weitgehender Analogie die Verhaltensweise von Industrieunternehmen.

Der maximalen Flexibilität des eigenen Systems, die der hinreichenden Anpassungsfähigkeit dient, steht als Dualität im Sinne der Grundthematik dieser Ausführungen das Bemühen um maximale Stabilität in dem Sinne gegenüber, daß man sich vor den Umwelteinflüssen zu schützen versucht. Dieses Bestreben wird um so stärker sein, je weniger die eigenen Möglichkeiten und Fähigkeiten zur Anpassung ausgebildet sind, wie es z. B. häufig bei Unternehmen mit Massenfertigung bei hohem Automationsgrad der Fall sein kann.

Unter diesen beiden Motiven kann man alle Bemühungen konträrer Zielsetzungen sowohl zur Erreichung als auch zur Veränderung von Gleichgewichtszuständen eingliedern.

Das Schutzbedürfnis gegenüber unabwendbaren und unvorhersehbaren Ereignissen und Vorgängen z. B. im Kampf gegen die Natur und die Absicherungsbemühungen gegenüber abwendbaren Einwirkungen von korrespondierenden Teilsystemen, worunter der Wettbewerb, die Konsumenten und andere Gruppen oder Organisationen zu verstehen sind, findet sein Gegengewicht in der Einschätzung, wieweit sich das vorhandene und das erforderliche Potential des Unternehmens eignet, um unvermeidbare Ereignisse überstehen zu können und in welchem Maße das Unternehmen imstande ist, sich sowohl aktiv als auch passiv auf Bestrebungen und Kräfte einzustellen, die zur Verlagerung des Gleichgewichts in einem System höherer Ordnung mobilisiert werden müßten.

Stabilität und Schutzbedürfnis eines Unternehmens versucht das Management dementsprechend durch Bestrebungen zu sichern, die von der Preisbindung über langfristige Liefer- und Abnahmeabkommen, Zusammenschlüsse, Zentralisation, Staatsprotektion bis zur Planwirtschaft und zum staatlichen Monopolbetrieb reichen können.

Flexibilität kann ergänzend zu Maßnahmen hinzukommen, die bereits dem Schutzbedürfnis dienen und ließe sich durch Aktionen kennzeichnen, die dem Unternehmen z. B. einseitig maximale Preisfreiheit gewähren oder die Aufkündigung von Liefer- und/oder Abnahmeabkommen gestatten.

Dezentralisationen, Diversifikationen sowie Verhaltensweisen, die auf verstärkte Wettbewerbsfreiheit gerichtet sind, wird ein Management bevorzugen, das mit der Anpassungsfähigkeit des Unternehmens rechnen kann und in der Nutzung dieser Stärke die Überlebenschancen des Unternehmens sieht. Unter diesen Aspekten muß der Unternehmensgewinn keineswegs auf die Situation des Unternehmens und seine Überlebensmöglichkeiten hinweisen oder als Zielsetzung die Unternehmensaktivitäten ausrichten können.

Leistungszahlen, die kennzeichnend für das Ausmaß sind, in dem das Schutzbedürfnis und in Relation dazu die Anpassungsfähigkeit des Unternehmens entwickelt und/oder anzustreben wären, dürften daher häufig besser als Gewinnziele die geeigneten Hinweise zur Steigerung der Unternehmenseffizienz liefern und die Kriterien zur Beurteilung der künftigen Überlebenschancen des Unternehmens abgeben. Angaben über Marktanteile, Kapazitätsauslastung, Aufwand und Ausbeute in Geld und/oder Zeit pro Einheit, u. a. m. sind meistens unentbehrliche Informationen für die Unternehmensführung und liefern die eigentlichen Indikationen, wie das Unternehmen zielgerecht operieren sollte.

Der Gewinn als Ergebnis kann in diesem Zusammenhang auch als Funktion einer Meßgröße aufgefaßt werden, an der man sich orientieren will, in welchem Ausmaß es dem Unternehmen gelungen ist, bei der mehr passiven Suche nach einem Gleichgewicht, sich in ein höheres System erfolgreich und möglichst friktionslos einzuordnen, und wieweit der aktive Versuch erfolgreich war, diesen Gleichgewichtszustand so zu verlagern bzw. zu beeinflussen, daß im höheren System das Unternehmen als Teilsystem akzeptiert wurde und seinen Zweck erfüllen konnte.

VII. Objektivierung von Zielvorstellungen

Die Einschätzung der Stärke, die das Unternehmen hat bzw. über die es in Zukunft verfügen sollte, und die Vorstellung, in welchem Ausmaß ein Schutzbedürfnis besteht oder gedeckt werden sollte, beruht auf subjektiven Eindrücken, welche die Unternehmensleitung erhalten kann. Zwangsläufig kann ein solches Bild nur im Rahmen unvollkommener Informationen über die Stärke und Verhaltensweise ihrer potentiellen Wettbewerber, der Konsumenten, der Lieferanten und sonstiger Umwelteinflüsse, entstehen.

Mit zunehmender Komplexität der zu beachtenden Einflußgrößen und mit abnehmender Qualität der Informationen wachsen die Schwierigkeiten der Unternehmensführung, die für das Unternehmen vorteilhaften Zielvorstellungen zu erarbeiten und in geeignete Entscheidungen umzusetzen.

Geringfügige Fehleinschätzungen können bei sehr großen Unternehmen den Verlust von Millionenbeträgen auslösen. Den verständlichen Bemühungen, diese Schwächen und Gefahren über bessere Informationen abzubauen, sind trotz der Möglichkeiten, die Computer und schnelle Nachrichtenübermittlungen bieten, schon durch die unvermeidbare Unsicherheit bei Zukunftsprognosen Grenzen gesetzt. Teamwork und die Mitwirkung vieler Führungskräfte im Sinne des „participating Management" bei der Entwicklung von Unternehmenszielen und bei der Entscheidungsfindung zu ihrer Durchsetzung sind vielfach bei Großunternehmen ein weiterer konsequenter Schritt zur Objektivierung der Meinungsbildung in der Unternehmensführung. Die mathematische modellmäßige Darstellung eines Unternehmens und die Möglichkeit, sein Verhalten in veränderter Form und unter verschiedenen Umwelteinflüssen zu studieren, haben viel dazu beigetragen, die Komplexität der Unternehmen transparent zu machen und damit Ziele zu setzen, die zu einer besseren Übereinstimmung des Unternehmenspotentials mit den Möglichkeiten führen können, die die Umwelt bietet oder verlangt. Dieses moderne Rüstzeug auf dem Gebiet des Operations Research, das von der Simulation über lineares, dynamisches, ganzzahliges und stochastisches Programmieren bis zum spieltheoretischen Verfahren u. a. m. heute zur Verfügung steht, ist weitgehend geeignet, den in den vorangegangenen Ausführungen aufgezeigten Dualismus als Problem der Gleichgewichtsbestimmung für eine Vielfalt korrespondierender Zielkomponenten rechenbar zu machen.

Die sinnvolle Interpretation der mit solchen Verfahren gewonnenen Rechenergebnisse und ihre heuristische Weiterverwertung im Unternehmen bildet allerdings noch in vielen Fällen ein Problem besonderer Art, da häufig starke psychologische Barrieren zu überwinden sind und fundamentale organisatorische Änderungen vorgenommen werden müssen.

Zur Organisation von Entscheidungsprozessen

Von Prof. Dipl.-Kfm. Dr. Knut Bleicher, Gießen

Inhaltsübersicht

Entscheidungen in der Unternehmung sind in steigendem Maße zum Gegenstand wissenschaftlichen Interesses geworden. „Kennzeichnend für die Betriebswirtschaftslehre der Gegenwart ist ihr umfassender Ansatz: Sie stellt in immer stärkerem Maße die menschlichen Entscheidungen auf allen Ebenen der betrieblichen Hierarchie und in allen Teilbereichen der Betriebswirtschaft in den Mittelpunkt wissenschaftlichen Bemühens. Ausgangspunkt für die Schaffung eines einheitlichen theoretischen Rahmens ist der unternehmerische Entscheidungsprozeß mit den Phasen der Willensbildung und Willensdurchsetzung."[1])

Eine Analyse von Entscheidungen und Entscheidungsprozessen in der Unternehmung kann unter verschiedenen Gesichtspunkten vorgenommen werden. Die folgenden Ausführungen sind der speziellen Fragestellung nach der organisatorischen Gestaltung — im Sinne einer integrativen, gefügehaften Strukturierung[2]) — von Entscheidungsprozessen gewidmet. Dabei wird von der Grundannahme der Organisation, daß Handlungen in organisierter Form effizienter sein werden als in unorganisierter Form, auch bei Entscheidungsprozessen ausgegangen. Das bedeutet hier, daß die Effizienz einer Entscheidung nicht allein von ihren inhaltlichen problemrelevanten Variablen abhängt, sondern auch von der formalen Ordnung, in der sich der Problemlösungsprozeß vollzieht[3]). Unterschiedliche Organisationsformen des Entscheidungsprozesses führen bei Gültigkeit dieses Axioms zu unterschiedlichen Effizienzen des Prozesses zur Hervorbringung von Entschlüssen; die Qualität der getroffenen Entscheidung (der Final-Entschluß) kann demnach als abhängig von seiner formalen Ordnung gesehen werden.

A. Entscheidungen im System „Unternehmung"

I. Entscheidung und Entscheidungsprozesse

Allgemein läßt sich feststellen, daß es sich bei einer menschlichen Entscheidung um eine besondere „Reaktion auf eine bestimmte Situation handelt"[4]). Diese besondere Reaktion besteht aus einem Auswählen unter verschiedenen Möglichkeiten. Die Wahlhandlung vollzieht sich dabei als Antwort auf eine multivalente Situation unter einer inneren „zentralen Betroffenheit"[5]) des Entscheidungsträgers. In diesem Sinne liegt bei einem oberflächlichen Wahlakt, der ohne inneres Engagement vollzogen wird, bei impulsiven, affektartigen Reaktionen sowie bei geistig festgelegten Verhaltensmustern (z. B. Instinkten beim Tier) keine Entscheidung vor. Unter Entscheidung sei deshalb eine Alternativenwahl mit Willensakzent verstanden. Sie läßt sich durch die Merkmale Alternativen, Wahl, Willensakzent, Unsicherheit und das Bewußtsein des Entscheidenden[6]) kennzeichnen. Charak-

---

[1]) Heinen, Edmund: Zum Wissenschaftsprogramm der entscheidungsorientierten Betriebswirtschaftslehre. ZfB 4/1969, S. 208; siehe auch ders.: Betriebswirtschaftslehre heute – Die Bedeutung der Entscheidungstheorie für Forschung und Praxis. Wiesbaden 1966, S. 8 ff.

[2]) Kosiol, Erich: Organisation der Unternehmung. Wiesbaden 1968. S. 199; Schweitzer, Marcell: Probleme der Ablauforganisation in Unternehmungen. Berlin 1964, S. 149.

[3]) Vgl. Grün, Oskar: Entscheidung. In: Handwörterbuch der Organisation. Hrsg. von Erwin Grochla. Stuttgart 1969, Sp. 476.

[5]) Thomae, Hans: a. a. O., S. 87.

[5]Thomae, Hans: a. a. O., S. 87.

[6]) Grün, Oskar: a. a. O., Sp. 477.

teristisch für die Entscheidung ist es, daß sie einen komplizierten geistigen Prozeß darstellt[7]). Erst seine tiefere Analyse kann Anhaltspunkte für eine Aussage darüber liefern, wie dieser Entscheidungsprozeß in seinen unterschiedlichen Komponenten auf organisatorische Gestaltungsmaßnahmen reagiert.

Wird eine Entscheidung im Hinblick auf das Zustandekommen einer zur Realisierung anstehenden, gewählten und gewollten Alternative betrachtet, so wird der Ausdruck „Entscheidungsprozeß" verwendet. Er deutet darauf hin, daß eine getroffene Entscheidung das Ergebnis einer Reihe von Aktivitäten ist, die als Stufen, Phasen oder als Elemente des Entscheidungsprozesses angesprochen werden können.

II. Die Organisation von Entscheidungen im System „Unternehmung"

Unter einem System wird allgemein eine begrenzte, geordnete Menge von Elementen verstanden, zwischen denen Beziehungen bestehen[8]). Die Unternehmung läßt sich als ein offenes, zielorientiertes, produktives, soziales System betrachten[9]). Bei einer derartigen Betrachtung der Unternehmung als System gewinnen Entscheidungen eine besondere Bedeutung für die Sicherung eines zielorientierten Handelns des Systems „Unternehmung". Sie werden erforderlich zur Steuerung, Regelung und Anpassung des Systems[10]).

Das System „Unternehmung" erhält sich über aktives und reaktives Entscheidungsverhalten seiner Menschen in den Formen der Anpassung, Regelung und Steuerung gegenüber seiner varianten Umwelt. Die organisatorische Gestaltung und das aus ihr folgende Organisationssystem als ein Subsystem der Unternehmung dient der Gesamtsystemerhaltung durch eine Reduktion von Komplexität und Veränderlichkeit der Systemumwelt[11]) und der eigenen Systembeziehungen. Diese organisatorische Leistung besteht darin, die Kompliziertheit und Variabilität der Umwelt auf ein Maß zu reduzieren, das sinnvolle menschliche Handlungen erlaubt und verhaltensmäßig bewältigt werden kann. Der Bestand und die eigentümliche Ordnungsleistung eines Systems zeigen sich in einem Verhältnis relativer Invarianz zur Umwelt, gegeben durch Generalisierung von Verhaltenserwartungen[12]). Dieser Reduktionsleistung muß der Aufwand der organisatorischen Systemgestaltung gegenübergestellt werden. Führt die organisatorische Gestaltung generell zu einer Reduktion von Komplexität und Veränderlichkeit im System „Unternehmung", so kann dieses Subsystem nicht ohne Bezug zu anderen betrieblichen Subsystemen betrachtet werden, die eine ähnliche Reduktionsleistung, jedoch mit anderer Akzentuierung, vollbringen. Zu denken wäre hier insbesondere an Informationssysteme und Planungssysteme, die spezifische Reduktionsleistungen im Hinblick auf die Ungewißheit von Entscheidungsträgern in der Unternehmung vollbringen sollen.

---

[7]) Grün, Oskar: a. a. O., Sp. 476.

[8]) Vgl. z. B. Flechtner, H. J.: Grundbegriffe der Kybernetik. Stuttgart 1966, S. 553.

[9]) Ulrich, Hans. Die Unternehmung als produktives soziales System. Grundlagen der allgemeinen Unternehmungslehre. Bern - Stuttgart 1968, S. 100 ff.

[10]) Flechtner, H. J.: a. a. O., S. 44.

[11]) Luhmann, Niklas: Zweckbegriff und Systemrationalität. Über die Funktion von Zwecken in sozialen Systemen. Tübingen 1968, S. 111 ff.

[12]) Luhmann, Niklas: a. a. O., S. 125.

Durch derartige Reduktionsstrategien vereinfacht sich das System seine Umweltlage, indem es die objektive Situation durch eine subjektive ersetzt, d. h. sein Handeln nicht unmittelbar durch die Wirklichkeit bestimmen läßt, sondern es nach seiner Vorstellung von der Wirklichkeit ausrichtet[13]). Diese Strategie der Subjektivierung trägt dadurch zur Lösung des Problems bei, daß sie ihm eine veränderte Fassung gibt, die es als leichter lösbar erscheinen läßt, also die Lösungschancen erhöht[14]). Informationssysteme und Planungssysteme als spezielle Subsysteme sind jedoch ohne organisatorische Systemgestaltung nicht denkbar; erst das generelle organisatorische Subsystem schafft die Voraussetzungen und Anlässe zur Information und Planung und ihrer interdependenten Gestaltung.

B. Organisierbarkeit und Organisationsgrad von Entscheidungsprozessen

Die Wahlaktivitäten von Entscheidungsträgern in der Unternehmung können außerordentlich verschiedenartig sein[15]). Vor einer Untersuchung ihrer organisatorischen Gestaltungsmöglichkeiten ist zu klären, ob sich Entscheidungsprozesse einer organisatorischen Gestaltung erschließen und in welchem Umfang sie sich organisieren lassen.

I. Der Lebenszyklus von Entscheidungsaufgaben

Wie jede andere Aufgabe, besitzen auch Entscheidungsaufgaben über lange Sicht einen eigenen Lebenszyklus: Irgendwann in der Historie der Unternehmung tritt zum erstenmal das spezifische Wahlbedürfnis auf, das eine bestimmte Entscheidungsaufgabe kennzeichnet. Zu diesem Zeitpunkt ist es im allgemeinen noch nicht abzusehen, ob sich der gegebene Entscheidungsanlaß wiederholen wird oder ob die Situation, die eine Wahlhandlung erfordert, einmalig bleiben wird. Später häufen sich gleiche Entscheidungsanlässe. Ein Bedürfnis zur einheitlichen, koordinierten Regelung der Wahlhandlungen tritt auf. Schließlich nehmen die Entscheidungsanlässe wieder ab. Eine entsprechende Wahlhandlung wird nur noch selten zu treffen sein. Der Lebenszyklus dieser Entscheidungsaufgabe nähert sich einem Endpunkt auf einer Häufigkeitskurve der Entscheidungsanlässe in der Zeit.

Entscheidungsaufgaben am Anfang und am Ende ihrer Lebenskurve gleichen sich im Hinblick auf ihren Wiederholungscharakter: Sie weisen einen geringen Repetitionsgrad auf und besitzen den Charakter der Einmaligkeit. Entscheidungsaufgaben in der Mitte ihrer Lebenskurve dagegen weisen ihrem Wiederholungscharakter gemäß einen hohen Repetitionsgrad auf.

II. Die Organisierbarkeit von Entscheidungsaufgaben

Die Organisierbarkeit von Entscheidungen beginnt dort, wo im anfänglichen Teil der Lebenskurve für bestimmte Entscheidungsaufgaben ihr Wiederholungscharakter gegeben zu sein scheint. Einmalige Wahlhandlungen generell zu

[13]) Luhmann, Niklas: a. a. O., S. 125.
[14]) Luhmann, Niklas: a. a. O., S. 126.
[15]) Siehe hierzu vor allem Rosenstock, H. A.: Die Entscheidung im Unternehmungsgeschehen. Bern 1963.

regeln, scheint ökonomisch wenig sinnvoll. Im anfänglichen Teil der Lebenskurve ist die Vorhersehbarkeit aller relevanten Einflußgrößen auf die Wahlhandlung zudem nur in geringem Maße gegeben[16]). Mit zunehmender Häufigkeit der Entscheidungsanlässe wächst weiter auch die Vorhersehbarkeit relevanter Einflußgrößen und damit die Möglichkeit, den Entscheidungsprozeß mit hohem Konkretisierungsgrad zu regeln. Im abschwingenden Teil der Lebenskurve von Entscheidungsaufgaben nimmt zwar der Wiederholungscharakter der Wahlhandlungen ab, die Vorhersehbarkeit aller relevanten Einflußgrößen bleibt — insbesondere unter Beachtung aller in den vorausgegangenen Phasen erzielten Lerneffekte — nach wie vor hoch. Hier besteht deutlich die organisatorische Gefahr, daß im abschwingenden Häufigkeitsteil der Lebenskurve die nun relativ seltenen Wahlhandlungen weiter mit hohem Regelungscharakter so behandelt werden, als seien sie mit großer Häufigkeit routinehaft zu erledigen. Das Entscheidungsprogramm wird nicht entsprechend seiner nunmehr gegebenen Voraussetzungen abgebaut.

III. Der Organisationsgrad von Entscheidungsaufgaben

Je nach ihrem Wiederholungscharakter und ihrer Vorhersehbarkeit weisen Entscheidungsaufgaben unterschiedliche Möglichkeiten zu einer organisatorischen Regelung auf. Ist der Wiederholungsgrad und die Vorhersehbarkeit einer Entscheidungsaufgabe hoch, so läßt sich eine Strukturierung durchführen, die alle Elemente des Entscheidungsprozesses regelt; sind sie dagegen niedrig, so ergeben sich nur sehr geringe Möglichkeiten zu einer organisatorischen Regelung. Die unterschiedliche organisatorische Konkretisierung einer Entscheidungsaufgabe soll als Organisationsgrad bezeichnet werden. Eine Entscheidung kann danach auf der einen Seite mit einem geringen Organisationsgrad versehen werden: Es wird lediglich eine Zuständigkeit für eine bestimmte Gruppe von Wahlhandlungen personal zugeordnet (Entscheidungskompetenz), ohne daß nähere Angaben zu Entscheidungsmodus, -zeit usw. gemacht werden. Auf der anderen Seite kann eine Entscheidung mit einem hohen Organisationsgrad versehen werden, indem nicht nur die personalen Zuständigkeiten für bestimmte Wahlhandlungen, sondern darüber hinaus weitere Einzelheiten des Entscheidungsvollzuges detailliert geregelt werden. Hierzu bedarf es neben eines hohen Wiederholungsgrades der Vorhersehbarkeit aller für das Ergebnis des Wahlvorganges relevanten Größen.

Für den Fall eines niedrigen, aber möglichen Organisationsgrades läßt sich lediglich die Kompetenz eines Entscheidungsträgers für eine Gruppe von Wahlhandlungen definieren und ein Zweck, dem Entscheidungen zu dienen haben. Wird die grundsätzliche organisatorische Regelung als „Programm" bezeichnet, dann werden damit Zweckprogramme der Entscheidungen vorgesehen. Ist dagegen ein hoher Organisationsgrad möglich, so werden Routineprogramme der Entscheidung einsetzbar. Während im ersten Fall das System durch seinen Zweck auf einen vorgezeichneten Weg geführt wird, laufen Routineprogramme auf ein

[16]) Dabei sei an den Überblick, darüber gedacht, welche Arten (unabhängig von ihrer Genauigkeit) von Informationen für das Entscheidungsresultat relevant sind und deshalb berücksichtigt werden müssen.

auslösendes Signal — eine Information — hin ab[17]). Routineprogramme können auch als regressive Wahlhandlungen gekennzeichnet werden, die sich durch eine relative Konstanz ihrer Daten auszeichnen.

Neben diese auch als usuale Entscheidungen bezeichnete Art[18]) treten progressive Wahlhandlungen mit einer relativ großen Variabilität ihrer Daten, die sich entweder überhaupt nicht organisieren lassen oder mit einem niedrigen Organisationsgrad in Form von Zweckprogrammen. Kosiol bezeichnet sie als novative Entscheidungen, da sie einmalig oder unter ungewöhnlichen Umständen bahnbrechend Neuland erschließen[19]). – Andere einmalige Entscheidungen entstehen am Ende der Lebenskurve von Entscheidungsaufgaben. Für sie gelten die Merkmale novativen Gestaltens nicht.

C. Organisatorische Gestaltungsmöglichkeiten von Entscheidungsprozessen

Organisatorische Systemgestaltung bedeutet integrative Strukturierung über eine Verbindung der Organisationselemente Aufgabe, Person und Sachmittel. Organisation ist Beziehungsgestaltung in Raum und Zeit, die sich im Hinblick auf drei Beziehungskomplexe vollzieht: die Gestaltung von Verteilungs-, Leitungs- und Arbeitsbeziehungen.

Als spezielle organisatorische Gestaltungsmöglichkeiten von Entscheidungsprozessen bieten sich die Zentralisation und Dezentralisation von Entscheidungsaufgaben, ihre individuelle oder kooperative Erfüllung und die Offenheit der Gestaltung des Informationssystems an.

I. Die Gestaltung von Verteilungsbeziehungen — Zentralisation und Dezentralisation von Entscheidungsaufgaben

Als Möglichkeiten zur Organisation von Entscheidungsprozessen ergeben sich bei der Regelung von Verteilungsbeziehungen die Zentralisation oder Dezentralisation von Entscheidungsaufgaben. Unter Zentralisation (Dezentralisation) wird die ungetrennte (getrennte) Verteilung gleichartiger Aufgaben verstanden[20]). Im Hinblick auf eine Verteilung von Entscheidungsaufgaben stellt sich die grundsätzliche Frage, ob diese extrem zentral einer Stelle (Instanz) zugeordnet werden, die über die Tätigkeiten anderer Mitarbeiter Fremdentscheidungen trifft, oder ob diese extrem dezentral auf eine Vielzahl von Stellen aufgeteilt werden, die jeweils Selbstentscheidungen über ihr eigenes Tätigsein treffen. Praktisch ist diese Frage nicht in dieser extremen Form zu beantworten. Hier gilt es, einen adäquaten Ausgleich beider Gesichtspunkte, in denen sich letztlich die Grundanforderungen an jede Organisation Einung und Gliederung[21]), Ko-

---

[17]) Luhmann, Niklas: Die Programmierung von Entscheidungen und das Problem der Flexibilität. In: Bürokratische Organisation. Hrsg. von Renate Mayntz. Köln - Berlin 1968, S. 324.

[18]) Die Unterscheidung von novativen und usualen Entscheidungen nach Kosiol, Erich: Organisation der Unternehmung, a. a. O., S. 102.

[19]) Kosiol, Erich: Organisation der Unternehmung, a. a. O., S. 102.

[20]) Bleicher, Knut: Zentralisation und Dezentralisation von Aufgaben in der Organisation der Unternehmung. Berlin 1966, S. 34.

[21]) Niklisch, Heinrich: Der Weg aufwärts! Organisation, Versuch einer Grundlegung. Stuttgart 1922, S. 77 ff.

ordination und Arbeitsteilung niederschlagen, zu finden. Weder Zentralisation noch Dezentralisation werden daher praktisch ausschließlich zu verwirklichen sein und „immer mehr oder weniger bestehen und eine Frage des Maßes darstellen"[22]).

Eine andere Auffassung zur Zentralisation und Dezentralisation von Entscheidungsaufgaben sieht das unterschiedliche Ausmaß der Regelung der Aufgabenerfüllung als Problem einer Zentralisation und Dezentralisation. Mit einer Aufgabe kann eine unterschiedliche Konkretisierung ihres Erfüllungsprozesses verbunden sein:

a) Es wird lediglich die Zuständigkeit einer Stelle angegeben; damit wird ein maximaler Erfüllungsspielraum für den Aufgabenträger (= „Dezentralisation") offengehalten.

b) Es werden alle Bestimmungselemente von Aufgaben vollständig festgelegt (konkretisiert); damit wird der Erfüllungsspielraum für den Aufgabenträger auf ein Minimum eingeengt (= „Zentralisation").

Die Tendenz, größere Ermessensspielräume[23]) zu schaffen (vgl. a), wird daher als Streben verstanden, die Eigenverantwortlichkeit der Aufgabenträger zu stärken (im Gegensatz zu bürokratischen Verhaltensformen)[24]). In dieser Form der Vorstellungen von Zentralisation und Dezentralisation begegnet uns das Problem des Organisationsgrades von Entscheidungen wieder.

II. Die Gestaltung von Leitungsbeziehungen — individuelle und kooperative Erfüllung von Entscheidungsaufgaben

Leitungsbeziehungen regeln das Über- und Untereinander (Super- und Subordination) organisatorischer Basissysteme. Damit wird das Gesamtsystem in eine Reihe geordneter Zwischensysteme zerlegt.

Leitung vollzieht sich in der Willensbildung (Fremdentscheidung) und Willensdurchsetzung (Anordnung). Sowohl bei der Willensbildung als auch bei der Willensdurchsetzung tritt die organisatorische Frage nach individueller oder kooperativer Gestaltung der Leitungsbeziehungen auf. Im Rahmen des Entscheidungsprozesses stellt sich diese Frage bei seinen verschiedenen Phasen; bei der Entscheidung und der Anordnung als besonderes Problem der Führungsform[25]). Dabei gibt es die grundsätzlichen Möglichkeiten der Anwendung kollegialer Arbeitsformen bei der Willensbildung

(1) vor dem Finalentschluß

 a) zur Information (Informationssammlung zur Problemanalyse und Lösungssynthese)

 b) zur Beratung (Informationssammlung und Bewertung von Alternativen)

---

[22]) Fayol, Henri: Administration Industrielle et Générale. Paris 1947. Deutsch: Allgemeine und industrielle Verwaltung. Übersetzt von Karl Reinecke. München - Berlin 1929, S. 28.

[23]) Luhmann bezeichnet diesen Vorgang als Schaffen sekundärer Organisationselastizitäten. Luhmann, Niklas: Die Programmierung von Entscheidungen und das Problem der Flexibilität. a. a. O., S. 330.

[24]) Schmalenbach, Eugen: Pretiale Wirtschaftslenkung. Bd. 2: Pretiale Lenkung des Betriebes. Bremen/Horn 1948; Bender, Kurt: Pretiale Betriebslenkung. Essen 1951; Hasenack, Wilhelm: Grundsätze zur Gestaltung der Eigenverantwortlichkeit in der Unternehmung. ZfhF 1957, S. 281 ff.

[25]) Bleicher, Knut: Führungsstile, Führungsformen und Organisationsformen. ZfürO 1/2–1969, S. 31 ff.

(2) zum Finalentschluß

und der Willensdurchsetzung

(3) nach dem Finalentschluß

a) zur Information und/oder

b) zur Motivierung der Betroffenen.

Offensichtlich zeichnet sich für den Organisator die Aufgabe ab, wandelnde Bedingungen zu berücksichtigen, die der Mensch an seine Mitarbeit in der Unternehmung stellt. Die Entwicklung zu einer individuellen Entfaltung der Persönlichkeit, zu einer Bewußtwerdung und Selbstverwirklichung des Menschen bei seiner Tätigkeit in der Unternehmung, sein Streben, auch in der Unternehmung sich sozial zu entfalten, schlagen sich in einer Abkehr von autokratischen Führungsformen nieder. Diese lassen sich u. a. dadurch kennzeichnen, daß sie ein hohes Maß an Konkretisierung und Zentralisierung von Entscheidungsaufgaben bei weitgehend individueller Entscheidungsbildung vorsehen. Erstrebte kooperative Führungsformen zeichnen sich dagegen u. a. durch einen niedrigen Grad der Konkretisierung von Entscheidungsaufgaben („Ermessen"), durch ihre Dezentralisation und kooperative Formen ihrer Erledigung aus.

III. Die Gestaltung von Arbeitsbeziehungen — die Offenheit des Informationssystems

Arbeitsbeziehungen stellen eine Verbindung von Subsystemen über arbeitsfolgegerichtete Verknüpfungen her. Die Arbeitsbeziehungen können grundsätzlich auf materille und immaterielle Objekte gerichtet sein. Für die organisatorische Gestaltung von Arbeitsbeziehungen im Rahmen von Entscheidungsprozessen interessieren lediglich immaterielle Objektbeziehungen zwischen Subsystemen, die Entscheidungsaufgaben wahrzunehmen haben: die systematische Gestaltung von Informationsbeziehungen zwischen Entscheidungsträgern und ihrer Umwelt.

Je nachdem, ob es den Entscheidungsträgern vorgeschrieben oder freigestellt ist, miteinander in Beziehung zu treten, lassen sich freie und gebundene Kommunikationssysteme unterscheiden[26]).

D. Die organisatorische Gestaltung des Entscheidungsanlasses

Für die Anpassung der Unternehmung an Umweltveränderungen gewinnen die Entscheidungsträger eine besondere Bedeutung. Es ist sicherzustellen, daß bei ihnen im Sinne Thomaes eine „zentrale Betroffenheit" entsteht, die sich schließlich in eine Problemlösung – eine Entscheidung – umsetzt. Die Entscheidungsträger sichern durch diese Aktivität die Anpassung der Unternehmung an ihre Umwelt im Sinne eines Fließgleichgewichts[27]).

[26]) Im Hinblick auf viele weitere wesentliche Aspekte der organisatorischen Gestaltung von Informationsbeziehungen sei auf die umfangreiche Spezialliteratur zu dieser Fragestellung verwiesen: Bössmann, Eva: Die ökonomische Analyse von Kommunikationsbeziehungen in Organisationen. Berlin - Heidelberg - New York 1967; Coenenberg, Adolf Gerhard: Die Kommunikation in der Unternehmung. Wiesbaden 1966; Kramer, Rolf: Information und Kommunikation. Berlin 1965; Berthel, Jürgen: Informationen und Vorgänge ihrer Bearbeitung in der Unternehmung. Berlin 1967.

[27]) Bertalanffy, L. von: General Systems Theory: A new approach to unity of science. In: Human Biology Hrsg. v. Ch. Winson u. a. Vol. 23. Baltimore, Maryland 1951, S. 306–361.

Ein wesentliches Grundproblem, mit dem sich der Organisator von Entscheidungsprozessen auseinanderzusetzen hat, ist damit der Entscheidungsanlaß. Bei aller generellen Reduktionsleistung von Organisationen besteht die Gefahr, daß vorgesehene Entscheidungsträger auf bestimmte Informationen der In- und Umwelt der Unternehmung nicht reagieren, daß sie wegen mangelnder Problemerkenntnis keine Entscheidungen treffen. Die ökonomischen Folgen nicht erkannter Chancen und Risiken — über ein nicht rechtzeitiges Erkennen von günstigen und ungünstigen Trends — können bis zur Gefährdung des Überlebens des Systems „Unternehmung" führen. Der Organisator hat, um derartige Folgen verpaßter Entscheidungsanlässe abzuwenden, sicherzustellen, daß Entscheidungsprozesse auf Grund bestimmter Informationen der In- und Umwelt der Unternehmung ausgelöst werden. Dabei gewinnt die Frage der Rechtzeitigkeit (der Terminierung) des auslösenden Entscheidungsanlasses eine besondere Bedeutung.

I. Individuelle und organisatorische Entscheidungsanlässe

Bei einer Nichtregelung von Entscheidungsanlässen verläßt sich das System „Unternehmung" auf die individuelle „zentrale Betroffenheit" seiner Mitarbeiter. Diese Form der „individual causation" der Entscheidungsbildung[28]) setzt nicht nur voraus, daß der einzelne Mitarbeiter zur Entscheidung motiviert ist, sondern auch über die notwendige Übersicht verfügt, die zur Erkenntnis eines Entscheidungsbedürfnisses erforderlich ist. Weiter wird als selbstverständlich unterstellt, daß die Ergebnisse dieser Wahlhandlungen von vielen Entscheidungsträgern in ihrer sachlichen Interdependenz automatisch ein koordiniertes Gesamtergebnis der Unternehmung sicherstellen. Alle drei Unterstellungen können nicht generell als real angesehen werden. In mutipersonal-arbeitsteiligen Unternehmungen ergibt sich damit zwingend die Notwendigkeit einer organisatorischen Regelung von Entscheidungsanlässen – einer „organizational causation" der Entscheidungsbildung[29]), da bei aller Unterschiedlichkeit der individuellen psychologischen Struktur der Entscheidungsträger kein gleichgerichteter motivationeller Anlaß zu ihrer Betroffenheit hergeleitet werden kann. Dazu bedarf es einer organisatorischen Regelung von Informationsbeziehungen, damit die notwendige Übersicht der Entscheidungsträger über ihre Entscheidungsobjekte hergestellt und eine organisatorisch geregelte Koordination von Teilentscheidungen zu Gesamtentscheidungen hergestellt werden kann.

II. Situative und konstitutive Entscheidungsanlässe

Es gibt multivalente Zustände, die unter dem Druck einer bereits eingetretenen Situation stehen und dringend eines Entschlusses bedürfen. Die Entscheidung hat der sofortigen Klärung der eingetretenen Situation zu dienen.

Derartige situative Entscheidungsanlässe führen zu ad-hoc-Entscheidungen (Improvisationen)[30]). Situative Entscheidungsanlässe ergeben sich sowohl bei nichtorganisierten wie bei organisierten Entscheidungsprozessen.

---

[28]) LeBreton, P. P.; D. A. Henning: Planning Theory, Englewood Cliffs 1961, S. 7.
[29]) LeBreton, P. P.; D. A. Henning: Planning Theory, a. a. O., S. 7.
[30]) Koch, H.: Betriebliche Planung. Wiesbaden 1961, S. 12.

In der Unternehmung werden weiter Entscheidungen getroffen, die den Aktionskurs der Unternehmung im Ganzen oder in seinen Teilbereichen vorab festlegen. Für diese vorab getroffenen Entscheidungen bedarf es künstlicher organisatorischer Anlässe. Durch eine konstitutive Regelung, daß diese Entscheidungen zu einem bestimmten Zeitpunkt vor Eintritt eines situativen Entscheidungsanlasses zu treffen seien, entstehen Planentscheidungen über zukünftige Verhaltensweisen der Unternehmung.

Es liegt nahe, daß bei situativen und bei konstitutiven Entscheidungsanlässen unterschiedliche Möglichkeiten zu einer sorgfältigen Entscheidungsbildung gegeben sind:

(1) Bei Entscheidungen, die auf Grund situativer Anlässe getroffen werden, ist auf Grund der Notwendigkeit zu schneller Reaktion eine sorgfältige Entscheidungsvorbereitung kaum möglich. Zudem ist diese häufig auch kaum mehr sinnvoll, da zu diesem Zeitpunkt ohnehin bereits die meisten Alternativen verstellt sind und nur noch eine oder einige wenige naheliegende Alternativen zur Wahl stehen. Die verbleibenden Alternativen sind zumeist ökonomisch minderwertig.

(2) Dagegen lassen Planentscheidungen, die auf Grund künstlicher, konstitutiver Regelung erzwungen sind, einen breiten Raum für eine gründliche, detaillierte Entscheidungsvorbereitung. Je nach Abstand vom späteren situativen Entscheidungsbedürfnis ergibt sich ein offeneres Alternativenbündel, aus dem die ökonomisch sinnvollste Alternative ausgewählt werden kann. Mit wachsendem Abstand vom späteren situativen Anlaß nimmt jedoch gleichzeitig die Unsicherheit der Erwartungen zu. Für die Regelung des konstitutiven Entscheidungsanlasses ergibt sich hier das Problem der Bestimmung des optimalen Entscheidungs-(Planungs-)zeitpunktes aus der Gegenüberstellung von wachsender Möglichkeit zur Berücksichtigung ökonomisch höherwertiger Alternativen und gleichzeitig schrumpfender Sicherheit der Erwartungen mit zunehmender Entfernung vom situativen Entscheidungsanlaß.

(3) Planentscheidungen machen es möglich, Entscheidungsinterdependenzen zwischen verschiedenen Teilentscheidungsprozessen über die systematische, organisatorische Verbindung von konstitutiven Entscheidungsanlässen (Planungssysteme) zu berücksichtigen.

III. Entscheidungsveranlassung durch Macht- und Fachpromotoren

Von weiterer Bedeutung für die organisatorische Gestaltung von Entscheidungsprozessen ist die Frage nach den institutionellen Zuständigkeiten für das Ingangsetzen von Entscheidungsprozessen. Wer veranlaßt, daß ein Entscheidungsprozeß abläuft, wer wird zum Motor, zum Förderer seines Ablaufes? Witte bezeichnet die Träger von Entscheidungsprozessen, die in dieser Weise aktiv werden, als Promotoren[31]).

[31]) Witte, Eberhard: Mikroskopie einer unternehmerischen Entscheidung. Bericht aus der empirischen Forschung. IBM-Nachrichten 193. Februar 1969, S. 494.

Die Abgabe fördernder Impulse für einen Entscheidungsprozeß kann entweder aus instanzieller Machtbefugnis (Machtpromotor) oder aus objektspezifischem Fachwissen (Fachpromotor) hergeleitet werden[32]). Zur Förderung eines Entscheidungsprozesses lassen sich die Rollen beider Promotoren organisatorisch miteinander verbinden.

In einer empirischen Untersuchung hat Witte festgestellt, daß dann, wenn Macht- und Fachpromotor in einer Person zusammenfallen, sowohl der zeitlich schnellste Entscheidungsprozeß als auch das qualitativ hochwertigste Ergebnis erzielt werden. Eine Organisationsform, die dagegen durch den Fachpromotor geprägt ist, bewirkt eine Verlängerung des Prozesses, während der Machtpromotor offensichtlich auf Beschleunigung drängt.

Allerdings führt ein Entscheidungsprozeß, in dem nur der Machtpromotor — nicht aber der Fachpromotor — auftritt, nur in der geringsten Zahl aller Fälle zu einer anspruchsvollen Lösung. Beachtenswert ist weiter, daß auch der Fachpromotor, obgleich er während des Entscheidungsprozesses die interessantesten Vorstellungen entwickelt, kaum häufiger zu einem anspruchsvollen Entschlußniveau vordringt, weil ihm die schützende Rolle des Machtpromotors fehlt. Der höchste Effizienzgrad bei einer Personalunion von Macht- und Fachpromotor läßt sich darauf zurückführen, daß hier der Druck zum Entschluß und der Sachverstand zur Problemlösung als komplementäre Faktoren wirken.

E. Die organisatorische Gestaltung des Entscheidungsprozesses

Organisationssysteme lassen sich sowohl „mikroskopisch" im Hinblick auf die grundlegenden Elemente und Beziehungen eines Organisationssystems als auch „makroskopisch" als Ganzheit betrachten.

I. Die Mikroorganisation von Entscheidungsprozessen

Eine mikroorganisatorische Betrachtung von Entscheidungsprozessen löst Entscheidungsaufgaben in ihre einzelnen Aufgabenelemente auf. Sie will damit einerseits eine Regelung von Teilaktivitäten bei einer unipersonal-arbeitsteiligen Verteilung auf einen Entscheidungsträger vorbereiten. Andererseits dient sie der multipersonal-arbeitsteiligen Übertragung einzelner Teilaktivitäten von Entscheidungsprozessen auf unterschiedliche Aufgabenträger, die damit Prozeßoperationen als eigenständige Aufgaben übertragen erhalten.

1. Das Phasentheorem des Entscheidungsprozesses

Das Problem der Zerlegung von Entscheidungsprozessen in einzelne, voneinander abgrenzbare Aktivitäten, von Phasen — das sog. Phasentheorem des Entscheidungsprozesses[33]) — nimmt in der Literatur über Entscheidungen einen breiten Raum ein[34]). Als beispielhaft für derartige Unterscheidungen, die häufig nur in

[32]) Witte, Eberhard: Mikroskopie einer unternehmerischen Entscheidung, a. a. O., S. 494.

[33]) Witte, Eberhard: Phasen-Theorem und Organisation komplexer Entscheidungsverläufe. ZfbF 10/1968, S. 625–647.

[34]) Luhmann, Niklas: Die Programmierung von Entscheidungen und das Problem der Flexibilität, a. a. O., S. 326.

einzelnen Elementen voneinander abweichen, seien hier nur zwei Auffassungen gegenübergestellt.

Nach Brim, Glass, Lavin, Goodman lassen sich formal sechs Phasen von Entscheidungsprozessen unterscheiden:

1. Problemstellung (identification of the problem)
2. Informationsbeschaffung (obtaining necessary information)
3. Alternativensammlung (production of possible solutions)
4. Alternativenbewertung (evaluation of such solutions)
5. Alternativenauswahl (selection of a strategy for performance)
6. Realisieren, Lernen und Revidieren (actual performance of an action or actions; and subsequent learning and revision)[35]

Heinen unterteilt den Entscheidungsprozeß zunächst in zwei Hauptphasen, in die Willensbildung und Willensdurchsetzung. Der Willensbildungsprozeß läuft in drei Phasen ab:

1. Anregungsphase: Feststellung eines ungelösten Problems — Ursachenanalyse — Problemformulierung — Erkenntnis der Entscheidungsnotwendigkeit;

2. Suchphase: sie leitet vom Stadium der „Unorientiertheit" zum eigentlichen Prozeß der Willensbildung über: Erfassung der möglichen Handlungsalternativen und deren zu erwartende Konsequenzen — Die Prognose der Konsequenzen führt zur Erkenntnis, inwieweit die einzelnen Handlungsmöglichkeiten die verfolgten Ziele erfüllen — Feststellung der inner- und außerbetrieblichen Beschränkungen;

3. Auswahl- oder Optimierungsphase: Abschluß des Prozesses der Willensbildung — Aufstellung einer Rangordnung der Alternativen — das Entscheidungsproblem ist gelöst, wenn eine Alternative gefunden ist, die unter Berücksichtigung des angestrebten Maßes der Zielerreichung von keiner anderen übertroffen wird[36].

Mit dem Entschluß für eine Alternative ist der Prozeß der Willensbildung abgeschlossen. Es schließt sich die Willensdurchsetzung an, die zur Realisation des Entschlusses führt.

Bei der Gestaltung eines komplexen Entscheidungsprozesses liegt es logisch nahe, einem Phasenschema des Entscheidungsablaufes – wie es hier dargestellt wurde – zu folgen. Tatsächlich wird die Vorstellung eines Mehrphasenschemas von Entscheidungsabläufen mit der Vorstellung verbunden, daß ein derartig beziehungsmäßig geregelter Ablauf zu einer höheren Effizienz führt als ein Entscheidungsablauf, der ohne diese Phasenfolge verläuft.

In seiner empirischen Untersuchung des Phasentheorems hat Witte festgestellt,

- daß ein komplexer Entscheidungsprozeß nicht nur zu einem (Final-)Entschluß führt, sondern eine Mehrzahl von Vor- und Teilentschlüssen enthält. Diese Entschlüsse haben ihr Maximum temporal zum Ende des Prozesses und treten dort dominant auf;

[35]) Brim, O. G., D. C. Glass, D. E. Lavin, D. Goodman: Personality and Decision Processes. Studies in the Social Psychology of Thinking. Stanford Studies in Sociology, II, Stanford California 1962, S. 9 ff.

[36]) Heinen, E.: Einführung in die Betriebswirtschaftslehre, a. a. O., S. 19.

- die im Theorem behaupteten Operationen der Informationsgewinnung, der Alternativensuche und der Alternativenbewertung sind großzahlig in Entscheidungsprozessen zu finden; sie kumulieren allerdings nicht temporal in abgrenzbaren Phasen, sondern verteilen sich unregelmäßig in der Zeitspanne zwischen Start und (Final-)Entschluß;

- eine höhere Effizienz von Entscheidungsprozessen, die nach dem Phasentheorem ablaufen, konnte nicht festgestellt werden. Die Mehrzahl derartig geregelter Prozesse war im Hinblick auf ihre Effizienz durchschnittlich oder schlechter als Prozesse, die nicht dem Phasentheorem folgten. Dagegen legte die Untersuchung die Interpretation nahe, daß ein Entscheidungsprozeß, um gestartet zu werden, ein hohes Aktivitätsniveau verlangt. Ein geringeres Aktivitätsniveau würde nicht bewirken, daß ein sich anbietendes Problem ernsthaft aufgegriffen wird. Ebenso bedarf es eines hohen Aktivitätsniveaus, um einen laufenden Entscheidungsprozeß zu Ende, d. h. zum Final-Entschluß zu führen. Erste Ergebnisse sprechen für eine Bewährung der Hypothese, daß ein gleichmäßiges (und nicht ein U-förmiges — mit Spitzen bei Beginn und Ende von Entscheidungsprozessen —) Aktivitätsniveau von wesentlichem Einfluß auf die Effizienz von Entscheidungsprozessen ist[37]).

2. Analyse von Teilaufgaben des Entscheidungsprozesses

Der Organisator, der vor die Aufgabe gestellt wird, einen Entscheidungsprozeß zu strukturieren, wird insbesondere dann, wenn vorauszusehen ist, daß die zu organisierende Entscheidung kein punktueller Akt, der unipersonal vollzogen wird, sondern ein Prozeß sein wird, der multitemporal, multipersonal und multioperativ verlaufen wird[38]), diesen Aufgabenkomplex einer Analyse unterwerfen, um seine Elemente und Beziehungen klar erkennen zu können. Dabei ist die Bezeichnung der Teilaktivitäten eines Entscheidungsprozesses als „Phasen" mißverständlich, da dieser Ausdruck die Vorstellung einer Zeitdimension nahelegt. Diese Aktivitäten, die schließlich zu einem Entschluß führen, stellen organisatorisch nichts anderes dar als Teilaufgaben, die sich in multipersonal-arbeitsteiligen Systemen durchaus als selbständige (Organ-)Aufgaben an Stellen übertragen lassen.

Werden die Phasen „des Entscheidungsprozesses als mikroanalytische Teilaufgaben betrachtet, so ergibt sich ein Aufgabenkatalog für Entscheidungsprozesse, der sich aus Operationen der Zuordnung, Transformation und Verknüpfung, des Vergleichens und Schlußfolgerns zusammensetzt"[39]).

3. Synthese von Teilaufgaben des Entscheidungsprozesses

Der Entscheidungsprozeß läßt sich als logische (nicht zeitlich dimensionierte) Verknüpfung dieser Teilaufgaben denken. Eine denkbare mikrosynthetische Strukturierung eines Entscheidungsprozesses ist in der folgenden Abbildung wiedergegeben.

---

[37]) Witte, Eberhard: Phasen-Theorem und Organisation komplexer Entscheidungsverläufe, a. a. O., S. 644–646.

[38]) Witte, Eberhard: Phasen-Theorem und Organisation komplexer Entscheidungsverläufe, a. a. O., S. 630.

[39]) Wild, Jürgen: Grundlagen und Probleme der betriebswirtschaftlichen Organisationslehre. Entwurf eines Wissenschaftsprogramms. Berlin 1966, S. 98.

Der dargestellte Entscheidungsprozeß setzt eine Führungsgröße voraus, deren Entstehen selbst auf einen komplexen Entscheidungsprozeß zurückzuführen ist, der hier nicht näher dargestellt werden soll.

Der erste Aufgabenkomplex des Entscheidungsprozesses bei Vorhandensein einer Zielinformation ist in der Problemstellung zu sehen.

Aus der äußerst komplexen Umwelt haben Entscheidungsträger die Informationen herauszufiltern, die für die Aufgabenerfüllung ihres Teilsystems von Bedeutung sein könnten. An dieser anfänglichen Position des gesamten Entscheidungsprozesses wird bereits eine beachtliche Reduktionsleistung vollbracht. Als Operation I 1 läßt sich dieser Vorgang als ein Vergleich von Führungsgröße und Ergebnis-(ex post-gerichtete) und Erwartungs- (ex ante-gerichtete) Informationen betrachten. Mit dem Vergleich verbindet sich eine Ausfilterung uninteressanter Informationen (Op. I 2).

Ein besonders bedeutsames Problem für die Organisation von Entscheidungsprozessen stellt sich im Hinblick auf die Zuleitung von Ergebnis- und Erwartungsinformationen an Entscheidungsträger. Die Organisation des Informationssystems hat diesen Einspeisungspunkt besonders zu beachten. Werden Entscheidungsträgern Informationen nicht in notwendigem Umfang bzw. des notwendigen Inhalts und nicht rechtzeitig zugeführt, so bedeutet das nichts anderes, als daß Entscheidungsprogramme nicht ausgelöst werden. Eine Organisation des Entscheidungsprozesses verbindet sich damit auf das engste mit der Organisation des Informationssystems der Unternehmung, die eine systematische Analyse der Informationsbedürfnisse von Entscheidungsträgern in der Unternehmung voraussetzt. Neben den Gestaltungsproblemen der formalen und sachlichen Strukturierung der Informationsverbindungen von Entscheidungsträgern stellt sich das Problem, mit welchem Reduktionsgrad und welchem Redundanzgrad Informationen den Entscheidungsträgern zugeleitet werden sollen.

Das Ergebnis der Reduktionsleistung, die aus dem Vergleich von Führungsgröße und Erwartungsinformationen folgt, führt schließlich zu einem Entschluß und zur Frage, ob ein Entscheidungsprozeß in Gang gesetzt werden soll (Op. I 2). Wird die Frage nach der Aufnahme eines Entscheidungsprozesses verneint, so wird der Reduktionsprozeß fortgesetzt; wird sie bejaht, folgt die Problemerkenntnis. Die reduzierten Informationen, die den Anlaß zur Auslösung eines Entscheidungsprozesses gegeben haben, können als Impulsinformationen bezeichnet werden[40]).

Auf Grund der Problemerkenntnis (Op. I 3), die im Sinne Thomaes die „existentielle Betroffenheit" des Entscheidungsträgers ausdrückt, erfolgt eine Problemdefinition (Op. I 4). Diese ist bei multipersonal-arbeitsteilig organisierten Entscheidungsprozessen für eine problem-adäquate Lösung durch Zwischen- und Finalentschlüsse zwingend erforderlich. Genau wie die Führungsgrößen zum Kriterium von Reduktionsleistungen des Entscheidungsprozesses werden, führt die Klarheit der Problemdefinition zur rationalen Reduktion der weiteren Operationen. Die Operationalität der Definition von Führungsgröße und Problem dürfte weiter von wesentlichem Einfluß auf die Zahl der Iterationen im Entscheidungsprozeß sein. Eine wenig operationale Definition von Führungsgröße und zu lösenden Problemen dürfte die Zahl von Iterationen, die notwendig ist, um zu einem Finalentschluß zu gelangen, nicht unbeträchtlich erhöhen.

Ein zweiter Aufgabenkomplex des Entscheidungsprozesses ist die Problemanalyse. Hierzu bedarf es einer anfänglichen Informationssammlung (Op. II 1), um über einen Vergleich von Problemdefinition und beschafften Ergebnis- und Erwartungsinformationen (Op. II 2) zu einem Entschluß, zur Frage zu kommen, welche Informationen zur Problemanalyse als problemrelevant betrachtet und im weiteren Entscheidungsprozeß berücksichtigt werden sollen (Op. II 3). Bevor weitere Entscheidungsoperationen eingeleitet werden, kann es zweckmäßig sein, über einen

[40]) Bleicher, Knut: Zur Zentralisation und Dezentralisation des Entscheidungsprozesses in der Unternehmungsorganisation. In: Organisation und Rechnungswesen. Festschrift für Erich Kosiol. Hrsg. von Erwin Grochla, Berlin 1964, S. 132.

Vergleich von Führungsgröße und problemrelevanten Informationen (Op. II 4) zu einem Entschluß zu kommen, ob die bisherigen Operationen einen überschaubaren Ursachenkomplex enthüllt haben (Op. II 5). Ist man zum erstenmal der Ansicht, daß das nicht der Fall ist, so setzt eine Iteration ein: Offensichtlich war die Problemerkenntnis und -definition schief. Ist dies nach vorausgegangenen Iterationen immer noch der Fall, so kann eine Iteration zum Vergleich von Führungsgröße und Ergebnis- und Erwartungsinformationen (Op. I 1) einsetzen: Der Entscheidungsanlaß scheint nicht richtig beurteilt worden zu sein. Ist man jedoch der Ansicht, daß die problemrelevanten Informationen einen überschaubaren Ursachenkomplex enthüllt haben, so werden die Operationen der Problemanalyse mit einem Entschluß zur Frage fortgesetzt: In welcher Rangordnung haben einzelne Ursachen zur Problementstehung beigetragen (Op. II 6)? Die Beantwortung dieser Frage verlangt eine wertende Gewichtung einzelner Ursachen. Das Ergebnis der Problemanalyse sollte am Ende dieses Aufgabenkomplexes als Informationsbasis weiterer Operationen des Entscheidungsprozesses unmißverständlich definiert werden (Op. II 7).

Der dritte Aufgabenkomplex eines Entscheidungsprozesses kann in der Synthese einer Problemlösung gesehen werden. Am Anfang dieses Operationenkomplexes steht wieder die Informationssammlung, hier von alternativen Problemlösungen (Op. III 1). Hierzu müssen wieder Ergebnis- und Erwartungsinformationen beschafft werden. Ein Vergleich (Op. III 2) dieser Alternativen mit dem definierten Ergebnis der Problemanalyse macht einen Entschluß darüber notwendig, welche alternativen Lösungen als problemrelevant betrachtet werden und bei dem Finalentschluß berücksichtigt werden sollen (Op. III 3). Zur weiteren Vervollständigung der Informationsbasis dienen die Operationen der Ermittlung von Konsequenzen einzelner zu berücksichtigender Lösungsalternativen (Op. III 4) und der Ermittlung von Beschränkungen für die Problemlösung (Op. III 5), von Nebenbedingungen, die bei der Lösung beachtet werden sollen. Im Hinblick auf diese letzte Operation erhebt sich die Frage, ob derartige Beschränkungen nicht bereits in der Führungsgröße enthalten sein sollten. Das würde zwar die Reduktionsleistung des Entscheidungsprozesses bis zu dieser Stufe erhöht haben. Eigene Beobachtungen von Gruppenentscheidungsprozessen haben jedoch gezeigt, daß diese höhere Reduktionsleistung häufig bessere Lösungen verbaut, die sich aus einer Kombination einzelner Elemente verschiedener Lösungsalternativen ergeben (siehe hierzu die Op. III 12). Lösungsalternativen, deren Elemente in den Final-Entschluß eingehen, aber als Ganzes gegen bestimmte Beschränkungen verstoßen, würden dann bereits früher (bei Op. III 3) ausscheiden. Je nach der Formalisierungsmöglichkeit des Problemzusammenhangs verzweigt sich nunmehr der Entscheidungsprozeß (Op. III 6). Bei hoher Formalisierungsmöglichkeit dürfte es an der Zeit sein, ein Optimierungsmodell zu entwickeln bzw. für den Entscheidungsprozeß nutzbar zu machen (Op. III 7). Bei geringer Formalisierungsmöglichkeit kann ein Vergleich der Konsequenzen einzelner Lösungsmöglichkeiten und eine Prüfung stattfinden, inwieweit einzelne Alternativen gegen ermittelte Beschränkungen verstoßen (Op. III 8). Darauf kann ein Entschluß erfolgen, ob ein Vergleich von Führungsgröße und ermittelten alternativen Problemlösungen ein befriedigendes Ergebnis ergibt (Op. III 9). Ist das bei einer ersten Prüfung nicht mehr der Fall, so kann eine Iteration zu Op. II 1 erfolgen. Es liegt die Vermutung nahe, daß die Problemanalyse schief ist. Wird die Frage bei einer zweiten Prüfung verneint, so scheint die Problemdefinition schief zu sein und eine Iteration zu Op. I 4 wäre die logische Folge. Bei Verneinung der Frage anläßlich einer dritten Prüfung könnte eine Iteration zu Op. I 1 einsetzen: der Entscheidungsanlaß wird bezweifelt. Kommt es zu einer weiteren Iteration, so sollte diese die Führungsgröße kritisch betrachten. Wird dagegen die Möglichkeit der Problemlösung beim derzeit gegebenen Stand der Erkenntnis bejaht, so kann – je nach Formalisierungsmöglichkeit – wieder eine Verzweigung einsetzen (Op. III 10). Bei Vorliegen eines Optimierungsmodells wäre nunmehr die Lösung zu ermitteln (Op. III 14). Ist dies nicht der Fall, so reihen sich aneinander eine Bewertung der Vor- und Nachteile einzelner Lösungsalternativen (Op. III 11) und die Prüfung, ob sich einzelne Elemente von bisher als geschlossen betrachteten Lösungsalternativen miteinander verbinden lassen (Op. III 12), was zur Ergänzung des Alternativenkatalogs durch diese anders verknüpften Lösungselemente, die als neue Alternativen betrachtet werden können, führt. Schließlich läßt sich durch weitere Wertung eine Rangordnung der einzelnen

Alternativen im Hinblick auf ihre Eignung zur Lösung des definierten Problems entwickeln (Op. III 13). Der Teilaufgabenkomplex der Lösungssynthese sollte wiederum mit einer klaren Definition der erzielten Ergebnisse abschließen (Op. III 15).

Der vierte Teilaufgabenkomplex des Finalentschlusses wird stark durch den Willensakzent der Entscheidungsträger geprägt. Es kann daher sein, daß vor einem endgültigen Finalentschluß die Frage zu beantworten sein wird, ob das Ergebnis der Lösungssynthese den willensmäßigen Vorstellungen des Letzt-Entscheidungsträgers entspricht (Op. IV I). Ist dies nicht der Fall, was im allgemeinen dann eintreten dürfte, wenn die Führungsgröße nicht hinreichend operational definiert worden ist, so ergeben sich vielfältige Möglichkeiten der Iteration (zu Op. III 1, II 1, I 4, I 1 und zur Führungsgröße), ist das der Fall, so kann der Finalentschluß erfolgen, welche Lösungsalternative verwirklicht werden soll (Op. IV 2). Nach Klärung des Wer und Wann der Realisation kann die Willensdurchsetzung einsetzen.

An der Darstellung einer mikrosynthetischen Struktur eines Entscheidungsprozesses wird deutlich, daß sich der Entscheidungsprozeß (wie alle organisierten Vorgänge) als Reduktionsprozeß darstellen läßt: aus einer äußerst komplexen Umwelt werden durch zielgerichtete Prüfvorgänge relevante Informationen herausgefiltert, die neue Fragestellungen aufwerfen. Hierzu öffnet sich das System für neue Informationen, die im Hinblick auf die gestellte Frage (z. B. Ursachenanalyse des Problems, Möglichkeiten der Problemlösung) gleichfalls reduziert werden, bis schließlich der gesamte Entscheidungsprozeß auf eine Information (die Lösung des Problems) reduziert ist. Der Finalentschluß, der den Entscheidungsprozeß beschließt, ist in dieser Sicht nichts anderes als eine willensmäßige Fixierung des Reduktionsergebnisses.

Die Darstellung des Entscheidungsprozesses als multioperative Erledigung von Entscheidungsaufgaben macht deutlich, daß bei jeder der vielen dargestellten Teilaufgaben (Operationen) dem Organisator die Frage gestellt ist, ob er diese Teilaufgabe zentral oder dezentral, individual oder kooperativ, verbunden mit freien oder gebundenen Kommunikationsstrukturen gestalten soll. Für die Beantwortung dieser zentralen organisatorischen Frage steht heute über eine Sammlung einiger nicht überprüften Zweckmäßigkeitsaussagen kaum brauchbares Material zur Verfügung. Für die Organisationsforschung stellt sich hier ein zentrales Anliegen.

Es wird weiter zugleich deutlich, daß das Phasentheorem des Entscheidungsprozesses eine weitere falsche Vorstellung geweckt hat, daß nämlich die „entscheidenden" Wahlakte des Entscheidungsprozesses im Entschluß an seinem Ende getroffen werden. Die gewählte Darstellung macht deutlich, daß mit jeder Reduktionsleistung Wahlhandlungen verbunden sind, die durch Vergleiche von Zielinformationen und Prozeßinformationen der jeweiligen Teilaufgabe und der willensmäßigen Fixierung von Auswahlergebnissen entstehen (z. B. bei der Problemanalyse und bei der Lösungssynthese). Damit ergibt sich insbesondere für die multipersonal-arbeitsteilige Gestaltung von Entscheidungsprozessen die Tatsache, daß der Finalentschluß über die im Ablauf bereits eingetretenen Vor- und Teilentschlüsse weitgehend determiniert sein kann. Damit wird auch der weitverbreiteten Ansicht entgegengetreten, daß man einen Entscheidungsprozeß mit dem Finalentschluß „in der Hand" habe[41]).

[41]) Witte, Eberhard: Mikroskopie einer unternehmerischen Entscheidung, a. a. O., S. 493.

Ein weiterer Tatbestand, der durch die empirischen Untersuchungen Wittes besonders deutlich geworden ist, verdient Beachtung. Reale Entscheidungsprozesse weisen häufig nicht die in der Darstellung vorausgesetzte Klarheit der Führungsgrößen (Zielsetzung) auf. Ziele lassen sich zumeist erst im Verlauf eines Entscheidungsprozesses eindeutig formulieren; der Entscheidungsprozeß wird von einem Zielsuchprozeß begleitet. Häufig läuft der Zielsuchprozeß noch zu einer Zeit, zu der der Finalentschluß bereits vorliegt (Rechtfertigung der getroffenen Entscheidung). Witte leitet aus dieser empirischen Feststellung die Empfehlung ab, sicherzustellen, „daß der Zielsuchprozeß jeweils den Reifegrad erreicht, der zur Steuerung des spezifischen Entscheidungsprozesses notwendig ist"[42]).

II. Die Makroorganisation von Entscheidungsprozessen

Eine makroskopische Betrachtung von Entscheidungsprozessen geht von unterschiedlichen Typen organisatorischer Makrosysteme aus. An ihnen wird die Einordnung von Entscheidungsprozessen darzustellen sein.

1. Koordinationsformen von Entscheidungsprozessen

Teilentscheidungsprozesse bei einer Dezentralisation von Entscheidungsaufgaben in der multipersonal-arbeitsteilig organisierten Unternehmung bedürfen einer Koordination durch übergeordnete Entscheidungsprozesse. Eine weitgehende Bildung von Entscheidungshierarchien ist die notwendige Folge sachlicher Koordinationsnotwendigkeiten, die sich durch die Beschränktheit der Mittel, über die die Unternehmung verfügen kann, zwingend ergibt.

Folgende Möglichkeiten der Koordination einzelner Entscheidungsprozesse lassen sich unterscheiden[43]):

a) Koordination durch Austausch von Feedback-Informationen
Einzelne Entscheidungsträger wickeln ihre Entscheidungsprozesse mit unterstellten Erwartungen über Entscheidungen der übrigen Entscheidungsträger ab. Erweisen sich diese Erwartungen als unrichtig, so ändern die betrachteten Entscheidungsträger ihre Entscheidungen als Anpassungshandlung.

b) Koordination durch Planentscheidungsprogramme
Durch eine umfassende Gesamtplanung wird über eine klare Definition einheitlich zu beachtender Entscheidungsprämissen das Ausmaß an Erwartungen bei einzelnen Entscheidungsträgern stark reduziert. Je präziser die Definition der Entscheidungsprämissen zentral gegeben wird, um so enger wird der Entscheidungs-(Ermessens-)spielraum der dezentralen Entscheidungsträger.

Die Planentscheidungsabstimmung erfolgt in der Regel sukzessiv, d. h. die Festlegung der Entscheidungen in einzelnen Teilbereichen geschieht stufenweise. Typisch für diese Vorgehensweise bei der Koordination von Teilplanungsentscheidungen ist die Koordinationsregel des „Ausgleichsgesetzes der Planung"[44]): Zu-

---

[42]) Witte, Eberhard: Mikroskopie einer unternehmerischen Entscheidung, a. a. O., S. 495.
[43]) Heinen, Edmund: Einführung in die Betriebswirtschaftslehre, a. a. O., S. 252/253.
[44]) Gutenberg, Erich: Grundlagen der Betriebswirtschaftslehre. 1. Band: Die Produktion. 13. Aufl. Berlin - Heidelberg - New York 1967, S. 162.

nächst sind Entscheidungen über den betrieblichen Engpaßbereich (Minimumsektor) zu treffen (Primärplan); daran schließen sich die Entscheidungen über andere Bereiche (Sekundärpläne) an. Hier ergibt sich jedoch ein deutliches Dilemma: „Vielfach ist es unmöglich, von vornherein zu bestimmen, welcher Entscheidungsbereich Minimumsektor ist. ... Die Koordinierung der Entscheidungen setzt die Kenntnis des Engpaßsektors, die Feststellung des Engpaßsektors die Kenntnis der zu treffenden Entscheidung voraus."[45]) Da für jede Handlungsalternative eines Entscheidungsprozesses ein anderer Bereich Engpaßsektor sein kann und zudem ein Gesamtoptimum auf dem Wege der sukzessiven Entscheidungskoordination kaum erreicht werden dürfte, liegt es nahe, „daß die Forschung die Entwicklung simultaner Entscheidungsmodelle vorantreibt. Nur sie gewährleisten eine optimale Koordinierung der Teilentscheidungen."[46]) In einem derartigen Entscheidungsprozeß werden alle Entscheidungstatbestände gleichzeitig in einem Ansatz festgelegt. Im Gegensatz zur entscheidungsprozedurmäßigen geringen Integrierung einzelner Entscheidungstatbestände bei der sukzessiven Entscheidungskoordination stellt die simultane Entscheidungskoordination auf eine volle prozedurmäßige Integration aller Entscheidungstatbestände ab. Das verlangt eine Zentralisation der Finalentscheidung über alle betrieblichen Entscheidungstatbestände. Nur die Ermittlung einer Reihe von Entscheidungsprämissen kann hier noch dezentral erfolgen.

2. Entscheidungsprozesse in Organisations- und Führungsmodellen

Die bislang weitgehend fehlende Meßbarkeit des organisatorischen Ergebnisbeitrages führt den Organisationspraktiker dazu, eine Realisierung logisch-schlüssiger Organisationskonzeptionen anzustreben. Erfahrungen der Organisationspraxis in den verschiedensten Lebensbereichen (Kirchen-, Militär-, Staatsorganisationen usw.) sind in diese Konzeptionen eingeflossen. Die Organisationspraxis hat in ihrem täglichen Handeln derartige Konzeptionen laufend auf ihre Gültigkeit hin überprüft. Trotzdem verbleibt ein starkes Unbehagen im Hinblick auf ein derartiges Vorgehen, da kaum ansatzweise angegeben wird, auf welchen Unterstellungen diese Organisationskonzeptionen beruhen und unter welchen Bedingungen sie sich bewährt oder nicht bewährt haben. Daher sollte an dieser Stelle dem Organisationspraktiker im Hinblick auf die kritiklose Übernahme derartige Organisationskonzepte ein deutliches Vorsichtssignal gesetzt werden.

An den Anfang einer makroanalytischen Betrachtung von Entscheidungsprozessen in unterschiedlichen Organisations- und Führungsmodellen kann die Feststellung gesetzt werden, daß jedes Organisationssystem, gleich welchen Typs, einen dreischichtigen Aufbau aufweist[47]):

1. Die Ebene der grundlegenden technischen Prozesse,
2. die Ebene programmierter Entscheidungsprozesse zur Regelung und Steuerung der grundlegenden technischen Prozesse und

[45]) Heinen, Edmund: Einführung in die Betriebswirtschaftslehre, a. a. O., S. 254.
[46]) Heinen, Edmund: Einführung in die Betriebswirtschaftslehre, a. a. O., S. 254.
[47]) March, J. G.; Simon, H. A.: Organizations. New York 1958, S. 177 ff.

3. die Ebene nichtprogrammierter Entscheidungsprozesse zur Erzeugung von Anpassungsleistungen.

a) Entscheidungsprozesse im personal-paternalistischen Organisations und Führungsmodell

Ein Organisations- und Führungsmodell, das für viele Unternehmungen in der industriellen Gründerzeit vorherrschend war und auch heute noch für viele, insbesondere mittlere Unternehmungen maßgebend ist, kann als personal-paternalistisch gekennzeichnet werden. Das Modell stellt stark auf die leitende Person ab, von der erwartet wird, daß sie über ihren Weitblick dem gesamten System Impulse der Steuerung und Regelung vermittelt. Die Möglichkeiten der Organisation über eine Strukturierung zum Gesamtergebnis des Unternehmungserfolges beizutragen, werden nicht sehr hoch eingeschätzt und lediglich in hochrepetitiven Aufgabenbereichen der Fertigung und Verwaltung bejaht; dort, wo der rationelle Mitteleinsatz Forderungen an die Systemgestaltung stellt. Die Organisationsverfahren stellen weniger auf aufbau- als vielmehr auf ablauforganisatorische Gestaltung ab. Typisch für das personal-patriarchalische Organisationsmodell ist das freie Spiel, das den personalen Kräften im Hinblick auf Entscheidungszuständigkeiten eingeräumt wird.

Das Organisationssystem personal-paternalistischer Führung läßt sich makroanalytisch kennzeichnen als ein System, das zu Lasten grundsätzlich gegebener Organisationsmöglichkeiten auf die „individual causation", die persönliche Motivation einer oder einiger weniger leitender Persönlichkeiten baut. Diesen werden keine organisatorischen Zwänge angelegt. Den humanen Erwartungen der Mitarbeiter wird dadurch Rechnung getragen, daß die Führung sich in die Rolle des fürsorgenden, sich für seine Mitarbeiter verantwortlich fühlenden Vaters begibt. Die „Hierarchie" ist recht flach, die einzelnen Subsysteme sind häufig nur unklar differenziert (z. B. kaufmännischer und technischer Bereich). Das Gesamtsystem weist zugleich eine hohe Flexibilität gegenüber Umsystemveränderungen auf (kennzeichnend hierfür ist das häufig schnellere Reagieren von derart organisierten und geführten Unternehmungen auf neue Entwicklungen technologischer Art). Das hohe Maß an Flexibilität wird jedoch durch eine mangelnde Reduktionsleistung (durch unterentwickelte Systemstrategien) und damit verbundene mangelnde Rationalität der Entscheidungen erkauft. Die Entscheidungen werden zentral und weitgehend individuell getroffen. Versuche zur Entlastung des Entscheidungszentrums vertikal wie horizontal scheitern zumeist am geringen Programmierungsanteil des Systems. Kennzeichnend für dieses Organisations- und Führungsmodell ist weiter das häufige Zusammenfallen von Fach- und Machtpromotoren in einer Person (z. B. der herausragende Erfinder als Unternehmer).

Die Überlebensfähigkeit des Systems verbindet sich aufs engste mit der Funktionsfähigkeit seines elitären, personalen Mittelpunktes. Beim Ausscheiden dieses Entscheidungszentrums bestehen im allgemeinen kaum Möglichkeiten der gleichen oder nur ähnlichen Besetzung dieser Position. Nach einer Übergangszeit tendiert das System zur Auflösung: Die Fliehkräfte der Organisation, die lediglich durch überragende unternehmerische Fähigkeiten gezähmt wurden, gewinnen an Raum.

Das Systemattribut der Flexibilität kann auf Grund ausgefallener zentraler Steuerung nicht mehr in eine hohe Systemleistung umgesetzt werden, sondern stellt sich als existenzbedrohende Hypothek heraus.

b) Entscheidungsprozesse im hierarchischen Organisations- und Führungsmodell

(1) Die extreme Urform

Das Hierarchiemodell der Organisation und Führung, das mit großer Geschlossenheit im Bürokratiemodell Max Webers beschrieben wird[48]), ist das Grundmodell, das die praktische organisatorische Gestaltung in der Mitte unseres Jahrhunderts deutlich beeinflußte. Es läßt sich kennzeichnen durch die beherrschende Rolle der Über- und Unterordnung von Stellen und Abteilungen (Super- und Subordination), die eine hierarchische Ordnung von Zuständigkeiten entstehen läßt. Ein hoher Grad der internen Systemdifferenzierung wird erreicht. Damit verbindet sich die Tendenz, alle Rationalitätsvorteile der Organisierung zu nutzen. Dies schlägt sich u. a. in einem hohen Programmierungsgrad von Entscheidungsprozessen nieder. Eine Überspitzung dieses Strebens tendiert zur Überorganisation („Bürokratisierung"). Alle Macht geht von der Person an der Spitze aus (Entscheidungszentralisation). Die Vorgesetzten erwarten von ihren Untergebenen Gehorsam. Humane Ansprüche des Menschen werden in diesem System ausgeklammert: Der Mensch ist ein abstrakter Aufgabenträger („Funktionär"). Die Organisation „ad rem" läßt kaum Spielraum für individuelle oder soziale Eigenheiten des Aufgabenträgers Mensch. Das System ist dominant.

Eine nähere Analyse des hierarchischen Organisations- und Führungsmodells enthüllt drei wesentliche Unterstellungen der Systemgestaltung:

a) Die Umweltverhältnisse werden als relativ stabil angenommen. Daraus erklärt sich der Drang, diese Stabilität in einem Maximum an Regelung im System wiederkehren zu lassen. Da in einer stabilen Umwelt kein Lebenszyklus von Aufgaben denkbar ist, sind zugleich die Voraussetzungen der Organisation Wiederholung und Vorhersehbarkeit von Aufgaben gegeben. Das System unterstellt damit regressive Aufgaben. Entscheidungen sind programmierbar und usual zu treffen. Unter statischen Umweltverhältnissen ist ein schnelles Reagieren von Subsystemen am Ort der Entstehung eines Entscheidungsbedürfnisses nicht wesentlich. Eine Zentralisation von Entscheidungen an der Spitze der Hierarchie ist daher vorzuziehen.

b) Das Bild vom Menschen trägt mechanistische Züge. Das wird besonders deutlich bei den Begründern der Organisationslehre, bei Taylor und Fayol[49]). Die Autorität des Systems steht über der der Persönlichkeit. Die Systemgestaltung kann auf die Berücksichtigung personaler und sozialer Einflüsse verzichten. Das wird zum Beispiel in der mangelnden Berücksichtigung informaler Erscheinungen und von kollegialen Arbeitsformen bei der organisatorischen Systemgestaltung deutlich. Ein menschlicher Anspruch auf Mitwirkung an den Belangen der Unternehmung über eine Delegation von Entscheidungsaufgaben wird über das

---

48) Weber, Max: Wirtschaft und Gesellschaft. Köln - Berlin 1964.

49) Taylor, Frederick Winslow: Die Betriebsleitung (Shop Management). 3. Aufl. Berlin 1917; Fayol, Henri: a. a. O.

mechanistische Bild vom Menschen ausgeklammert. Auch von dieser Seite entsteht kein Zwang zu einer Entscheidungsdezentralisation.

c) Sachmittel sind Werkzeuge, die der Substitution manueller, menschlicher Arbeitsvorgänge dienen. Sie bedingen und beeinflussen die Systemgestaltung nicht.

Entscheidungsprozesse erscheinen im Modell hierarchischer Organisation und Führung als stark zentralisiert. Detaillierende Entscheidungshierarchien sind vorherrschend. Die hohe Programmierungsneigung von Entscheidungen führt zur Entwicklung einer großen Zahl von Routineprogrammen. Die hohe Reduktionsleistung des Systems wird mit mangelnder Flexibilität gegenüber Umweltveränderungen, die ja in den Unterstellungen ausgeschlossen sind, erkauft. Entscheidungsprozesse werden durch Machtpromotoren gefördert. Damit ihre autoritäre Rolle nicht untergraben wird, sind Informationen auf dem hierarchisch vorgegebenen „Dienstweg" weiterzugeben. Von kooperativen Formen der Aufgabenerledigung bei der Willensbildung und Willensdurchsetzung wird kein Gebrauch gemacht: kooperative Arbeitsformen werden als tendenzielle Formen der Autoritätsunterwanderung der zentralen Leitungskompetenz beargwöhnt.

Die dargestellten Annahmen und ihre organisatorischen Konsequenzen sind für die neuzeitliche Unternehmung nicht mehr haltbar.

(2) Modifikation des Hierarchie-Modells

Die Dynamik des Wirtschaftslebens ließ in zunehmendem Maße alle drei aufgezeigten Unterstellungen des „klassischen" Hierarchiemodells der Organisation und Führung als irreal erscheinen:

a) Im Hinblick auf die Dynamisierung der Umwelt ergaben sich zunehmende Entscheidungsbedürfnisse im quantitativen wie differenziertere Problemlösungen im qualitativen Sinne. Zur weitgehenden Aufrechterhaltung der vertikalen Zentralisation von Entscheidungsaufgaben weicht das System durch die Bildung von Fachstellen (Stabs- und Zentralstellen) horizontal aus. Die Entscheidungen werden weiterhin auf der gleichen hierarchischen Ebene getroffen. Der Entscheidungsprozeß wird jedoch multipersonal-arbeitsteilig auf Fachstellen und Leitungsinstanzen verteilt. Ein wachsender Anteil von kooperativen Arbeitsformen (Kollegien) durchzieht die Hierarchie, da der Informationsfluß über den Dienstweg bei dem Umfang und der Differenziertheit der Informationen, die es für Entscheidungsprozesse zu verarbeiten gilt, nicht mehr effizient ist.

Moderne Formen des Produkt- und Projekt-Managements bis hin zum sog. Matrix-Management stellen deutlich auf das Nebeneinander verschiedener Aspekte des Entscheidungsprozesses und nicht mehr auf das Über- und Untereinander ab. Von diesen Formen, die durch die Komplexität von Entscheidungsprozessen in der neuzeitlichen Unternehmung geprägt sind, gehen bereits heute starke Tendenzen zur Entwicklung neuer Organisationsmodelle aus, die den gegenwärtigen und zukünftigen Erfordernissen einer Organisation von Entscheidungsprozessen besser entsprechen als ein bereits jetzt stark verwässertes Hierarchiemodell.

Der Anteil von Routineprogrammen vermindert sich durch das Aufkommen zusätzlicher Zweckprogramme und der individuellen situativen Entscheidungsbildung bei novativen Entscheidungsaufgaben. Mit dem sinkenden Anteil programmierter Entscheidungen gewann das System an sekundärer Elastizität: der Ermessensspielraum von Entscheidungsträgern vergrößerte sich über die mangelnde Organisierbarkeit dieser Entscheidungsprozesse.

b) Den humanen Erfordernissen wird zunehmend Raum gegeben: Das Verhältnis von offizieller Autorität, gegeben durch die hierarchische Stellung eines Funktionärs, zu persönlicher und fachlicher Autorität verschiebt sich zugunsten humaner Vorstellungen der Selbstverwirklichung des Menschen in Organisationen.

Lösungen der unmittelbaren, nichtrepräsentativen Demokratisierung am Arbeitsplatz über eine Verwirklichung kooperativer Führungsstile stehen mit Formen der mittelbaren repräsentativen Demokratisierung der Unternehmung („Mitbestimmung") in Konkurrenz[50]).

Während die erste Form grundsätzlich in Richtung auf eine Ablösung hierarchischer Elemente gerichtet ist und als Anfang eines neuen, zukunftsgerichteten Organisationsmodells interpretiert werden kann, stellt die letzte Form auf eine Verwirklichung von Interessen der Mitarbeiter einer Unternehmung innerhalb der Hierarchie ab, ohne diese Organisationsform als solche in Frage zu stellen.

c) Die speziellen Bedingungen, die die Mechanisierung und Automatisierung in sozio-technischen Systemen stellt, müssen verstärkt beachtet werden, da mit zunehmender Integration einzelner Mittel spezielle mittelgebundene Systemtechniken das Organisationssystem zunehmend prägen. Diese mittelsystemabhängigen Gestaltungen tendieren desgleichen zu einer ablaufgerichteten Unterwanderung des auf Über- und Unterordnung basierenden Hierarchiemodells.

c) Entscheidungsprozesse im systemorientierten Organisations- und Führungsmodell der Zukunft

Die dargestellten Entwicklungstendenzen sprechen dafür, daß es an der Zeit ist, neue Organisations- und Führungsvorstellungen zu entwickeln, die den Erfordernissen der Organisationselemente, wie sie sich heute darstellen, entsprechen. Dabei werden die folgegerichteten, systemabhängigen Beziehungen die Gestaltung deutlicher prägen als dies bisher der Fall war[51]). Ein derartiges Modell wird sich nicht mehr in der Zweidimensionalität der Hierarchie darstellen lassen, sondern bedarf einer vieldimensionalen Gestaltung, die auf die Reichhaltigkeit und Komplexität der Beziehungen einer modernen Unternehmung Rücksicht nimmt. Informations- und Planungssysteme vereinigen sich dabei mit dem Organisationssystem, um eine möglichst hohe Rationalität der Entscheidungen im System „Unternehmung" zu erreichen.

---

[50]) Irle, Martin: Demokratische Betriebsführung – Ein Weg der Produktivitätssteigerung? Rationalisierung 7/1963, S. 160 f.

[51]) Es würde den Rahmen dieses Beitrages sprengen, ein derartiges systemorientiertes Modell an dieser Stelle zu entwickeln. Vgl. Bleicher, Knut: Die Entwicklung eines systemorientierten Organisations- und Führungsmodells der Unternehmung. ZfürO 1/1970 , S. 3 ff. und Fortsetzungen.

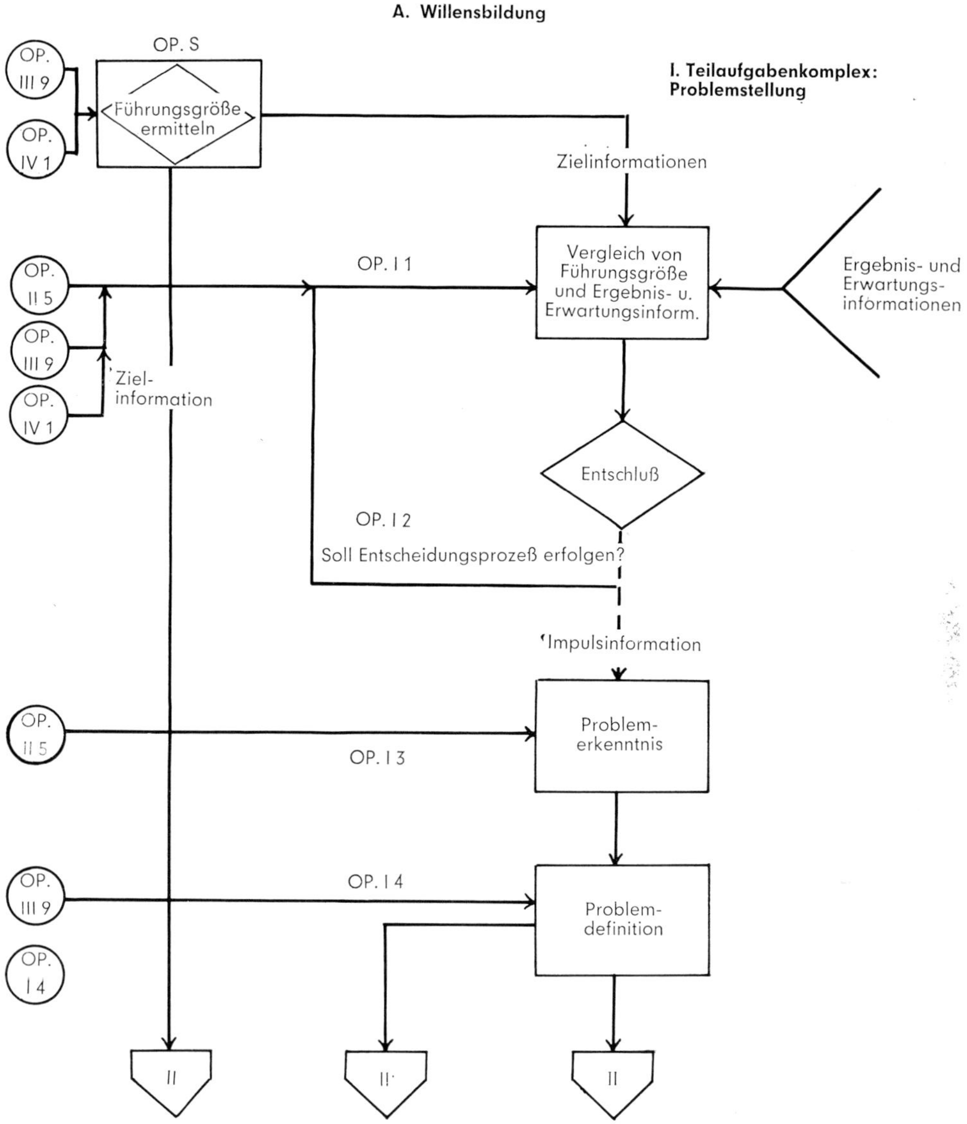

Abbildung: Grundstruktur eines Entscheidungsprozesses

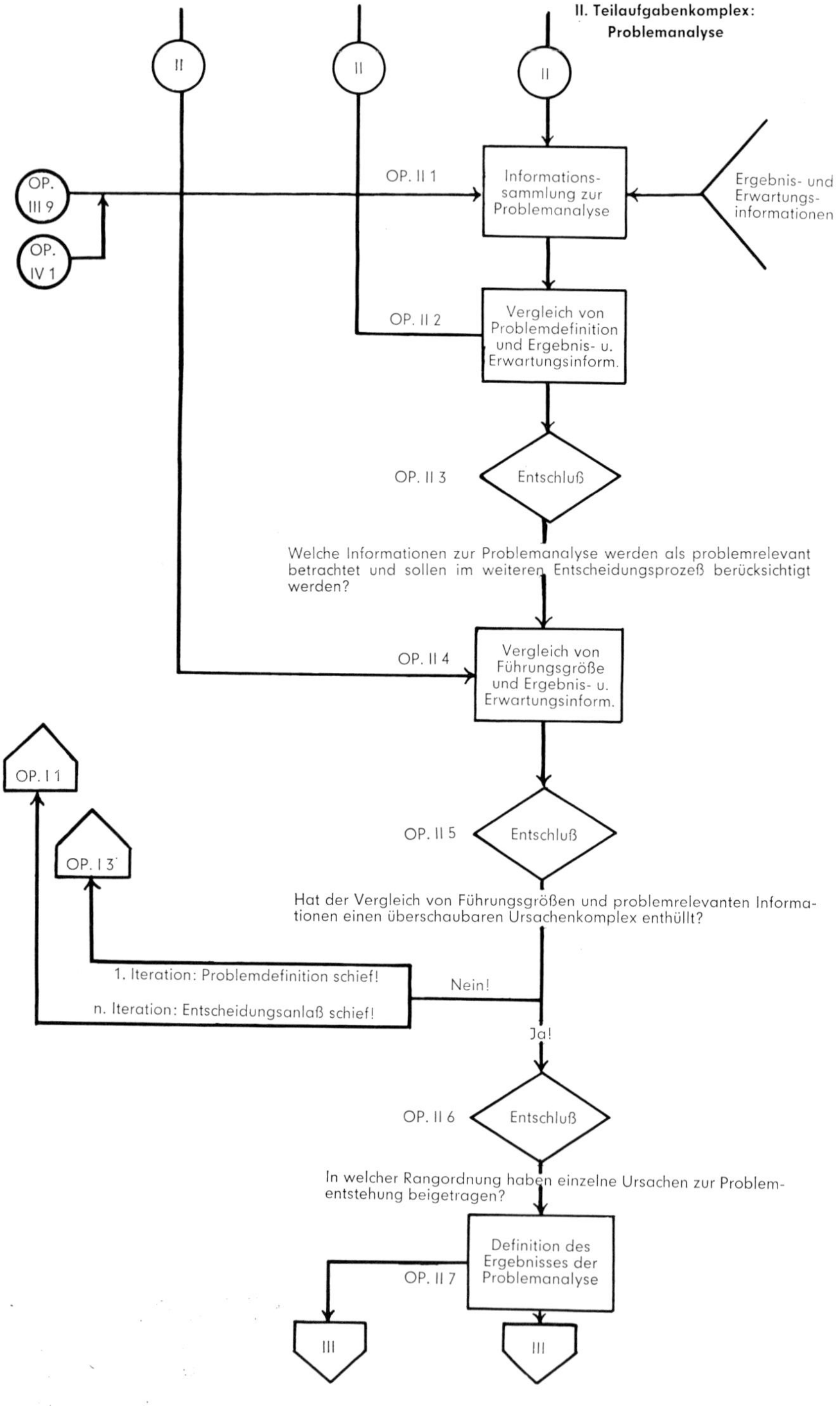
II. Teilaufgabenkomplex: Problemanalyse
II
II
II
OP. III 9
OP. IV 1
OP. II 1
Informations-sammlung zur Problemanalyse
Ergebnis- und Erwartungs-informationen
OP. II 2
Vergleich von Problemdefinition und Ergebnis- u. Erwartungsinform.
OP. II 3
Entschluß
Welche Informationen zur Problemanalyse werden als problemrelevant betrachtet und sollen im weiteren Entscheidungsprozeß berücksichtigt werden?
OP. II 4
Vergleich von Führungsgröße und Ergebnis- u. Erwartungsinform.
OP. I 1
OP. I 3
OP. II 5
Entschluß
Hat der Vergleich von Führungsgrößen und problemrelevanten Informationen einen überschaubaren Ursachenkomplex enthüllt?
1. Iteration: Problemdefinition schief!
n. Iteration: Entscheidungsanlaß schief!
Nein!
Ja!
OP. II 6
Entschluß
In welcher Rangordnung haben einzelne Ursachen zur Problementstehung beigetragen?
OP. II 7
Definition des Ergebnisses der Problemanalyse
III
III

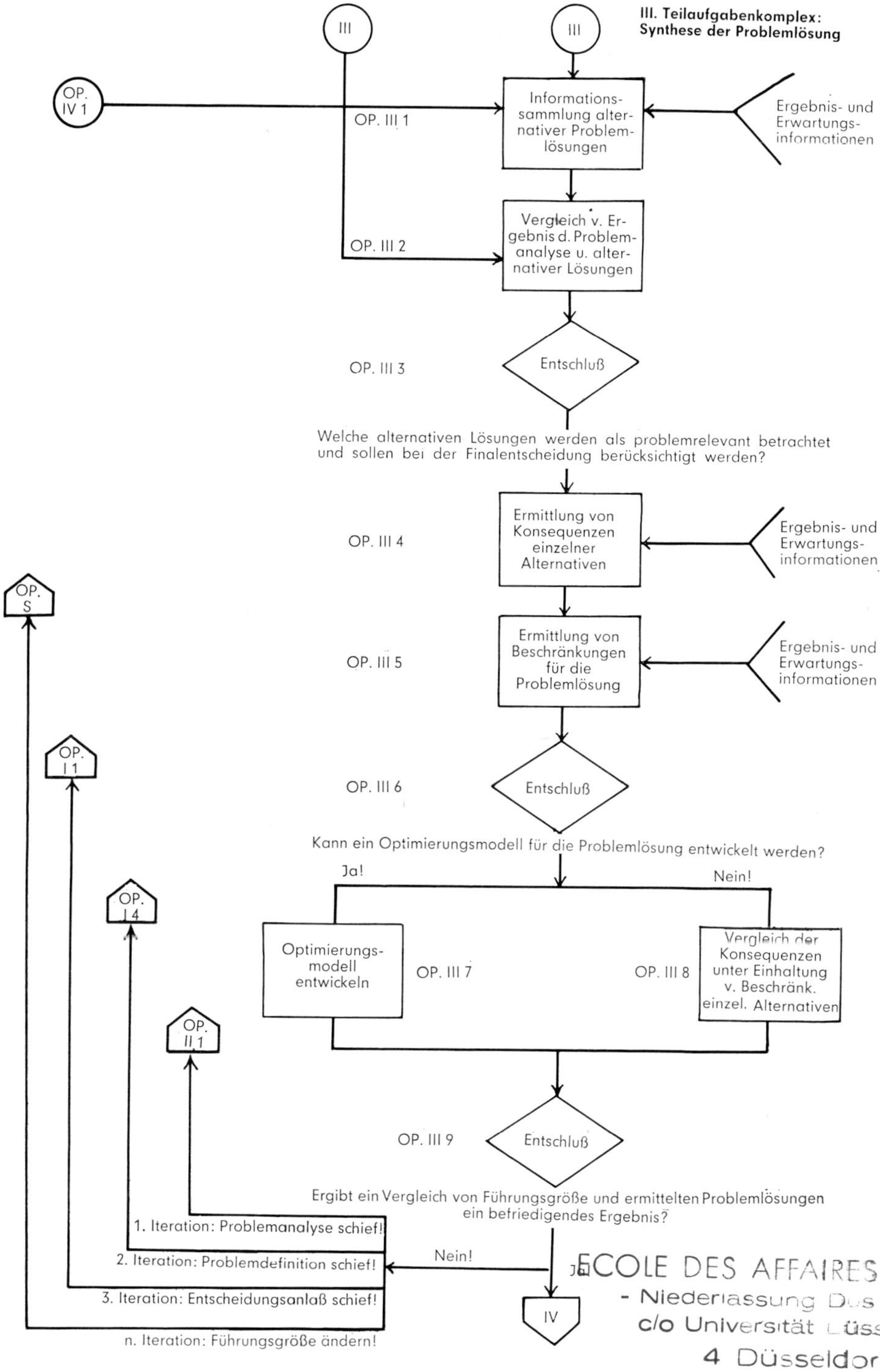
III. Teilaufgabenkomplex: Synthese der Problemlösung
III
III
OP. IV 1
OP. III 1
Informations-sammlung alter-nativer Problem-lösungen
Ergebnis- und Erwartungs-informationen
OP. III 2
Vergleich v. Er-gebnis d. Problem-analyse u. alter-nativer Lösungen
OP. III 3
Entschluß
Welche alternativen Lösungen werden als problemrelevant betrachtet und sollen bei der Finalentscheidung berücksichtigt werden?
OP. III 4
Ermittlung von Konsequenzen einzelner Alternativen
Ergebnis- und Erwartungs-informationen
OP. III 5
Ermittlung von Beschränkungen für die Problemlösung
Ergebnis- und Erwartungs-informationen
OP. S
OP. I 1
OP. III 6
Entschluß
Kann ein Optimierungsmodell für die Problemlösung entwickelt werden?
Ja!
Nein!
OP. I 4
Optimierungs-modell entwickeln
OP. III 7
OP. III 8
Vergleich der Konsequenzen unter Einhaltung v. Beschränk. einzel. Alternativen
OP. II 1
OP. III 9
Entschluß
Ergibt ein Vergleich von Führungsgröße und ermittelten Problemlösungen ein befriedigendes Ergebnis?
1. Iteration: Problemanalyse schief!
2. Iteration: Problemdefinition schief!
Nein!
Ja
3. Iteration: Entscheidungsanlaß schief!
IV
n. Iteration: Führungsgröße ändern!

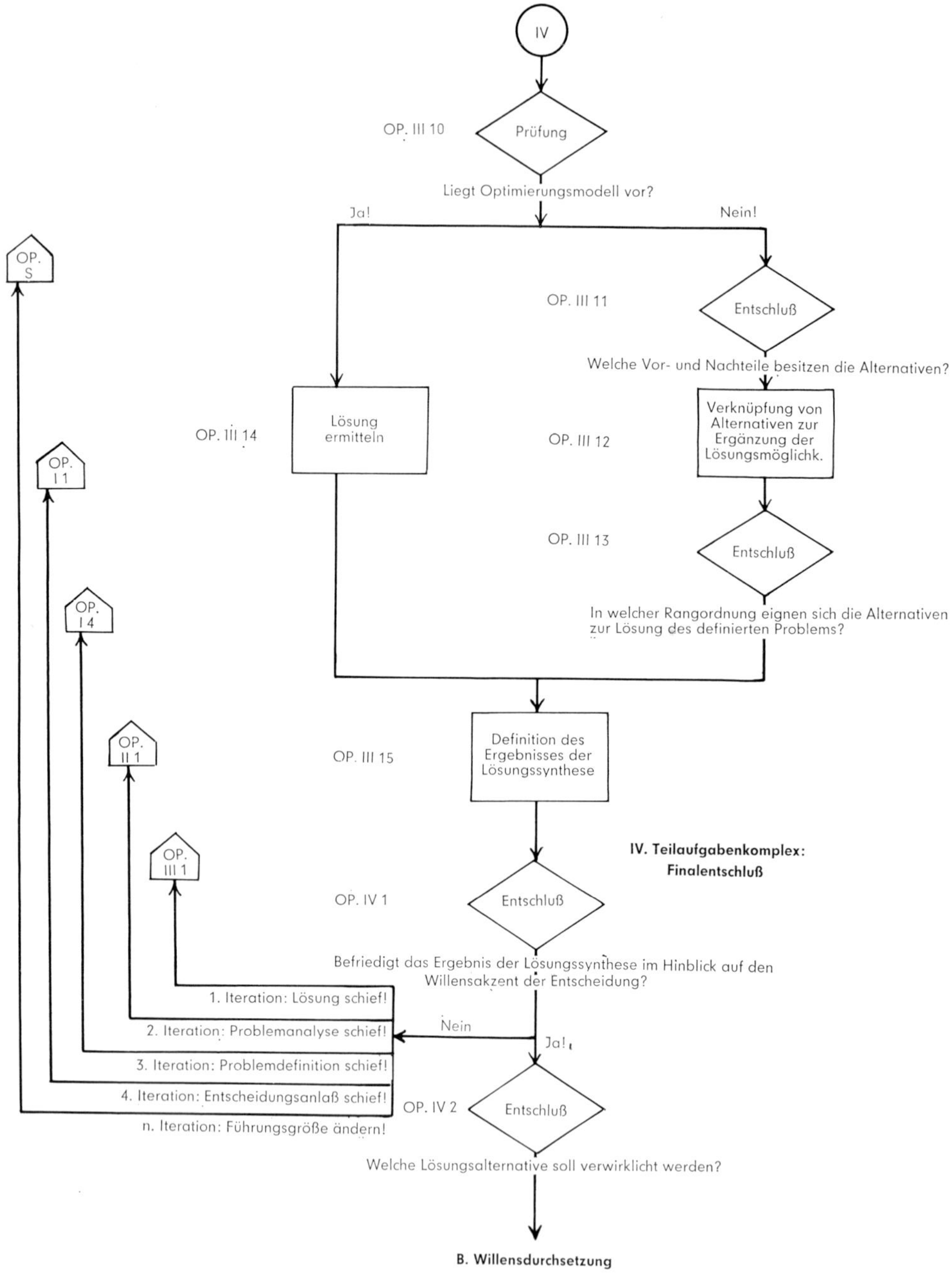
IV
OP. III 10
Prüfung
Liegt Optimierungsmodell vor?
Ja!
Nein!
OP. S
OP. III 11
Entschluß
Welche Vor- und Nachteile besitzen die Alternativen?
OP. III 14
Lösung ermitteln
OP. III 12
Verknüpfung von Alternativen zur Ergänzung der Lösungsmöglichk.
OP. I 1
OP. III 13
Entschluß
OP. I 4
In welcher Rangordnung eignen sich die Alternativen zur Lösung des definierten Problems?
OP. II 1
OP. III 15
Definition des Ergebnisses der Lösungssynthese
IV. Teilaufgabenkomplex: Finalentschluß
OP. III 1
OP. IV 1
Entschluß
Befriedigt das Ergebnis der Lösungssynthese im Hinblick auf den Willensakzent der Entscheidung?
1. Iteration: Lösung schief!
2. Iteration: Problemanalyse schief!
Nein
Ja!
3. Iteration: Problemdefinition schief!
4. Iteration: Entscheidungsanlaß schief!
OP. IV 2
Entschluß
n. Iteration: Führungsgröße ändern!
Welche Lösungsalternative soll verwirklicht werden?
B. Willensdurchsetzung

Der Einfluß der elektronischen Datenverarbeitung auf Entscheidungsfindung und Entscheidungsprozeß

Von Prof. Dr. Peter Mertens, Linz

Inhaltsübersicht

I. Einleitung

Die Fortschritte der Computer- und Informationstechnologie sind weithin bekannt. Die Fortschritte bei der wissenschaftlich-systematischen Durchdringung des Entscheidungsprozesses im Rahmen der akademischen Betriebswirtschaftslehre und auch der Praxis sind nicht länger zu übersehen.

In diesem Beitrag sollen beide Bereiche einander gegenübergestellt und es soll der Frage nachgegangen werden, inwieweit die Entscheidungsfindung und der Entscheidungsprozeß durch die elektronische Datenverarbeitung (EDV) bereits jetzt und wahrscheinlich in der Zukunft beeinflußt und verändert werden.

II. Stand und Entwicklungstendenzen der Datenverarbeitung

Zur Fixierung des Standes der EDV-Technik und -Anwendung in jenen Bereichen, die für den Entscheidungsprozeß relevant sind, erscheinen vor allem die nachstehenden Entwicklungen von Bedeutung:

1. Die Bemühungen, dem kaum bestrittenen Fernziel der betriebswirtschaftlichen Datenverarbeitung, der *integrierten* Datenverarbeitung, näherzukommen, tragen zunehmend Früchte. So trifft man die Integration innerhalb eines Funktionalbereiches (z. B. aller Programme der Vertriebsabwicklung von der Angebotsphase bis zur Verbuchung der Debitoren) schon häufig an; auch erste Systeme, die über einzelne Funktionalbereiche hinaus integriert sind (z. B. Vertrieb — Lagerhaltung und Material — Fertigung — Kostenrechnung), bewähren sich in der Praxis. Abb. 1 zeigt das Ergebnis einer empirischen Untersuchung der Fa. Booz, Allen & Hamilton zum Entwicklungsstand der integrierten Datenverarbeitung in den USA[1]).

   Das Teilnehmerrechnen (*Time-sharing*) hat seine Anfangsschwierigkeiten schon weitgehend überwunden und ist im Begriff sich durchzusetzen. Damit wird es möglich, mehreren voneinander unabhängigen Benutzern quasi gleichzeitig Zugang zu einer größeren Rechenanlage zu verschaffen, ohne daß sie einander nennenswert beeinträchtigen[2]).

3. Wichtige Fortschritte werden auf dem Gebiet der Bildschirmein- und -ausgabe gemacht.

4. Im Bereich der *Software* (Programmierung im weitesten Sinne) hat man vor allem gelernt, elektronische Datenbanken wirksam zu verwalten. Es ist gelungen, dem Benutzer die Datenbank so zur Verfügung zu stellen, daß er sie als logische und auch scheinbar physikalische Einheit betrachten kann, obwohl sie in vielen Fällen aus verschiedenen physikalischen Speicheraggregaten (Magnetbändern, Magnetplatten usw.) und in manchen Fällen auch aus verschiedenen logischen Einheiten zusammengesetzt ist. (Z. B. kann eine Personaldatei, die dem Benutzer als logische Einheit erscheint, in Wirklichkeit aus Einzeldateien über die Namen und Adressen der Mitarbeiter, über ihre Leistungsbeurteilungen, ihre kennzeichnenden Merkmale [Deskriptoren] u. ä. bestehen.) Zum Komfort des

---

[1]) Entnommen aus: Dean, N. J., The Computer comes of Age, Harvard Business Review 46 (1968) 1, S. 83 ff.

[2]) Mertens, P., Zur neueren Entwicklung des Time-sharing, Bürotechnik und Automation 9 (1968), S. 556 ff.

Abbildung 1: Erwartete Änderungen des Integrationsgrades

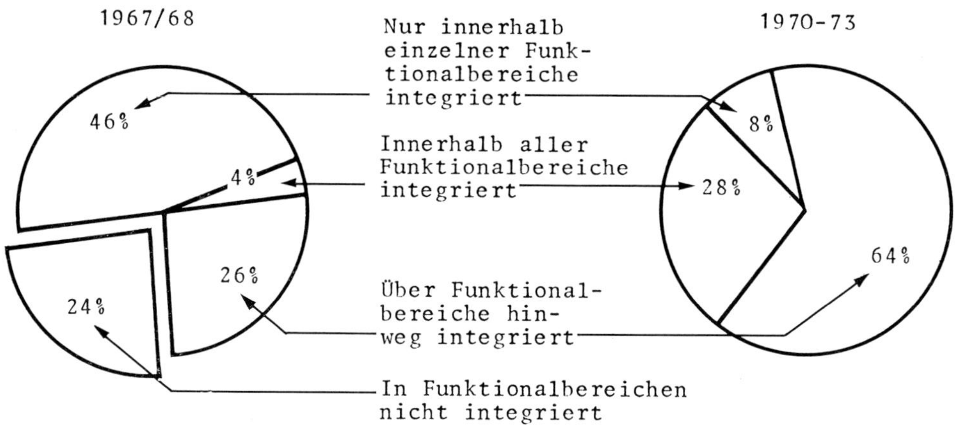

Die Prozentzahlen geben an, welcher Teil der untersuchten Unternehmen welche Organisationsform der Datenverarbeitung 1967/68 erreicht hat bzw. 1970/73 erreichen will.

Benutzers tragen neben den Systemen zur Verwaltung der Datenbanken (File Management Systems) vor allem auch effiziente Abfragesprachen (Query Languages) bei[3]).

5. Der reizvolle Gedanke, EDV-Anwendungs-Systeme weitgehend unabhängig von einzelnen Unternehmen zu entwickeln und dann einzuführen, hat sich als realisierbar erwiesen. Dadurch wird es möglich, relativ elegante Programme, z. B. solche, die gleichzeitig Ausführungsaufgaben (Rationalisierungsaufgaben), Dispositions- und Optimierungsaufgaben und Informationsaufgaben übernehmen, in Unternehmen in vernünftiger Zeit einzuführen und so den Fortschritt der betriebswirtschaftlichen Theorie in der Praxis zu nutzen, auch wenn diese Unternehmen nicht über einen größeren Stab an hochqualifizierten Systemanalytikern verfügen.

Zusammenfassend darf festgestellt werden, daß es teilweise bereits in der Gegenwart möglich ist oder in absehbarer Zeit möglich sein wird, im Zusammenhang mit einer teilweise oder gar vollständig integrierten Datenverarbeitung Datenbanken zu errichten, die womöglich mit Hilfe komfortabler Endgeräte (Terminals) in direktem Zugriff des Entscheidenden im Unternehmen stehen. Aus dieser Datenbank heraus kann dann die elektronische Führungsinformation erfolgen, sei es auf Anfrage des Menschen, sei es periodisch oder sei es auf „Initiative" des Computers hin, sobald eine Situation eintritt, in der die Unterrichtung des Verantwortungsträgers geboten erscheint.

---

[3]) Vgl. z. B. Lutz, T., Generalized Information System (GIS) – ein Exekutivsystem für Datenbankprobleme, IBM-Nachrichten Nr. 195 (1969), S. 714 ff. und Nr. 196 (1969), S. 786 ff.; Klimesch, H., Information Management System (IMS), IBM-Nachrichten Nr. 195 (1969), S. 720 ff.

Im Idealfall stehen über die Daten hinaus auch Rechenverfahren im direkten Zugriff des Entscheidenden, so daß nicht nur die Datenbank abgefragt, sondern auch ein Dialog mit dem Computer geführt werden kann, bei dem die Elektronik auf Befehl des Menschen (vom Terminal aus) bestimmte Operationen bis hin zu ganzen Programmkomplexen ausführt, ehe der Mensch wieder eingreift. Einen solchen Mensch-Computer-Dialog bezeichnet man auch als „Mensch-Maschinen-Kommunikation"[4]).

III. Organisationsformen der Datenverarbeitung im Entscheidungsprozeß

Wie der Leser auf Grund der Ausführungen im vorangegangenen Abschnitt vermuten wird, hat sich in der jüngeren Zeit eine Vielzahl von Organisationsformen der Datenverarbeitung herausgebildet, die auf den Entscheidungsprozeß unterschiedlichen Einfluß haben. Es scheint uns daher folgende Systematisierung angebracht:

1. Off-line-EDV

Die Datenträger werden zum Rechner transportiert, die Daten werden dort zusammen mit den bereits gespeicherten verarbeitet, und nach dem Rechengang gelangen andere Datenträger, in der Regel Computerausdrucke, zum Entscheidenden. Es ist im Rahmen der vorliegenden Abhandlung nützlich, folgende Varianten zu unterscheiden:

1.1. Es wird vom Menschen nur ein Datensatz geliefert und vom Computer nur ein Ergebnis ermittelt.

Beispiel:

Im Rahmen einer Netzplanberechnung gibt der Mensch eine Zeitschätzung je Aktivität ein und erhält die Gesamtdauer, den kritischen Pfad und die gesamten zeitabhängigen Kosten des Projektes als Ergebnis ausgedruckt.

1.2. Der Mensch läßt mehrere alternative Daten durchrechnen und erhält auch mehrere Ergebnisse.

Beispiel:

Bei der Netzplanberechnung werden verschiedene Datensätze von möglichen Zeitdauern der einzelnen Aktivitäten eingegeben, die Elektronik berechnet, welche Dauern, kritische Pfade und Kosten sich bei Zugrundelegung der einzelnen Datenkonstellationen ergeben.

[4]) Ein einführender Beitrag hierzu ist: Mertens, P. und Kress, H., Mensch-Maschinen-Kommunikation als Hilfsmittel der Entscheidungsvorbereitung und Planung, Zeitschrift für betriebswirtschaftliche Forschung 22 (1970), S. 1 ff.

1. 3. Der Mensch liefert einen Datensatz, der Rechner führt eine Empfindlichkeitsuntersuchung (Sensitivitätsanalyse) durch, wobei er selbsttätig die Daten variiert, und beantwortet auch die Frage, wie sich das Ergebnis ändert, sobald sich die eingegebenen Daten um bestimmte Spannen ändern.

Beispiel:

Das Computerprogramm modifiziert von sich aus die Schätzungen über den Zeitbedarf der Aktivitäten um ± 10 % und druckt drei Ergebnisse zur Gesamtdauer und zu den kritischen Wegen aus, und zwar die Ergebnisse unter Zugrundelegung der vom Menschen abgegebenen Schätzungen, den ungünstigsten und den günstigsten Fall.

Diese Variante kann in verschiedener Weise ausgebaut werden, z. B. dahin, daß die Abweichungen von den normalen Aktivitätsdauern mit Wahrscheinlichkeiten versehen werden und dann mit Hilfe einer Simulationsrechnung das gesamte Wahrscheinlichkeitsspektrum der Ergebnisse ermittelt und ausgedruckt wird.

2. On-line-EDV

Die Daten werden durch Fernübertragung zum Rechner geleitet, die Ergebnisse auf dem gleichen Weg zurückgemeldet. Hierbei ist zunächst zu unterscheiden, ob die EDV-Operation vom Menschen (Fall 2. 1.) oder vom Rechner (Fall 2. 2.) ausgelöst worden ist. Der Computer kann einen Datenverarbeitungsprozeß dann selbsttätig initiieren, wenn eine besondere Datenkonstellation eintritt, z. B. wenn die Warteschlange von Aufträgen vor einer Werkstatt eine bestimmte Länge überschreitet. Dann kann wie folgt differenziert werden:

2. 1. 1. Die Daten werden stapelweise und nach einer bestimmten Priorität im Rechner verarbeitet („Stapelfernverarbeitung"), „Remote batch processing").

2. 1. 2. Die Daten werden sofort verarbeitet („Echtzeitverarbeitung, „Real-time-processing"), z. B. unter Verwendung des oben erwähnten Time-sharing-Prinzips.

Weiterhin ist zu unterscheiden, ob es sich handelt um

2. 1. 1. 1. bzw. 2. 1. 2. 1. reine Datenbankabfragen oder

2. 1. 1. 2. bzw. 2. 1. 2. 2. den Lauf von Verarbeitungsprogrammen, wobei der Entscheidende von seinem Terminal aus keine Eingriffsmöglichkeiten besitzt,

2. 1. 2. 3. den Lauf von Verarbeitungsprogrammen, wobei der Mensch Eingriffsmöglichkeiten hat und mit der Maschine einen Dialog führen kann.

Der Fall 2. 1. 2. 3. tritt in mehreren Erscheinungsformen auf: Zunächst gibt es Programme, in deren Ablauf der Mensch zu beliebigen Zeitpunkten eingreifen kann (benutzerkontrollierte Dialogverarbeitung, Fall 2. 1. 2. 3. 1.) und solche

Programme, bei denen das Programm sich an bestimmten Punkten mit der Frage an den Menschen wendet, ob er eingreifen will oder nicht (programmkontrollierte Dialogverarbeitung, Fall 2. 1. 2. 3. 2.). Ähnlich ist die in der angelsächsischen Fachsprache zuweilen übliche Unterscheidung in Herrensystem (Fall 2. 1. 2. 3. 3.) und Sklavensystem (Fall 2. 1. 2. 3. 4.). Beim Herrensystem führt der Mensch den Prozeß, er besitzt eine Strategie und konsultiert die Elektronik, sobald er Rechenaufgaben oder Datensuchaufgaben delegieren will. Umgekehrt führt beim Sklavensystem der Automat den Prozeß und schaltet den menschlichen Partner nur ein, wenn ein nicht programmierter Fall eintritt, zusätzliche Informationen erforderlich sind oder eine menschliche Zwischenentscheidung vonnöten ist.
Abb. 2 zeigt nochmals unsere Systematik.

IV. Die einzelnen Einflüsse der EDV auf den Entscheidungsprozeß

Wir behaupten, daß die nachstehenden Wirkungen der elektronischen Datenverarbeitung auf Entscheidungsvorbereitung und Entscheidungsprozeß entstehen:

1. Die Entscheidungen erfolgen bei einem verbesserten Informationsstand der Entscheidenden
2. Die Entscheidungen konzentrieren sich mehr auf das Wesentliche
3. Routineentscheidungen werden automatisiert
4. Massenentscheidungen werden verbessert
5. Komplexe Entscheidungen werden verbessert
6. Es ergibt sich ein verstärkter Trend zur rationalen Entscheidung
7. Die Entscheidungen der einzelnen Entscheidenden werden stärker mit den Unternehmenszielen konform
8. Der Prozeß der Entscheidung durch mehrere Personen wird verbessert
9. Es entsteht die Gefahr einer Überbetonung quantitativer Daten
10. Es entsteht die Gefahr einer Überbetonung interner Daten.

Wir werden nun diese Thesen im einzelnen zu begründen versuchen. Obwohl dabei die genannten zehn Wirkungen getrennt voneinander behandelt werden, sollte man nicht verkennen, daß in der Realität meist ein Gemisch vieler oder aller Einflußfaktoren wirksam ist, das vom erreichten Reifegrad der elektronischen Datenverarbeitung im jeweiligen Unternehmen abhängt (vgl. Abb. 2).

1. Die Entscheidungen erfolgen bei einem verbesserten Informationsstand der Entscheidenden

Grundlage dieser These sind die Auswirkungen der computerunterstützten Führungsinformation, der sogenannten Management-Informations-Systeme.

Wir dürfen uns von ihnen die folgenden Einzelwirkungen erhoffen:

1. Die Information wird besser als bisher auf den Interessenbereich des Informationsempfängers zugeschnitten, es erfolgt eine bessere Abstimmung zwischen Information und Verantwortung (Selektionswirkung der computerunterstützten Führungsinformation). Es gilt dabei die Konzeptionsregel, daß Informationen für Verantwortungsträger auf den unteren Führungsebenen stärker detailliert sind, dafür aber nur einen engen Gesichtskreis betreffen, die Informationen für die höheren Managementstufen hingegen einen umfassenden Gesichtskreis überdecken, jedoch nur wenige Details enthalten. Den Vertreter interessiert der Minderumsatz jedes seiner Kunden im Vergleich zum Vorjahr, aufgegliedert nach den einzelnen Artikeln. Dem Verkaufsleiter für Deutschland brauchen aber nur Trendzahlen über den Absatz der Artikelgruppen in einem größeren Verkaufsgebiet gezeigt zu werden.

2. Das Datenmaterial kann sorgfältiger analysiert werden, z. B. treten bei der Information über Verkaufserfolge an die Stelle gewöhnlicher Durchschnittsbildungen und Trendrechnungen nun Regressionsanalysen.

3. Die Information wird früher als bei manueller Berichterstattung vorgelegt (Beschleunigungswirkung der computerunterstützten Führungsinformation).

4. Die Information kann durch menschliche Fehler und/oder bewußte Manipulation weniger als bisher gestört werden (Versachlichungswirkung der computerunterstützten Führungsinformation).

5. Die Information kann, insbesondere bei On-line-Datenverarbeitung mit Bildschirm-Endgeräten, in aussagekräftigerer Form dargeboten werden.

6. Die Beistellung einer Reihe von Informationen kann mit geringem Kostenaufwand erfolgen (Wirtschaftlichkeitswirkung der computerunterstützten Führungsinformation).

Auch in einer weiteren Hinsicht wird die Elektronik wahrscheinlich in Zukunft zu einer Verbesserung des Informationsstandes beitragen können, wenn auch gegenwärtig das Ausmaß der Entwicklung noch nicht abzusehen ist, und zwar durch computerunterstützte Prognosemodelle. Vorerst haben diese sich in größerer Breite nur bei der Vorhersage des Absatzes von Markenartikeln und der Bedarfe im Rahmen von Lagerhaltungssystemen bewährt, jedoch zeichnen sich bereits andere interessante Anwendungen ab, etwa bei der Prognose von Zahlungsströmen im Rahmen der Liquiditätsdisposition[6]).

2. Die Entscheidungen konzentrieren sich mehr auf das Wesentliche

Auch hierbei handelt es sich um einen positiven Einfluß der rechnerunterstützten Führungsinformation. Es gilt dabei,

---

[6]) Vgl. Langen, H., Die Prognose von Zahlungseingängen, Zeitschrift für Betriebswirtschaft 6 (1964), S. 289 ff.; Langen, H., Betriebliche Zahlungsströme und ihre Planung in dynamischer Sicht, Zeitschrift für Betriebswirtschaft 7 (1965), S. 261 ff.; Edin, R., Wirkungsweise und Voraussetzungen der Prognose mittels Verweilzeitverteilungen, Zeitschrift für Betriebswirtschaft 10 (1968), S. 743 ff.

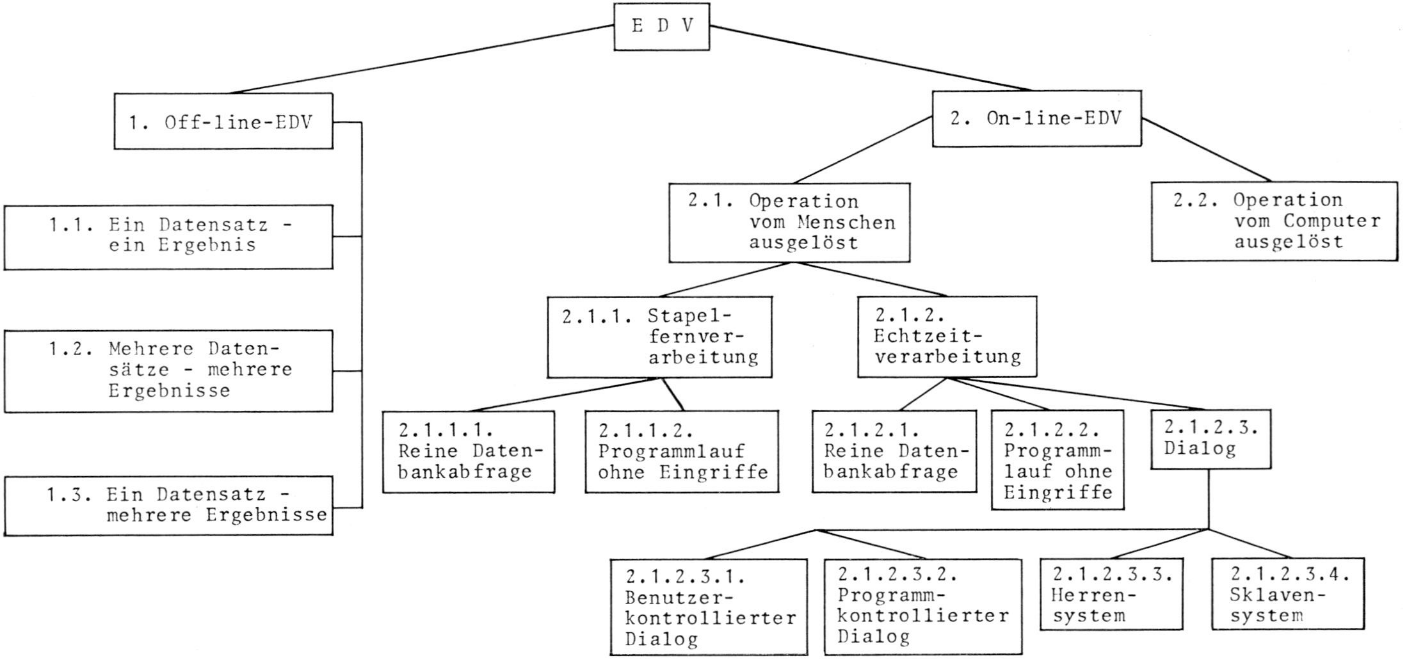

Abbildung 2:

Systematik der Organisationsformen der EDV bei der Entscheidungsfindung

1. durch den Automaten das Wesentliche herausfiltern zu lassen und von der Masse der Routinedaten zu trennen,

2. durch besonders aussagekräftige Gestaltung der Computerausdrucke die Aufmerksamkeit des Entscheidungsträgers auf das Wesentliche zu lenken.

Derartige Führungsinformationen konnten durch Weiterentwicklung der konventionellen EDV-Statistiken bereits verschiedentlich erfolgreich eingeführt werden, insbesondere im Absatzsektor. Sie analysieren beispielsweise die Daten aus der elektronischen Auftragserfassung und Fakturierung und machen etwa aufmerksam auf Artikel mit rückläufigem Deckungsbeitrag, Kunden mit rückläufigem Umsatz, unausgewogene Verteilung des Artikelverkaufs in einzelnen Vertreterbezirken, ungünstige Altersstruktur der Artikel in einer Artikelgruppe, mangelnde Planerreichung von Bezirksleitern oder überdurchschnittliche Besuchsleistungen von Reisenden.

Ähnliche Teilsysteme der elektronischen Führungsinformation berichten über Probleme im Produktionssektor (z. B. über Kapazitätsauslastung, Produktivität, Termineinhaltung, Materialverbrauch und Ausschußquoten), im Einkaufs- und Materialsektor (z. B. Lieferantenobligo, Liefertermineinhaltung, Durchschnittsbestände, Fehlbestände, erreichte Servicegrade, Umschlagszeiten, Qualität der eingesetzten Prognoseverfahren), im Kontrollsektor (z. B. Soll-Ist- oder Plan-Ist-Abweichungen der einzelnen Kostenarten in einzelnen Kostenstellen) und im Finanzierungssektor (z. B. vorhergesagte Liquiditätsenge der kommenden Perioden).

Der Hinweis auf die bemerkenswerten Datenkonstellationen und entscheidungsreifen Probleme kann in verfeinerter Weise erfolgen, z. B. werden

- Blätter nur ausgedruckt, sobald sie Ausnahmesituationen enthalten
- auf periodisch ausgedruckten Blättern auffällige Datenkonstellationen durch besondere Symbole gekennzeichnet
- am Fuß der Blätter verbale Aussagen und Hinweise auf einzelne an anderer Stelle gedruckte Daten angeschrieben
- am Fuß der Blätter Verbalaussagen und Hinweise ausgedruckt und zusätzlich Detailinformationen auf besonderen Blättern ausgegeben.

In eleganten Versionen kann der Übergang von der Information zur Aktion vorbereitet und erleichtert werden, indem die Elektronik Entscheidungsvorschläge unterbreitet. Hierzu ein Beispiel: Nachdem der Rechner auf eine tendenzielle Zunahme von Situationen mangelnder Lieferbereitschaft bei einem bestimmten Artikel hingewiesen hat, druckt er die Empfehlung, den Sicherheitsbestand eines bestimmten Artikels im Lager um 1100 Stück zu erhöhen. Diese Empfehlung ist das Resultat einer Optimierungsrechnung. Allerdings sind derartige Kombinationen aus elektronischer Führungsinformation und Optimierungsrechnungen gegenwärtig wegen des hohen Rechenzeit- und Speicheraufwandes noch sehr schwer zu realisieren.

Es ist durchaus möglich, daß nach der Einführung eines solchen Führungsunterlagensystems die Zahl der zu entscheidenden Fälle nicht zurückgeht, sondern stark ansteigt, weil die EDV mit großer Sicherheit entscheidungsreife Probleme offenlegt und nur wenige nicht erkennt. Naturgemäß muß sich daraus — gute Entscheidungen vorausgesetzt — eine Steigerung der Leistungsfähigkeit des Unternehmens ergeben.

3. Routineentscheidungen werden automatisiert

Die Aufgabe einer Automatisierung von Routineentscheidungen übernehmen die in die elektronische Datenverarbeitung eingebetteten Modelle der mathematischen Entscheidungsforschung (Operations Research).

Obwohl das Operations Research nun seit Jahren eine etablierte Disziplin ist, kann man allerdings noch nicht von einem wirklichen Durchbruch der mathematischen Entscheidungsforschung sprechen, vielmehr existiert noch ein beängstigender „Gap" zwischen Theorie und Praxis. (Abgesehen von Ausbildungsproblemen im weitesten Sinne ist er im wesentlichen auf die Schwierigkeit zurückzuführen, mathematische Modelle zu lösen, die so komplex wie die Wirklichkeit sind.)

Erfolge bei der Automation von Routineentscheidungen wurden bisher in Unternehmen in breitem Umfang nur bei der Bestimmung von Zeitpunkt und Menge von Bestellungen im Rahmen der Lagerhaltung und des Einkaufs erreicht. Hinzu kommen Realisierungen in einzelnen Branchen, so z. B. bei der Verschnittminimierung in der Textil-, Papier- und Metallindustrie, bei Transportproblemen in der Mineralölindustrie oder Problemen der Chargenzusammensetzung in der Stahlindustrie.

Bei anderen Aufgaben, die man ursprünglich mit mathematischen Modellen lösen zu können hoffte, sind die Schwierigkeiten bisher nicht überwunden worden, so z. B. bei der Ermittlung von optimalen Produktionsablauffolgen oder bei der Investitionsplanung.

Es ist jedoch kaum daran zu zweifeln, daß in Zukunft weitere Erfolge erreicht und die Führungskräfte stärker als bisher von Routineentscheidungen befreit werden können, insbesondere wenn man den Ehrgeiz nach dem absoluten theoretischen Optimum aufgeben und lernen wird, Näherungsverfahren zu entwickeln und einzuführen, bei denen Rechen- und Datengenauigkeit sowie Datenverarbeitungsaufwand aufeinander abgestimmt sind[7]).

Die Automation von Routineentscheidungen wird sich vor allem dahin auswirken, daß die mittleren Führungskräfte stärker in die Lösung unstrukturierter und strategischer Entscheidungsprobleme und in die langfristige Planung eingeschaltet werden können. Da das vor allem für Manager aus den Linieninstanzen gilt, bahnt sich eine zunehmende Ähnlichkeit zwischen Stab und Linie an. Vielleicht ist auch eine Verringerung der Zahl von Führungskräften auf den mittleren Ebenen die Konsequenz.

---

[7]) Vgl. dazu: Mertens, P., Industrielle Datenverarbeitung, Wiesbaden 1969, S. 25 ff.

4. Massenentscheidungen werden verbessert

Eine einzelne Computer-Entscheidung muß — isoliert betrachtet — nicht besser sein als die des Menschen zum gleichen Problem, dennoch kann eine Summe von Entscheidungen durch den Computer besser sein als beim Menschen. Dieses Phänomen rührt daher, daß der Mensch oft nicht die Zeit hat, auf jede Detailentscheidung die Sorgfalt zu verwenden, die erforderlich ist, wenn die Computerentscheidung übertroffen werden soll. Typisch hierfür sind die Dispositionen für ein Lager mit Hunderten von Artikeln. Es mag sein, daß ein erfahrener Disponent, greift er den einen oder anderen Artikel heraus, für den Bedarf eine bessere Prognose stellt und eine geeignetere Vorratsmenge ordert als die Rechenanlage. Es sind dazu aber so viele Überlegungen, Datenbeschaffungsaktionen und Rechenvorgänge erforderlich, daß er diese Sorgfalt nur auf wenige Artikel verwenden kann. Für die restlichen Artikel wird er „über den Daumen" disponieren, was aber zu schlechteren Ergebnissen als beim mathematischen Modell führen kann. Das Optimierungsmodell hingegen behandelt jeden Artikel mit der gleichen Sorgfalt und erzielt daher in bezug auf das Gesamtlager das bessere Resultat[8]).

5. Komplexe Entscheidungen werden verbessert

Bei einer Reihe von Entscheidungen ist die Zahl der zu verarbeitenden Daten und Bedingungen so groß, daß diese keinesfalls in einem nicht computerunterstützten Entscheidungsprozeß simultan berücksichtigt werden können.

Ein Lehrbeispiel hierfür ist die Bestimmung gewinnoptimaler Produktionsprogramme, bei der die Deckungsbeiträge und die Mindest- und Höchstabsatzmengen der einzelnen Produkte, die Beanspruchung der Kapazitäten durch die Produkte und die Kapazitätsgrenzen beachtet werden müssen.

Hier kann die Elektronik auf zweierlei Weise zur Verbesserung der Entscheidung beitragen, und zwar erstens durch verbesserte Information (die Informationen müssen so aufbereitet sein, daß sie unmittelbar für die Entscheidung verwandt werden können) und zweitens in günstigen Fällen unmittelbar durch Errechnung des optimalen Programmes.

In vielen Fällen sind Simulationsmodelle geeignete Hilfen zur Verbesserung komplexer Entscheidungen, etwa wenn es gilt, ein Netz von Außenlagern so aufzubauen, daß die Summe der Transportkosten von den Fertigungsstätten zu den Außenlagern und von dort zu den Kunden minimiert wird.

Optimierungsmodelle, die die Daten und Bedingungen mehrerer Verantwortungsbereiche verarbeiten, müssen zur Folge haben, daß der Kordinierungsaufwand bei der Entscheidung reduziert wird, denn die Koordinierung in Richtung auf das Unternehmensziel wird ja vom Modell übernommen. Freilich wollen wir die Aussage mit Zurückhaltung machen, denn die Entscheidungs-

---

[8]) Eine gut entworfene Lagerhaltungskonzeption sieht daher vor, daß – basierend auf einer ABC-Analyse – der Mensch die wenigen wertvollen Artikel individuell disponiert und die große Masse der Artikel von der Elektronik bevorratet wird.

träger können gewisse Sonderwünsche durch Veränderung der Bedingungen durchsetzen (z. B. ein Verantwortungsträger im Fertigungssektor durch Veränderung von Kapazitätsdaten). Außerdem sind wirklich leistungsfähige Entscheidungsmodelle, die mehrere Verantwortungsbereiche überdecken, in der Praxis bislang nur selten realisiert worden.

6. Es ergibt sich ein verstärkter Trend zur rationalen Entscheidung

Wir wollen an dieser Stelle ausdrücklich vorausschicken, daß als „rationale" Entscheidung hier nicht nur eine solche angesehen wird, die dem Gewinnmaximierungsziel dient, wie das zuweilen in der Literatur geschieht. Vielmehr sollen als rationale Entscheidungen hier solche verstanden werden, die unter expliziter Beachtung aller gesetzten Unternehmensziele erfolgen.

Die Vermutung, daß der Computereinsatz zu einer wachsenden Rationalität der Entscheidungen führen wird, leiten wir aus folgenden Überlegungen ab:

1. Die Bereitstellung von detaillierten Daten und die Dispositions- und Optimierungsrechnungen verdrängen die „Gefühlsentscheidung", die oft der nicht rationalen Verhaltensweise den Weg bereitet. So wird z. B. der Entschluß, jenen bestimmten Artikel stark auf Vorrat zu fertigen, der dem verantwortlichen Disponenten besonders gefällt, seltener werden, sobald computerunterstützte Prognosemodelle die Absatzvorhersage übernehmen.
2. Die elektronische Führungsinformation zeigt in nüchterner Form die Konsequenzen nicht rationaler Entscheidungen auf. So wird z. B. vom elektronischen Programm immer wieder auf die Tatsache hingewiesen, daß ältere Artikel, die der Unternehmer aus emotionalen Gründen nicht aus dem Sortiment nehmen möchte, negative Deckungsbeiträge erbringen.

7. Die Entscheidungen der einzelnen Entscheidenden werden stärker mit den Unternehmenszielen konform

Die neuere Betriebswirtschaftslehre widmet der Tatsache starke Beachtung, daß — insbesondere in größeren Unternehmungen — die zahlreichen Einzelentscheidungen der vielen, relativ selbständigen Entscheidungsträger durchaus nicht mit der unternehmerischen Zielsetzung konform sein müssen. Edmund Heinen hat in einem vielbeachteten Aufsatz[9]) drei Hauptursachen hierfür genannt:

1. Der Entscheidungsträger legt ein unberechtigtes Routine- und Gewohnheitsverhalten an den Tag.
2. Der Entscheidungsträger verfügt nicht über die notwendigen Informationen (Störungen im Kommunikationssystem).
3. Der Entscheidungsträger verfolgt bewußt Individualziele, die nicht mit dem Unternehmensziel korrespondieren (innerorganisatorische Interessen- und Zielkonflikte).

---

[9]) Heinen, E., Die Zielfunktion der Unternehmung, in: Koch, H. (Hrsg.), Zur Theorie der Unternehmung, Wiesbaden 1962, S. 9 ff.; vgl. auch Heinen, E., Das Zielsystem der Unternehmung, Wiesbaden 1966, insbes. S. 222 ff.

Wir wollen überlegen, welche Veränderungen der verstärkte Computereinsatz im Hinblick auf die einzelnen Ursachen bringen wird.

Zu 1: Unberechtigtes Routineverhalten

Hier kann man durch die EDV eine gewisse Abhilfe schaffen, weil die Folgen solchen Routineverhaltens aufgezeigt und Informationen geliefert werden, die Grundlage eines flexiblen Verhaltens sind.

Wählen wir ein Beispiel aus dem Vertriebssektor: Der Leiter der Absatzförderung für eine Produktgruppe hat bisher bei seinen Werbemaßnahmen und in Rundschreiben an die Vertreter stets diejenigen Produkte zu fördern versucht, die den höchsten Deckungsbeitrag pro Stück brachten. Auf diese Weise gelang es, bei zufriedenstellendem Umsatzwachstum ein sehr günstiges Gewinnwachstum zu erreichen. Nun werden aber immer mehr Lieferschwierigkeiten sichtbar, ein Zeichen, daß Kapazitätsgrenzen erreicht sind. Richtig wäre es nun, wenn der Leiter der Absatzförderung als Kriterium für seine Maßnahmen nicht mehr den höchsten Deckungsbeitrag, sondern den höchsten Deckungsbeitrag pro in Anspruch genommener Engpaßkapazitätseinheit wählen würde (wir wollen der Einfachheit halber annehmen, daß es für jeden Artikel eine und nur eine solche Engpaßkapazität gibt)[10]. Weiterhin muß er danach trachten, jene Produkte zu fördern, die geeignet sind, noch nicht voll ausgelastete Kapazitäten zu füllen, auch wenn diese Produkte relativ geringe Deckungsbeiträge bringen.

Wie würde ein EDV-Informationssystem aussehen müssen, das geeignet ist, dieses richtige Verhalten zu unterstützen? In einer einfachen Konzeption würden in einer Führungsinformation über den Vertriebserfolg des Sortiments neben den Deckungsbeiträgen der verkauften Artikel auch die Engpaß-Deckungsbeiträge ausgedruckt.

Hinzu kommt eine einfache Zahlenangabe über die Ausnutzung der Engpaßkapazität. Beim Studium des Absatzerfolges der einzelnen Artikel könnte also der Manager herausfinden, welche Artikel bisher Engpaßkapazitäten nicht belasten. Für sie ist nach wie vor das Bevorzugungskriterium der absolute Deckungsbeitrag. Sieht er hingegen, daß ein Artikel eine Engpaßkapazität belegt und gleichzeitig einen relativ niedrigen Engpaßdeckungsbeitrag aufweist, so wird er dieses Produkt nicht forcieren. Damit wird vermieden, daß falsche Verkaufsförderung ein schon vorhandenes Ungleichgewicht bei der Kapazitätsauslastung verstärkt.

Als zweite Hilfe wird man eine Übersicht über die Kapazitätsauslastung der Engpaßmaschinen ausdrucken, evtl. auch solcher Maschinen, die sich der hundertprozentigen Auslastung nähern. Dieser Ausdruck kann z. B. in einfacher Form nur das Ergebnis einer Fortschreibung der Aufträge enthalten. Es wird dann lediglich jeder neu eintreffende Kunden- oder Lagerergänzungsauftrag in die entsprechende Kapzitätsbelastung umgerechnet und die so ermittelte Kapazitätsbelastung der bisherigen angefügt, so daß sich ergibt, für welche Zeit die Maschine belegt ist (maschinenbezogenes Auftragspolster). In vielen Fällen wird

[10]) Die Komplikationen, die auftreten, sobald man es mit mehreren wechselnden Kapazitätsengpässen zu tun hat, sind beachtlich; vgl. dazu z. B. Hax, H., Die Koordination von Entscheidungen, Köln 1966, und die dort angegebene weiterführende Literatur.

es aber auch erforderlich sein, in Abhängigkeit von den Lieferterminen eine genauere Aufteilung der Kapazitätsbelastung auf die einzelnen Zukunftsperioden zu zeigen oder – bei On-line-Systemen – zumindest vorzusehen, daß sie auf Anfrage hin gemeldet werden kann. Der Computerausdruck zeigt weiterhin für schwach ausgelastete Maschinen diejenigen Artikel, die in der Lage wären, den Auslastungsgrad zu heben. Je nach dem Ausbau der zugrunde liegenden integrierten Datenverarbeitung lassen sich weitere Hinweise anschreiben, etwa auf Kunden, die in der Vergangenheit gerade diesen Artikel in starkem Maß geordert hatten, oder auf offene Angebote über diese Artikel (so erhält der Leiter der Absatzförderung Anhaltspunkte für seine nächsten Aktivitäten).

Es liegt nun nahe zu fragen, ob dann, wenn überhaupt ein Routineverhalten der Entscheidungsträger im Heinenschen Sinne vorliegt, nicht der ganze Entscheidungsvorgang automatisiert werden kann. Führen wir unser Beispiel weiter, so könnte man daran denken, mit Hilfe einer linearen Planungsrechnung laufend das optimale Produktionsprogramm zu ermitteln, die vorhandenen Aufträge diesem Programm gegenüberzustellen und unmittelbar auszudrucken, in welcher Menge welche Produkte möglichst als Aufträge hereingeholt werden sollten. Eine andere Möglichkeit wäre, ein lineares Programm anzusetzen, in das als Kapazitätsrestriktionen nur die nach Berücksichtigung der vorhandenen Aufträge verbleibenden Restkapazitäten eingehen. Der Algorithmus würde dann das „optimale Ergänzungsprogramm" ermitteln.

Dieser Faden ließe sich dahin weiterspinnen, daß über den gewöhnlichen Rechenprozeß der linearen Planungsrechnung hinaus elektronisch eine Sensitivitätsanalyse angestellt wird, aus der sich Aussagen darüber ableiten lassen, welche Auswirkungen Änderungen bei den Ausgangsdaten haben, So ist es in unserem Beispiel wahrscheinlich, daß sich durch ad-hoc-Maßnahmen die schlecht ausgelasteten Kapazitäten nur füllen lassen, wenn man — etwa im Rahmen von Sonderangeboten — die Preise reduziert. Eine Preisreduktion verändert aber sofort die Deckungsbeitragsrelationen, die der Ermittlung des optimalen Ergänzungsprogrammes zugrunde lagen.

Soweit sich diese Gedanken nicht realisieren lassen, können in Zukunft möglicherweise die zu wählenden Aktionen durch ein „intelligentes Probieren" im Wege der programm- oder benutzerkontrollierten Dialogverarbeitung auf ihre Brauchbarkeit getestet werden[11]).

Selbst wenn man fürchtet, daß das Ergebnis dieses Probierprozesses bei komplexen Entscheidungen weit vom theoretischen Optimum entfernt liegen kann, muß wohl konzediert werden, daß die Gefahr eines unberechtigten Routineverhaltens in unserem Beispiel herabgemindert wird, allein schon deshalb, weil mit Hilfe des Computers die Datenbeschaffung weit einfacher ist und daher ein in der Hinsicht

[11]) Einen Prozeß der Entscheidungsvorbereitung mit Hilfe der Mensch-Maschinen-Kommunikation bei der Annahme von Zusatzaufträgen (es handelt sich um ein unserem Beispiel vergleichbares Problem) beschreiben Morton und McCosh in: Morton, M. S. S. und McCosh, A. M., Terminal Costing for better Decisions, Harvard Business Review 46 (1968) 3, S. 156 ff.

bequemer Verantwortungsträger dieser Aufgabe im Rahmen der Entscheidungsvorbereitung weniger oft ausweichen wird.

Zu 2: Fehlen von Informationen

Es ist wiederholt angeklungen, daß die EDV in der Lage ist, den Informationsstand der einzelnen Entscheidungsträger zu verbessern. Wir wollen uns daher in diesem Abschnitt vor allem einem speziellen Aspekt zuwenden, und zwar den Zusammenhängen zwischen der Verbesserung des Informationsstandes mit Hilfe der EDV einerseits und der Zentralisation und Dezentralisation von Entscheidungen andererseits. Als Beispiel diene uns das Problem der kombinierten Absatz- und Produktionsplanung. Wir gehen davon aus, daß wir es mit einem Unternehmen mit mehreren Produktionsstätten zu tun haben. Weiterhin sei angenommen, daß die einzelnen Verantwortungsbereiche im Absatzsektor des Unternehmens nach Produktgruppen organisiert sind. Die Produktgruppen lassen sich im allgemeinen den Produktionsstätten zuordnen, und die Verantwortlichen für den Vertrieb der Produktgruppen stehen auch den zugehörigen Fertigungsstätten vor. Wir haben es also insoweit mit einer typischen Spartenorganisation zu tun. Wie vielfach in der Praxis, so soll jedoch auch in unserem Beispiel die Zuordnung der Produktionsstätten zu den Produktgruppen nicht völlig eindeutig sein, vielmehr sind zur Realisierung des Produktionsprogrammes auch einige nicht teilbare zentrale Kapazitäten (z. B. Reparatur- und Kundendienstabteilung, Rechenzentrum) erforderlich. Bei dieser Konstellation von Daten und Bedingungen gibt es prima facie zwei Varianten des Entscheidungsprozesses:

1. Die Entscheidungen über die Absatz- und Produktionspläne werden zentral gefällt, und zwar entweder durch den Menschen oder ein zentrales Optimierungsmodell.

2. Die Entscheidungen werden von jedem Spartenleiter gefällt.

Im ersten Fall kann das theoretische Optimum (z. B. das gewinnmaximale Produktionsprogramm) grundsätzlich erreicht werden. In der Praxis ergeben sich jedoch zwei Schwierigkeiten: Zum einen sind sehr viele Detailinformationen von den zentralen Verantwortungsträgern an die Zentrale zu leiten, zum anderen wird der zentrale Entscheidungsvorgang wegen der vielen dort aufgelaufenen Daten sehr kompliziert (ein entsprechendes Computerprogramm würde sehr rechenzeit- und speicheraufwendig, möglicherweise überhaupt nicht durchführbar).

Bei der zweiten Organisationsvariante entfallen diese beiden Nachteile, jedoch kann man das Optimum nur durch Zufall erreichen, weil die Aufteilung der zentralen Kapazitäten von den Entscheidungen mehrerer Verantwortungsträger abhängig ist.

Hier wird verschiedentlich die Lösung der Zukunft in einem mittleren Weg gesehen. Dabei optimiert der Spartenleiter seinen Bereich, wobei er entweder die zentralen Kapazitäten überhaupt nicht in seine Überlegungen einbezieht oder für die Benutzung der zentralen Kapazitäten einen provisorischen Verrechnungspreis in seinen Kostenansatz aufnimmt. Diese Optimierung erfolgt entweder mit einem dezentralen Computer oder mit Hilfe des Zentralrechners. Diese Teil-Absatz- und Produktionsprogramme, die vom Standpunkt des Gesamtunternehmens suboptimiert sind, werden nun im zentralen Optimierungsmodell verarbeitet. Ergebnis dieses Prozesses sind neue Daten für die dezentralen Entscheidungsträger, und zwar sind es korrigierte Verrechnungspreise, die der Spartenleiter für die zentralen Kapazitäten zu zahlen hat. Sind z. B. in der vorhergehenden Phase einzelne zentrale Kapazitäten zu stark nachgefragt worden, so erhöht das zentrale Optimierungsmodell die Verrechnungspreise für diese Engpaßkapazitäten. Mit diesen veränderten Daten erfolgen nun weitere Läufe der dezentralen Optimierungsprogramme usw., bis eine zufriedenstellende Gesamtlösung erreicht ist[12]).

Obwohl es grundsätzlich denkbar ist, daß der geschilderte Prozeß mit Off-line-Rechnern oder gar manuell durchgeführt wird, erscheinen die dabei in Kauf zu nehmenden Zeitverzögerungen unzumutbar, so daß derartige Verfahren wohl erst mit der stärkeren Verbreitung des innerbetrieblichen Time-sharing oder gar von innerbetrieblichen Computernetzen praktikabel werden[13]).

Man kann sich jedoch vorstellen, daß Verbesserungen am gegenwärtigen Zustand schon dann eintreten, wenn nur die Möglichkeit einer On-line-Abfrage von zentralen Datenbanken gegeben ist. Dann kann z. B. vor einer neuen Entscheidung, etwa über die Annahme eines Sonderauftrages, der dezentrale Verantwortungsträger die zentrale Datenbank konsultieren, um zu erfahren, ob die termingerechte Abwicklung des Auftrages an der Überlastung der Zentralkapazitäten scheitern könnte. Ist das der Fall, wird er vielleicht den Auftrag nur annehmen, wenn sich ein besonders günstiger Preis erreichen läßt, der die Verdrängung eines anderen Auftrages rechtfertigt. Durch eine derartige sequentielle Vorgehensweise wird auch der Tatsache Rechnung getragen, daß in der Praxis die Daten sequentiell anfallen: Meist müssen Entscheidungen im Produktionsbereich getroffen werden, bevor die zugehörigen Absatzdaten (z. B. Absatzprognosen) bekannt sind. Fehlen aber die notwendigen Absatzdaten, so ist die Entwicklung eines optimalen Produktionsprogrammes mit einem Simultan-Algorithmus ohnehin ausgeschlossen.

Zu 3: Verstoß gegen die Zielsetzung des Gesamtunternehmens

Man darf erwarten, daß der verstärkte Einsatz der elektronischen Datenverarbeitung auch hier eine Verbesserung des Istzustandes bringen wird.

Einmal können bewußte Verstöße eher aufgedeckt werden. Vernachlässigt z. B. ein Vertreter eine etwas abgelegene Region seines Bezirkes, z. B. weil sie verkehrstechnisch schwer zu erreichen ist, so wird eine gut konzipierte elektronische

---

[12]) Dieses sog. Dekompositionsverfahren ist im einzelnen beschrieben bei: Baumol, W. J. und Fabian, T., Decomposition, Princing for Decentralization and external Economics, Management Science 11 (1964), S. 1 ff.

[13]) Vgl. z. B. Poensgen, O. H., Zentralisation und Dezentralisation im Lichte dreier moderner Entwicklungen, Zeitschrift für Betriebswirtschaft 37 (1967), S. 373 ff.

Führungsinformation diese Tatsache dem vorgesetzten Verkaufsleiter offenbar machen.

Zum anderen erleichtert die EDV auch die Einführung detaillierter Anreizsysteme im Rahmen der erfolgsabhängigen Entlohnung von Verantwortungsträgern, bei denen das dem Mitarbeiter, etwa einem mittleren Manager, vorgegebene und der Entlohnung zugrunde gelegte Subziel mit dem Unternehmensziel stärker harmoniert.

Es wird nun eher möglich als früher, in ein Entlohnungsmodell z. B. Umsatzerlöse, Deckungsbeiträge, Mengenleistungen und Soll-Istkosten-Abweichungen eines Verantwortungsbereiches sowie eine Beteiligung am Erfolg der nächsthöheren Verantwortungsstufe und/oder des Gesamtunternehmens gleichzeitig einfließen zu lassen, denn der für die größere Gerechtigkeit und den höheren Übereinstimmungsgrad zwischen unternehmerischer Zielsetzung und der Entlohnungsbasis zu erbringende Mehraufwand fällt im Vergleich zu manuell administrierten Systemen nicht so stark ins Gewicht[14]).

8. Der Prozeß der Entscheidung durch mehrere Personen wird verbessert

In vielen Unternehmen herrscht eine Tendenz, in den Entscheidungsprozeß immer mehr Personen einzuschalten. Dies ist z. T. eine Folge der wachsenden Unternehmensgrößen, z. T. eine Konsequenz der zunehmenden Spezialisierung. Es ist klar, daß dadurch der Entscheidungsprozeß schwerfällig wird und lange dauert. Um zu zeigen, welche Hilfe hier die EDV bringen kann, wollen wir das System der Mensch-Maschinen-Kommunikation der Westinghouse Corporation darstellen, das unseres Wissens das erste derartige System in praktischer industrieller Anwendung ist. Es handelt sich dabei im Sinne der Systematik aus Abschnitt 3 um eine benutzerkontrollierte Dialogverarbeitung, und zwar um ein Herrensystem.

In der Waschmaschinenfabrik des Konzerns versammeln sich einmal monatlich Führungskräfte aus den Bereichen Vertrieb, Produktion und Allgemeine Planung, um miteinander den kombinierten Absatz-, Produktions- und Lagerhaltungsplan der einzelnen Waschmaschinenmodelle für die nächsten zwölf Gleitmonate zu erarbeiten. Im Raum befindet sich ein Bildschirm, der mit einem UNIVAC-Rechner verbunden ist[15]).

Die Sitzung beginnt damit, daß der Computer auf dem Bildschirm ein Inhaltsverzeichnis über alle jene Tabellen und Grafiken zeigt, die er darstellen kann. In unserem Fall möge eine Grafik gewünscht werden, die den akkumulierten Ist-Absatz, den Absatzplan, die Absatzvorhersage, die Produktions- und Lagerhaltungszahlen für ein bestimmtes Waschmaschinenmodell zeigt. Durch Antippen des

---

[14]) Wie stark der Aufwand eines Entlohnungssystems bestimmend dafür sein kann, bewußt Subziele vorzugeben, die dem Unternehmen nicht entsprechen, zeigt sich daran, daß viele Unternehmen mit Rentabilitätsmaximierung als Gesamtziel ihre Reisenden durch Umsatzprovision entlohnen, weil die Entlohnung nach dem erzielten Gewinn oder Deckungsbeitrag in der Administration nicht bewältigt werden kann.

[15]) Die Beschreibung erfolgt in enger Anlehnung an M. S. S. Morton (Computer Driven Visual Display Devices – their Impact on the Management-Decision-making Process, Diss. Harvard 1967), der das System entworfen und eingeführt hat.

Bildschirms mit einem Lichtstift gibt der Mensch dem Automaten seinen Wunsch kund. Daraufhin erscheint das angeforderte Bild. Nehmen wir an, wir befinden uns im März, und die Grafik zeigt, daß der auf Grund der bisher getätigten Abschlüsse vom EDV-Modell vorhergesagte Jahresabsatz das Ziel des Absatzplanes nicht erreicht. Nun greift eine Führungskraft aus dem Absatzsektor ein und sagt, der Absatz werde besser sein als von der Elektronik prognostiziert, weil man für die zweite Jahreshälfte eine Werbeaktion geplant habe, die in dem Prognosemodell nicht berücksichtigt sei. Daraufhin korrigiert er die Kurve des zukünftigen Absatzes, indem er mit Hilfe des Lichtstiftes den Endpunkt der Kurve der vorhergesagten Jahresabsatzmengen nach oben verlegt. Anschließend verteilt das elektronische Programm den Mehrabsatz auf die einzelnen Monate in der zweiten Jahreshälfte, und es erscheint eine zweite Grafik auf dem Bildschirm. Auf dieser möge nun sichtbar werden, daß für den erhöhten Prognoseabsatz die geplante Produktion zu niedrig ist, daß mit anderen Worten die Lagervorräte vorzeitig erschöpft sein werden. Nun tritt der Produktionsplaner in Aktion und korrigiert mit Hilfe des Lichtstiftes die Kurve der geplanten Produktion nach oben. Als nächstes wird sich dann wieder die Elektronik melden und darauf hinweisen, daß für die so angeforderte Mehrproduktion die Kapazität nicht ausreicht. Vielleicht verlangen jetzt die Teilnehmer an der Planungskonferenz von dem Automaten eine Information darüber, durch welche anderen Waschmaschinenmodelle die Engpaßkapazität noch belegt ist, um evtl. die Produktion und den Absatzplan eines anderen Modells zu reduzieren und so Kapazität freizumachen. Dieser Prozeß geht weiter, bis für alle Waschmaschinenmodelle ein zufriedenstellender Plan erreicht ist. Man beachte, daß in unserem Beispiel genau wie in einem konventionellen Gruppen-Entscheidungs-Prozeß unterschiedliche Zielvorstellungen der einzelnen Teilnehmer zum Zuge kommen können, z. B. möge der Verantwortungsträger aus dem Vertriebssektor für eine vorsichtige Lagerhaltung plädieren, der Produktionsplaner hingegen größere Fertigungslose vergeben wollen, was sich weitgehend widerspricht. Jedoch können die Konsequenzen der individuellen Vorschläge rasch am Rechner durchgespielt werden, wodurch wahrscheinlich besonders unglückliche Vorschläge aufgedeckt und ihre Realisierung verhindert wird, selbst dann, wenn derjenige, der den Vorschlag unterbreitet hat, eine besondere Machtposition besitzt.

Die Einführung des Systems hat bei Westinghouse überraschende Nutzeffekte gezeitigt. So konnten die Zeit, die bis zur Verabschiedung des Planes verstrich, von etwa 25 auf 5 Tage und der Gesamtmannstundenaufwand zur Planung auf ein Sechstel reduziert werden. Man kann sich diese Ersparnis leicht vorstellen, denn früher wurde die Planung von einer Person durchgeführt, die in jedem Zweifelsfall den oder die Verantwortlichen aus dem Absatz- und Produktionsbereich zu konsultieren hatte. Darüber verging aber viel Zeit, denn oft konnte der Gesprächspartner nicht sofort gefunden werden, er war vielleicht verreist. Nach seiner Rückkehr mußten sich alle Beteiligten erst wieder in das Planungsproblem einarbeiten usw. Andererseits war es aber auch nicht möglich, alle Beteiligten in einer Konferenz so lange zu versammeln, bis der Planungsprozeß vollzogen war, weil dann während der manuellen Berechnungen und während der Operation zur Datenbeschaffung zuviel Leerlauf bei den Führungskräften aus den einzelnen

Bereichen entstanden wäre (im elektronischen System fallen diese Rechen- und Datenbeschaffungsoperationen zeitlich nicht mehr ins Gewicht, weil sie in Sekundenbruchteilen erfolgen).

Ein anderer Vorteil moderner EDV-Systeme in Zusammenhang mit Gruppenentscheidungen liegt darin, daß die Teilnehmer an Besprechungen stärker als bisher mit Daten aus der gleichen, einheitlichen Datenbasis ausgerüstet werden können. Man darf hoffen, daß dann nicht mehr ein großer Teil der Konferenzzeit dazu aufgewendet werden muß, die unterschiedlichen Daten der Teilnehmer aufeinander abzustimmen.

9. Es entsteht die Gefahr einer Überbetonung der quantitativen Daten

Zuweilen wird befürchtet, daß die Einführung der elektronischen Datenverarbeitung in den Entscheidungsprozeß eine Überbetonung quantitativer Daten mit sich bringe. Obwohl sich diese Gefahr nicht leugnen läßt, sollte bedacht werden, daß die EDV sich nicht nur auf die Verarbeitung von Zahlendaten beschränkt. Z. B. können in einem forschungsintensiven Chemieunternehmen die Informationserschließung (D o k u m e n t a t i o n) und die selektive Verteilung neu eingetroffener Informationen über neue Forschungsergebnisse und Patentanmeldungen großen Nutzen beim Entscheidungsprozeß stiften.

Ganz allgemein ist zu vermuten, daß auf lange Sicht Modelle der Mensch-Maschinen-Kommunikation und der On-line-Simulation neben den quantitativen auch die qualitativen Daten und Informationen stärker zur Geltung kommen lassen werden.

10. Es entsteht die Gefahr einer Überbetonung interner Daten

Eine weitere Gefahr des verstärkten Computereinsatzes liegt darin, daß die heute realisierten Systeme der computerunterstützten Führungsinformation fast ausschließlich solche Daten auswerten, die im Rahmen der Massen- und Routine-Datenverarbeitung bereitgestellt werden, mithin also „interne" Daten. Dies gibt zu der Befürchtung Anlaß, daß sich Führungskräfte zu sehr auf diese Information verlassen und darüber jene Fähigkeiten verkümmern könnten, die als ein Hauptmerkmal erfolgreicher Unternehmer und Manager gelten, nämlich die immer neue Beschaffung von wichtigen Informationen aus dem unternehmensexternen Bereich, z. B. über neu entstehende Märkte.

Langfristig ist zu erwarten, daß in weit größerem Umfang als heute externe Daten in die betriebliche Datenverarbeitung einfließen werden. Man betrachte z. B. die Abb. 3 bis 6, in denen die Vorhersagen der Diebold-Gruppe über die Entwicklung der integrierten Datenverarbeitung im Hinblick auf die Zuführung von externen Daten dokumentiert sind[16]).

---

[16]) Die Zeichnungen wurden in Anlehnung an: Diebold, J., Bad decisions on computer use, Harrard Business Review 47 (1969) 1, S. 14 ff., erstellt.

V. Schluß

Wir hatten zu zeigen versucht, daß der zunehmende Einsatz der EDV eine Reihe von Auswirkungen auf die betriebliche Entscheidungsfindung und den betrieblichen Entscheidungsprozeß haben wird und verschiedene neue Möglichkeiten bietet. Dieser Einfluß und diese Möglichkeiten nehmen naturgemäß mit den Fortschritten der Informationstechnologie, der mathematischen Entscheidungsforschung (Operations Research), der Systemforschung in der Datenverarbeitung und der allgemeinen betriebswirtschaftlichen Theorie zu. Manche der hier skizzierten Entwicklungen werden erst in der Zukunft zu voller Geltung gelangen, andere sind bei genauerem Hinsehen schon in der Gegenwart nicht zu vernachlässigen. Bei der Planung und Organisation des Entscheidungsprozesses sollten sie gebührend berücksichtigt werden.

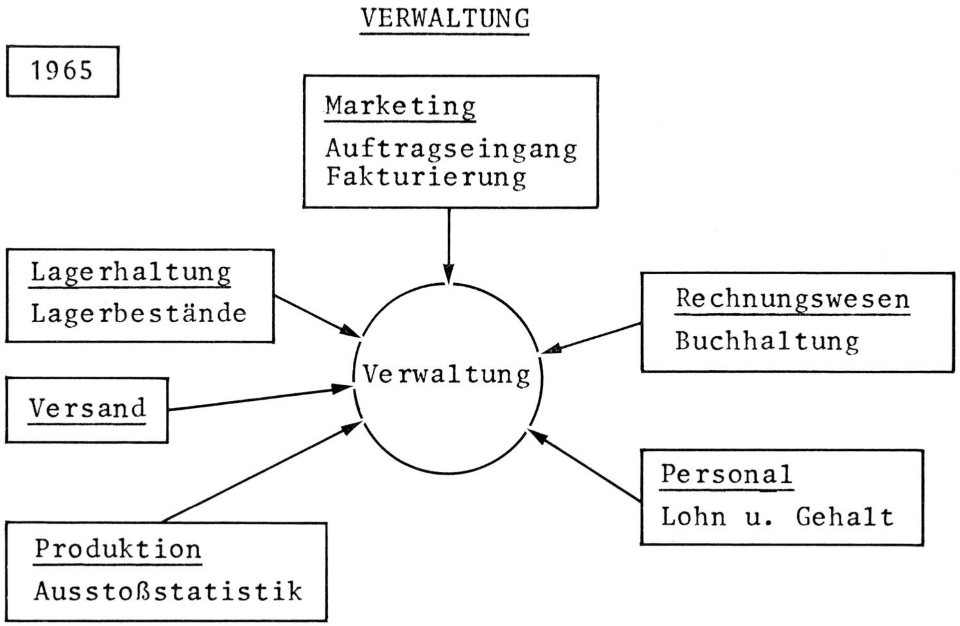

Abbildung 3: Anwendungsbereiche der EDV

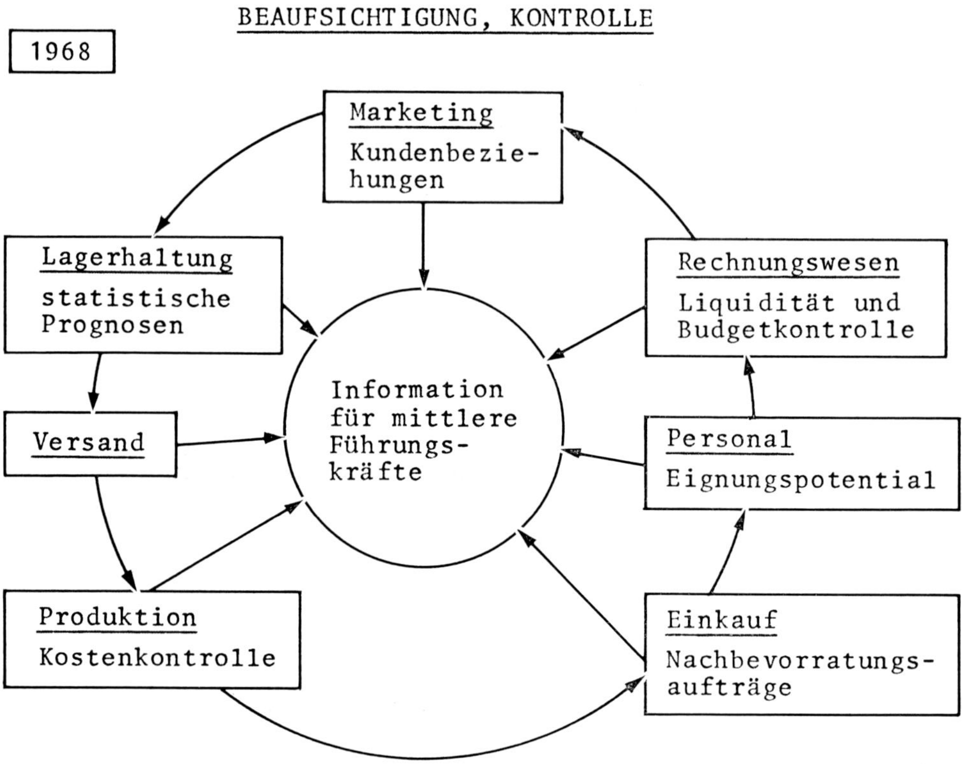

Abbildung 4: Anwendungsbereiche der EDV

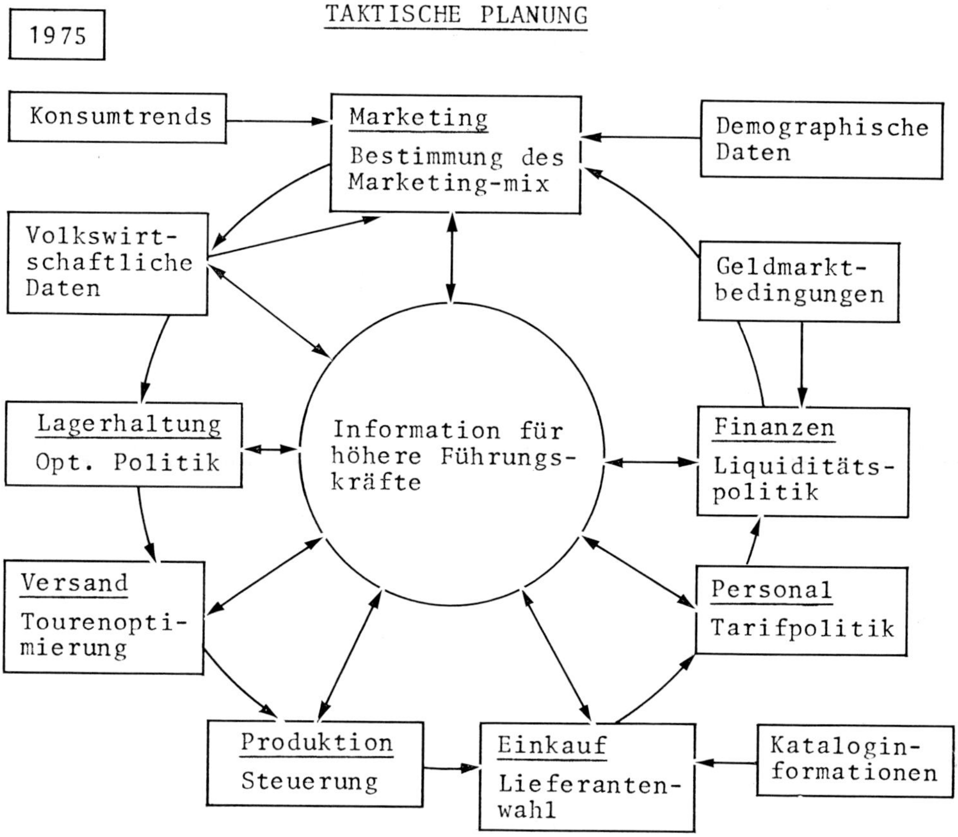

Abbildung 5: Anwendungsbereiche der EDV

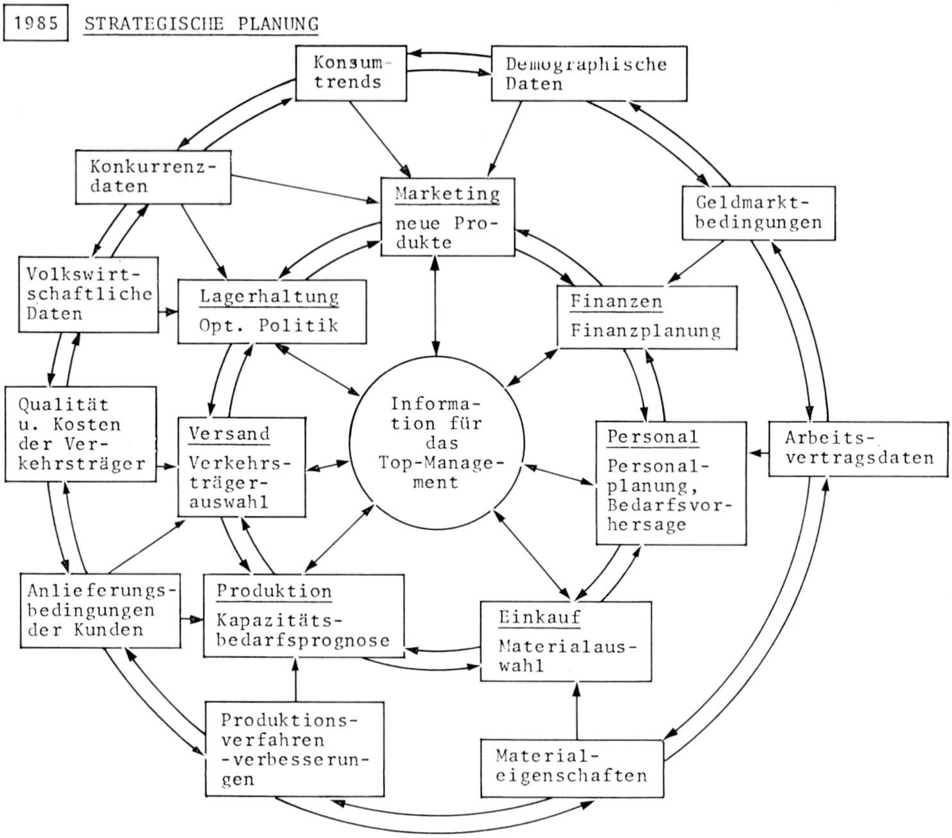

Abbildung 6: Anwendungsbereiche der EDV

Praktische Fälle zur Unternehmens-führung

Lösung unternehmerischer Entscheidungs-situationen

Fallstudie 16

Der Entscheidungsprozeß bei einer Standortwahl

Von Dr. Wolfgang Müller, Hamburg

I. Zur Untersuchung des Entscheidungsprozesses[1])

Entscheidungen sind ein integraler Bestandteil wirtschaftlicher Tätigkeit. Sie treten jedoch nicht als selbständige Aktivitäten, sondern stets in Zusammenhang mit der Lösung von Problemsituationen im betrieblichen Geschehen auf. Die Darstellung eines konkreten Entscheidungsprozesses in einer Fallstudie muß daher notwendigerweise am Beispiel einer speziellen betrieblichen Problemstellung erfolgen.

Bei der Auswahl des Falles wurde berücksichtigt, daß vor allem einmalige und in ihren Konsequenzen weitreichende Entscheidungen zu den schwierigsten und von der betriebswirtschaftlichen Theorie bisher noch kaum durchschaubar gemachten Aufgaben der Unternehmungsleitung gehören. Die untersuchte Entscheidung zur Standortwahl trägt nicht nur diesen Charakter der Einmaligkeit; sie läßt auch die verschiedenartigen Phasen eines komplizierten Entscheidungsprozesses deutlich erkennen. Der Ablauf dieser Entscheidung weist zudem einige Merkmale auf, die bereits in anderen empirischen Untersuchungen festgestellt wurden und die Vermutung nahelegen, daß auch einmalige Entscheidungen nach bestimmten Regeln abgewickelt und durch typische Verhaltensweisen rationalisiert werden.

II. Situationsanalyse[2])

Die Unternehmung, Tochter eines Konzerns, stellt ein breites Sortiment an kosmetischen Artikeln her. Da die Produkte verkaufswirksam und transportsicher verpackt werden müssen, entsteht insbesondere durch die Läger für Fertigprodukte und Verpackungsmaterialien ein sehr hoher Platzbedarf. Zusammen mit den Lägern für Rohmaterialien und Zwischenprodukte macht die erforderliche Lagerfläche etwa 50 % der gesamten genutzten Fläche aus. Die verbleibende Nutzfläche wird etwa je zur Hälfte von der Fertigung sowie der Verwaltung und den Labors in Anspruch genommen. Ungefähr 75 % der Gesamtproduktion werden gegenwärtig in einem Hauptbetrieb abgewickelt, in dem sich auch die Verwaltung und die Labors be-

[1]) Den Mitarbeitern der beteiligten Unternehmung, die mich bei der Anfertigung dieser Studie unterstützt haben, danke ich für ihre großzügige Informationsgewährung und ihre intensiven Bemühungen.

[2]) Die Zahlenangaben in der Studie wurden, soweit dies aus Geheimhaltungsgründen erforderlich war, in geeigneter Weise verändert.

finden. Vor allem wegen des proportional mit dem Absatz steigenden Bedarfs an Lagerraum wurde 1965 ein Nebenbetrieb in gemieteten Räumen, die ungefähr 15 km vom Hauptbetrieb entfernt liegen, errichtet. In diesem Nebenbetrieb wurde das zentrale Fertiglager untergebracht, von dem aus die 25 über ganz Deutschland verteilten Auslieferungsläger versorgt werden. Im Hauptbetrieb befindet sich nur noch Lagerraum für eine Tagesproduktion, so daß täglich ein Transport zum Nebenbetrieb stattfinden muß. Dadurch entstehen erhebliche „innerbetriebliche" Transportkosten. Außerdem wurde die Herstellung einer neu auf den Markt gebrachten Produktgruppe in diesem Nebenbetrieb aufgenommen.

Im Verlaufe der langfristigen Planung des Absatzes und der Kapazitäten wurde bereits im Jahre 1965 deutlich, daß trotz des Ausweichens auf einen Nebenbetrieb etwa im Jahre 1970 die verfügbare Nutzfläche zu einem Engpaß werden würde. Daraufhin wurde eine überschlägige Berechnung des langfristigen Bedarfs an Nutzfläche vorgenommen. Das Ergebnis dieser Überlegungen legte es nahe, auf dem Grundstück des Hauptbetriebes ein altes, kaum nutzbares Gebäude abzureißen und einen mehrgeschossigen Neubau zu errichten. Nach einer Rücksprache mit der konzerneigenen Bauabteilung wurden für den Neubau 3 Mio DM in das Budget für 1970 eingesetzt.

Im Herbst 1968 traten zwei Ereignisse ein, die zu einer vorzeitigen Überprüfung des bereits bestehenden Planes zur Kapazitätsausweitung zwangen:

1. Die für die Tochtergesellschaft zuständige Stelle in der Konzernleitung entschloß sich zu einer aggressiveren Absatzpolitik, wodurch die Absatzquoten und folglich auch die benötigten Produktions- und Lagerkapazitäten beträchtlich erhöht wurden.

2. Der Absatz einer neu eingeführten Produktgruppe entwickelte sich über alle Maßen günstig, so daß die Absatzprognosen für die folgenden Jahre kräftig nach oben korrigiert werden mußten.

Durch diese neue Situation rückte der Zeitpunkt der völligen Auslastung der zur Verfügung stehenden Nutzfläche in bedenkliche Nähe. Mit der detaillierten Planung für die Kapazitätserweiterung mußte sofort begonnen werden, wenn die neue Absatzstrategie und die Ausnutzung der sich bietenden Marktchancen nicht an Engpässen im Produktions- und Lagerbereich scheitern sollten.

Die Aufgabe der detaillierten Kapazitätserweiterungsstudie mußte es sein, die genauen Anforderungen an die Größe, Gestaltung und Einrichtung des neu zu errichtenden Gebäudes zu ermitteln. Vor allem galt es, sowohl den genauen Raumbedarf für die wichtigsten Funktionsbereiche des Betriebes, nämlich Produktion, Lagerung sowie Verwaltung und Labors festzustellen als auch den spätest möglichen Termin für die Aufnahme der Produktion in den neuen Räumen festzulegen. Die Geschäftsleitung war sich durchaus im klaren darüber, daß die jetzt zu treffende Entscheidung über die Kapazitätserweiterung einen langfristigen Einfluß auf die Leistungsfähigkeit der Unternehmung haben würde. Deshalb entschloß sie sich, den Planungshorizont für die Detailplanung bis zum Jahre 1980 hinauszuschieben und auch die danach liegende Entwicklung global zu erfassen. Diese Absicht stieß allerdings bei der Datenbeschaffung auf Schwierigkeiten, da die Planung der Marketingabteilung nur bis zum Jahre 1974 reichte. Alle über dieses Jahr hinausgehenden Informationen über die Absatzentwicklung waren mit einem wesentlich höheren Grad an Unsicherheit behaftet. Daraufhin wurde der gesamte Planungszeitraum in drei Teilperioden aufgegliedert, die mit unterschiedlicher Genauigkeit in die Rechnung einbezogen wurden:

1. die Periode von 1969–1974, für die bereits genaue Absatzpläne vorlagen;
2. die Periode von 1974–1980, für die im wesentlichen die vorhergehende Entwicklung linear extrapoliert wurde, und
3. die Periode nach 1980, die nur global in die Überlegungen einging.

Als Ausgangsbasis für die genaue Berechnung des zukünftigen Raumbedarfs galten die Prognosen über den wertmäßigen Absatz der einzelnen Produktgruppen. Anhand der Informationen und Pläne der Marketingabteilung wurden für jedes einzelne Jahr bis 1974 und durch eine Hochrechnung für das Jahr 1980 die erwarteten Umsatzzahlen bestimmt. Dabei kam es vor allen Dingen auf die möglichst genaue Schätzung der Trendfaktoren auf den Absatzmärkten an, die bei derartig langfristigen Voraussagen den größten Einfluß auf die Entwicklung ausüben. Mit Hilfe der bereits aus früheren Untersuchungen bekannten durchschnittlichen Preis-Mengenrelationen für die einzelnen Produktgruppen wurden sodann die prognostizierten Umsatzzahlen in erwartete Absatzmengen der einzelnen Jahre umgerechnet. Die Langfristigkeit der Betrachtungsweise machte es dabei erforderlich, daß inflationäre Preiserhöhungen berücksichtigt und durch einen entsprechenden Abschlag bei den zunächst errechneten erwarteten Produktuionsmengen eliminiert wurden. In einer Zwischenbilanz wurde sodann die bei maximaler Auslastung des gegenwärtigen Produktionspotentials vorhandene Kapazität für die einzelnen Produktgruppen dem für das Jahr 1974 ermittelten Bedarf gegenübergestellt. Dabei stellte sich heraus, daß bei keiner der Produktgruppen die für 1974 erwartete Nachfragemenge hergestellt werden könnte und sich bei einer Produktgruppe die Fehlmenge sogar auf 74 % der gesamten erwarteten Nachfrage belaufen würde. Insgesamt ergab sich eine Produktionslücke in Höhe von 38 % der erwarteten Nachfrage.

Nachdem der Kapazitätsbedarf für die einzelnen Jahre der ersten Planungsperiode festgestellt worden war, konnte auf dieser Basis mit der genauen Ermittlung des zusätzlichen Raumbedarfs begonnen werden. In diese Rechnung gingen zahlreiche Einzelheiten über die Merkmale der Herstellungs-, Abfüllungs- und Verpackungsprozesse sowie über den Platzbedarf, die Lagerfähigkeit und die Lagerdauer der einzelnen Produkte ein. Außerdem wurde berücksichtigt, daß mit wachsender Belegschaft auch zusätzliche Büroräume, Laboratorien, Pausenräume und sonstige Nebenräume benötigt würden. Auf diese Weise wurde ein zusätzlicher Flächenbedarf für 1974 in Höhe von 4000 qm ermittelt. Die Aufteilung dieser Gesamtfläche auf die einzelnen Funktionsbereiche ist in Tabelle 1 wiedergegeben. Unter der Voraussetzung, daß das Verhältnis zwischen Umsatzzuwachs und Nutzungsflächenzuwachs der ersten Planungsperiode auch für die zweite Planungsperiode von 1974 bis 1980 gültig bleibt, wurde sodann der zusätzliche Flächenbedarf bis zum Jahre 1980 ermittelt. Es ergab sich ein weiterer Bedarf in Höhe von 5000 qm, dessen Aufteilung ebenfalls der Tabelle 1 zu entnehmen ist.

Funktionsbereich	Erwarteter zusätzlicher Nutzflächenbedarf (qm)	
	1974	1980
Produktion	1 700	1 200
Lagerung	1 600	2 100
Verwaltung	700	1 700
zusammen	4 000	5 000

Tabelle 1

Im Verlauf dieser Rechnung konnte auch der zeitlich naheliegendste Engpaß ermittelt werden. Es zeigte sich, daß für eine wichtige Produktgruppe spätestens Anfang 1971 eine weitere Abfüll- und Verpackungslinie in Betrieb genommen werden muß, die nicht mehr in den vorhandenen Räumen untergebracht werden kann. Daraufhin wurde als Termin für den Produktionsanlauf im neuen Gebäude der 1. 1. 1971 festgelegt.

Die Ergebnisse der Kapazitätserweiterungsstudie ließen sofort erkennen, daß die ursprünglich ins Auge gefaßte Lösung des Kapazitätsproblems nicht realisiert werden konnte. Selbst bei fünfgeschossiger Bauweise hätte der Erweiterungsbau auf dem Grundstück des Hauptbetriebes nur eine Nutzfläche von 3200 qm erbracht, also lediglich 80 % des für 1974 errechneten Bedarfs. Dazu kam, daß der Nutzflächenzuwachs nur erzielt werden konnte, wenn der kostenungünstige Nebenbetrieb beibehalten wurde.

Aus diesen Gründen wurde die ursprünglich vorgesehene Lösung verworfen. Das anfänglich begrenzte Problem der Schaffung neuer Produktions- und Lagerkapazitäten weitete sich durch diese Entscheidung zu der wesentlich umfassenderen Suche nach einem geeigneten neuen Standort aus.

III. Die Standortwahl

A. Die Suche nach einer naheliegenden Lösung

Mit der Veränderung der Entscheidungsaufgabe modifizierten sich auch die Zielvorstellungen der Geschäftsleitung. Während bisher eine befriedigende Lösung innerhalb der durch das vorhandene Grundstück begrenzten Möglichkeiten gesucht wurde, konnten nach dem Fortfall dieser Einschränkung einige Anforderungen neu formuliert werden. Dazu gehörten in erster Linie

1. die Verwirklichung einer für den optimalen Ablauf des Produktions-, Abfüllungs- und Verpackungsprozesses notwendigen eingeschossigen Bauweise;
2. die Berücksichtigung der nach 1980 zu erwartenden Umsatzsteigerungen und

3. die Möglichkeit zur Zentralisierung des gesamten Produktions- und Lagerbetriebes an einem Standort.

Da nun mit dem Kauf eines neuen Grundstücks zu rechnen war, konnte bei der weiteren Untersuchung nicht mehr von der zusätzlich benötigten Nutzfläche ausgegangen, sondern es mußte die Gesamtnutzfläche berücksichtigt werden. Zusammen mit den bis 1980 erwarteten Erweiterungen ergab sich eine erforderliche Gesamtnutzfläche von 20 000 qm, für die wegen der zumeist eingeschossigen Bauweise eine bebaubare Fläche von 17 000 qm erforderlich war. Bei Einhaltung der üblichen baupolizeilichen Vorschriften und bei Einplanung von ausreichenden Zufahrtswegen und Ladeflächen kann ein Grundstück etwa zu 60 % bebaut werden. Nach diesem Erfahrungssatz war die erforderliche Grundstücksgröße somit auf rund 30 000 qm festzusetzen. Zu dieser Größe wurden für den Bedarf nach 1980 sowie für etwaige unvorhergesehene Ereignisse noch weitere 15 000 qm hinzugerechnet. Die Fläche des zu beschaffenden Grundstückes wurde demgemäß auf mindestens 45 000 qm, möglichst jedoch 50 000 qm festgelegt.

Bevor sich die Geschäftsleitung entschloß, systematisch nach dem geeigneten kostenminimalen Standort zu suchen, wurde zunächst die nähere Umgebung nach einer zufriedenstellenden Lösung abgesucht. Dabei wurden zwei Alternativen ausfindig gemacht und in ihren Merkmalen näher betrachtet.

Naheliegende Alternative 1

Die völlige Verlegung des Hauptbetriebes hätte eventuell durch den Ankauf des Nachbargrundstückes vermieden werden können, das zusammen mit dem firmeneigenen Grundstück eine völlig von Verkehrsadern eingeschlossene Einheit bildet. Tatsächlich gelang es der Geschäftsleitung schon nach kurzer Zeit, mit dem Eigentümer des Nachbargrundstückes in Verhandlungen einzutreten und eine Kaufoption zu erwerben. Die nähere Untersuchung förderte jedoch mehrere unbefriedigende Eigenschaften dieser Alternative zutage:

— Das Nachbargrundstück bietet eine Fläche von 4500 qm, die gegenwärtig mit mehreren Wohnhäusern bebaut ist. Wegen der langen Kündigungsfristen für die Bewohner sowie der Notwendigkeit, die Wohnhäuser abzureißen, konnte erst für 1972 mit dem Baubeginn für die eigenen Gebäude gerechnet werden. Der für die Produktionsaufnahme vorgesehene Termin (1. 1. 1971) müßte also weit überschritten werden.

— Das gemessen am erwarteten Nutzflächenbedarf relativ kleine Grundstück hätte auf jeden Fall zu mehrgeschossiger Bauweise gezwungen. Die im neuen Anforderungskatalog enthaltene optimale Gestaltung des Produktions- und Verpackungsprozesses könnte also nicht verwirklicht werden.

— Weitere Berechnungen ergaben, daß selbst bei Ausführung einer mehrgeschossigen Bauweise nur der bis zum Jahre 1980 benötigte Flächenzuwachs gesichert wäre. Reserven für die Zeit nach 1980 wären also ebenfalls nicht vorhanden, zumal die völlige Einschließung der beiden Grundstücke durch Verkehrswege eine künftige Expansion durch Zukauf weiterer Grundstücke von vornherein ausschließt.

— Schließlich wurden bei der Beurteilung dieser Alternative auch Kostenaspekte berücksichtigt. Der vom gegenwärtigen Eigentümer des Nachbargrundstückes geforderte Quadratmeterpreis sowie die Kosten des Abbruches der auf dem Grundstück stehenden Wohngebäude gingen weit über den Betrag hinaus, der den bisherigen Kalkulationen für die Neuerrichtung des Betriebes zugrunde gelegt worden war.

Aus all diesen Gründen wurde diese Lösungsalternative von der Geschäftsleitung abgelehnt.

Naheliegende Alternative 2

Bei der Suche nach naheliegenden Lösungen für das Kapazitätserweiterungsproblem waren auch die Bindungen der Unternehmung an den Konzern zu berücksichtigen, die insofern ein Potential an naheliegenden Lösungen boten, als der Konzern über mehrere freie Grundstücke verfügt. Dabei stieß die Geschäftsleitung auf ein günstig gelegenes Grundstück im gleichen Ort, das seit einiger Zeit nur provisorisch von einer Konzernfirma sowie einigen konzernfremden Unternehmungen genutzt wurde. Obwohl dieses Grundstück zum sehr niedrigen Buchwert hätte gekauft werden können, kam die Geschäftsleitung nach der näheren Untersuchung dieser Alternative ebenfalls zu dem Schluß, daß dieses Grundstück für die geplante Erweiterung nicht geeignet ist. Für diese Entscheidung waren ähnliche Gründe wie bei der Ablehnung des Nachbargrundstückes ausschlaggebend:

— Den gegenwärtigen Benutzern des Grundstückes müßte gekündigt und die meisten Gebäude des stark bebauten Grundstückes müßten abgerissen werden. Der gewünschte Termin für den Produktionsbeginn könnte also gleichfalls nicht eingehalten werden.

— Auch die Größe des Grundstückes von 20 000 qm und vor allem sein für die vorgesehene Verwendung recht ungünstiger Zuschnitt entsprachen nicht den neu formulierten Anforderungen. Wiederum würde die Nutzfläche nur den Ansprüchen bis 1980 genügen, und die durch den Zuschnitt des Grundstückes diktierte mehrgeschossige Bauweise würde keinen optimalen Produktionsablauf zulassen.

— Selbst der finanzielle Anreiz dieser Alternative durch den Erwerb des Grundstückes zum Buchpreis hielt der näheren Untersuchung nicht stand; er würde durch hohe Abrißkosten für die alten Gebäude und außerordentliche Fundamentierungskosten für die neuen Gebäude mehr als ausgeglichen.

Mit der Ablehnung dieser beiden Lösungsalternativen waren die naheliegenden Möglichkeiten erschöpft und die Suche mußte auf einen größeren Bereich ausgedehnt werden.

B. Die Ausweitung der Suche

Nachdem es nicht gelungen war, eine naheliegende, auf der gegenwärtigen Lösung aufbauende und mit besonderen Vorzügen ausgestattete brauchbare Alternative ausfindig zu machen, mußte eine völlig neue Suchstrategie entwickelt werden. Das wichtigste Merkmal der neuen Situation war das Fehlen jeglicher Einschränkungen hinsichtlich der Lage des neuen Standortes, so daß die Suche auf die ganze Bundesrepublik ausgedehnt werden mußte. Wegen der enorm großen Zahl von Möglichkeiten in diesem weiten Bereich mußte ein Suchverfahren gewählt werden, durch das in möglichst wenigen Schritten die günstigste Alternative ausfindig gemacht werden konnte. Die Geschäftsleitung entschloß sich deshalb, zunächst nicht nach einem speziellen Grundstück zu suchen, sondern in einer Grobsuche größere Wirtschaftsräume auf ihre Eignung hin zu überprüfen.

Die neue Suchstrategie machte auch die Aufstellung neuer Kriterien für die Bewertung der Alternativen erforderlich. Es sollte nun der optimale Standort gefunden werden, der unter Berücksichtigung einer Reihe von Nebenbedingungen den maximalen Gewinn erbringt. Auf Grund der besonderen Marktsituation der Unternehmung konnte allerdings angenommen werden, daß das Produktionsprogramm, die Absatzpreise und die Absatzmengen nicht von der Wahl des Standortes beeinflußt werden. Unter dieser Voraussetzung wird das Gewinnmaximum dann erreicht, wenn die Kosten minimiert werden. Da jedoch auch nur einige Kostenarten in signifikanter Weise von der Wahl des Standortes beeinflußt werden, ließ die Geschäftsleitung eine Liste der wichtigsten standortabhängigen Kostenarten aufstellen. In der Reihenfolge ihres Einflusses auf die Kostensituation der Unternehmung wurden diese Kostenarten beim nachfolgenden Suchprozeß als Bewertungskriterien herangezogen.

An der Spitze der Liste standortabhängiger Kostenarten standen die Transportkosten für die Fertigprodukte. Beim ersten Schritt der Grobsuche kam es mithin darauf an, das Gebiet ausfindig zu machen, von dem aus die Versorgung der Abnehmer in den übrigen Teilen der Bundesrepublik mit möglichst geringen Transportkosten verbunden sein würde. Bei der Suche konnte davon ausgegangen werden, daß der wichtigste Einflußfaktor für die Transportkosten die regionale Absatzverteilung, gemessen in Tonnen, ist. Die über diese Verteilung vorliegenden Informationen ließen die Annahme gerechtfertigt erscheinen, daß die 25 Auslieferungsläger zugleich auch Schwerpunkte in der Absatzverteilung darstellen. Auf der Grundlage dieser Überlegung und zur Beschleunigung des Suchvorganges wurde die Suche zunächst auf die Standorte der Auslieferungsläger eingeschränkt. Unter Berücksichtigung der geographischen Lage sowie der Absatzverteilung auf die Auslieferungsläger wurden nun die vier Lagerorte ausgewählt, für die mit besonders geringen Transportkosten zu rechnen war.

Somit war durch einige allgemeine Überlegungen die zunächst außerordentlich große Zahl von Lösungsalternativen auf vier Bereiche eingeengt worden. Nun konnte mit Hilfe einer genauen Kostenberechnung unter den vier verbliebenen Möglichkeiten die günstigste ausgewählt werden. Zu diesem Zweck wurden für jeden dieser vier Orte die geschätzten Transportkosten für die Jahre 1974 und 1980 unter der Annahme ermittelt, daß sich am jeweiligen Ort zu diesen Zeitpunkten der gesamte Produktionsapparat und das zentrale Fertigwarenlager befänden. Das Ergebnis dieser Untersuchung ist der nachfolgenden Tabelle 2 zu entnehmen (der gegenwärtige Standort der Unternehmung befindet sich in dem mit A bezeichneten Bereich):

Standortgebiet	Geschätzte Transportkosten für Fertigprodukte (Tausend DM/Jahr)	
	1974	1980
A	940	1 540
B	780	1 210
C	740	1 150
D	720	1 120

Tabelle 2

Das Resultat scheint auf den ersten Blick eindeutig zu sein: Das Gebiet D würde sowohl im Jahre 1974 als auch im Jahre 1980 die geringsten Transportkosten verursachen. Insbesondere gegenüber dem Gebiet des derzeitigen Standortes A könnte schon 1974 eine jährliche Kostenersparnis in Höhe von 220 000,– DM (= 23 %) erzielt werden, die bis zum Jahre 1980 sogar auf 420 000,— DM (= 27 %) jährlich anwachsen würde. Das Bild änderte sich jedoch, als die Ersparnisse der Alternative D gegenüber der Alternative A zu den gesamten Direktkosten in Beziehung gesetzt wurden. In dieser Relation machte die zu erwartende Kostenersparnis nämlich nur etwa 0,25 % jährlich aus. Die Geschäftsleitung entschloß sich wegen dieser relativ geringfügigen Differenzen, die zudem noch einen gewissen Schätzfehler enthielten, die Alternativen B und C von der weiteren Untersuchung auszuschließen und die besonders interessanten Alternativen A und D an Hand der nächst wichtigen Kriterien genauer miteinander zu vergleichen.

Als weitere standortabhängige Kostenart wurden nun die Lohnkosten in die Betrachtung einbezogen. Die zur Klärung dieser Frage beschafften Informationen ergaben, daß generell das Lohnniveau im Bereiche D merklich über dem des Bereiches A lag, so daß die Transportkostenersparnisse teilweise durch höhere Lohnzahlungen kompensiert würden. Schließlich wurden in dieser Endphase der Grobsuche auch noch die Kosten berücksichtigt, die durch die Verlagerung der gesamten Verwaltung der Unternehmung einschließlich der Geschäftsleitung in den Bereich D entstehen würden. Es war zu erkennen, daß eine Verlagerung der Verwaltung aus dem Bereich A hinaus sowohl mit erheblichen sachlichen Kosten als auch mit schwer vorhersehbaren personellen Konsequenzen verbunden sein würde, weil eine Reihe wertvoller Mitarbeiter nicht bereit sein würde, in den Bereich D umzusiedeln.

Insgesamt stand also zu erwarten, daß die ohnehin relativ geringfügigen Transportkostenvorteile der Alternative D durch andere zusätzliche Kosten weitgehend aufgezehrt würden. Die Geschäftsleitung entschloß sich daher, den neuen Standort im Bereich A zu suchen.

C. Die Detailsuche im Bereich A

Nachdem nunmehr die Entscheidung für einen bestimmten geographischen Bereich gefallen war, mußte wiederum die Suchstrategie geändert und eine neue Liste von Bewertungskriterien aufgestellt werden. Die besondere Wirtschaftsstruktur des gewählten Bereiches A machte es allerdings erforderlich, daß noch eine weitere grobe Einschränkung des Lösungsbereiches erfolgen mußte, bevor mit der Detailsuche nach einem geeigneten Grundstück begonnen werden konnte. Das gesamte Wirtschaftsgebiet läßt sich in einen großstädtischen Kern mit hoher wirtschaftlicher Konzentration und in einen Gürtel von teilweise noch ländlichen oder am Beginn ihrer wirtschaftlichen Aufschließung stehenden Randgemeinden unterteilen. Die Entscheidung zwischen beiden Teilgebieten war allerdings schnell gefallen. Innerhalb der Stadtgrenzen sind nicht nur die Grundstückspreise außerordentlich hoch; es wäre auch gar nicht ohne weiteres möglich gewesen, ein Grundstück der geforderten Größe und Gestalt ausfindig zu machen. Wie die eigenen Erfahrungen im gegenwärtigen Hauptbetrieb zeigen, wurde es zudem immer schwieriger, innerhalb des Stadtgebietes geeignete Arbeitskräfte zu finden. Das Stadtgebiet des Bereiches A wurde deshalb ebenfalls ausgeschlossen, und zugleich damit wurde der Neubau des Betriebes auf einer „grünen Wiese" beschlossen.

In dieser Phase des Entscheidungsprozesses sah sich die Geschäftsleitung zu einer Änderung in der generellen Planung für die Kapazitätserweiterung veranlaßt. Ursache dieser Umorientierung war das bisherige Untersuchungsergebnis:

Da sich nach der Abwägung aller für relevant gehaltenen Einflußfaktoren der Wirtschaftsbereich A als am günstigsten für den neuen Standort erwiesen hatte, in diesem Bereich sich aber auch der gegenwärtige Hauptbetrieb der Unternehmung befand, bot sich nun als weitere Lösungsalternative der Bau einer Satellitenfabrik an.

Die gesamte Verwaltung einschließlich der Labors sowie ein Teil der Produktionskapazitäten könnten bei dieser Konstruktion im gegenwärtigen Hauptbetrieb verbleiben, während die übrigen Produktionsanlagen und vor allem das zentrale Fertiglager im neuen Nebenbetrieb außerhalb der Stadtgrenzen untergebracht würden. Dieser Nebenbetrieb könnte wegen seiner geringen Entfernung vom Hauptbetrieb aus gesteuert und kontrolliert werden und würde deshalb nur einen kleinen Stab zur Betriebsleitung benötigen.

Die nähere Durchleuchtung dieser Konzeption zeigte, daß sie wahrscheinlich nicht die kostenminimale Lösung des Standortproblemes sein würde. Höhere Kosten würden auf jeden Fall durch die doppelte Betriebsführung und außerdem dadurch entstehen, daß die Produktion des Hauptbetriebes regelmäßig zum Zentrallager der Satellitenfabrik transportiert werden müßte, bevor sie an die Auslieferungsläger weitergeleitet werden könnte. Demgegenüber würde diese Regelung die Vorteile bringen, daß

1. der für die Investition erforderliche Kapitalbedarf und dessen Verzinsung in den kommenden zwei Jahren beträchtlich geringer sein und damit auch die Gewinnsituation der Unternehmung wesentlich weniger beeinträchtigen würde;

2. langjährige Mitarbeiter der Unternehmung, denen der tägliche Anfahrtsweg zum neuen Standort nicht zugemutet werden könnte, nicht entlassen und abgefunden werden müßten, sowie

3. das Problem des wegen der ungünstigen Lage wahrscheinlich sehr schwierigen Verkaufs des Grundstückes des gegenwärtigen Hauptbetriebes vermieden würde.

Die Berücksichtigung des für 1974 und darüber hinaus projektierten Bedarfs an Produktions- und Lagerkapazitäten machte indes auch klar, daß die Satellitenkonstruktion kein Dauerzustand sein könnte. Mitte der siebziger Jahre würde der Nebenbetrieb wahrscheinlich einen Umfang erreichen, der nur noch von einer voll ausgebauten Betriebsführung an Ort und Stelle gesteuert werden könnte.

Nach Abwägung aller Argumente entschied sich die Geschäftsleitung zum Bau einer Satellitenfabrik. Um jedoch die Möglichkeit zur Zusammenlegung der beiden Werke im geeigneten Zeitpunkt nicht auszuschließen, wurde an den bisherigen Anforderungen an die Größe, Gestalt und sonstige Eigenschaften des zu beschaffenden Grundstückes nichts geändert.

Nach diesen Vorentscheidungen war der Lösungsbereich endlich soweit eingeschränkt, daß mit einer systematischen Suche nach dem bestgeeigneten Grundstück begonnen werden konnte. Die zu diesem Zweck erstellte neue Liste von Bewertungskriterien enthielt eine genaue Spezifizierung der an das Grundstück zu stellenden Anforderungen. Dieser Katalog berücksichtigte sowohl die bei einer kostengünstigen Lösung zu beachtenden Einflußfaktoren als auch zahlreiche Mindestanforderungen. Er umfaßte alle relevanten Merkmale des zu beschaffenden Grundstückes ebenso wie die technischen Voraussetzungen für den Produktionsbetrieb, die Bedingungen des Arbeitsmarktes sowie die Finanzierungsmöglichkeiten. Um die möglichst vollständige Beschaffung aller nunmehr benötigten Informationen zu gewährleisten, wurde die Kriterienliste in einen umfangreichen Fragebogen umgestaltet und an jene 28 Gemeinden verschickt, die im verbliebenen Lösungsbereich für die Bereitstellung eines Grundstückes in Frage kamen. Aus der Vielzahl der Bewertungskriterien wurden sodann die wichtigsten ausgewählt und entsprechend ihrem Gewicht bei der endgültigen Entscheidung angeordnet. Auf diese Weise entstand die in Spalte 1 der nachfolgenden Tabelle 3 wiedergegebene Kriterienliste.

Bei der Auswertung der von den Gemeinden zurückgeflossenen Informationen ergaben sich sowohl bei den „innerbetrieblichen" (vom Hauptbetrieb zum geplanten Satellitenwerk) als auch bei den durch die Versorgung der Auslieferungsläger entstehenden Transportkosten keine bemerkenswerten Unterschiede. Als kritisch stellten sich dagegen die lokalen Arbeitsmärkte sowie die Größe, Gestalt und der für den Beginn der Bauarbeiten wichtige Aufschließungsgrad der Grundstücke heraus. Allein an Hand dieser Kriterien wurden 23 der 28 vorgelegten Angebote als ungeeignet zurückgewiesen. Für die restlichen fünf Alternativen wurden alle wichtigen Informationen in einer systematischen Aufstellung zusammengefaßt (siehe Tabelle 3).

Bei dieser Gegenüberstellung traten die relativen Vor- und Nachteile der einzelnen Angebote klar zutage. So zeichnete sich die Alternative A 1 zwar durch ihre außerordentlich günstige Lage zum Hauptbetrieb aus; der sehr hohe Kauf-

	Merkmale der letzten 5 Alternativen				
Bewertungskriterien	A 1	A 2	A 3	A 4	A 5
Arbeitsmarktsituation	befriedigend	gut	befriedigend	befriedigend	gut
Entfernung vom Hauptbetrieb	20 km	60 km	50 km	30 km	30 km
Innerbetriebliche Transportkosten (TDM/Jahr)	140	300	300	200	200
Transportkosten zu Auslieferungslägern (TDM/Jahr)	760	835	815	820	790
Grundstücksgröße	50 000 qm	54 000 qm	50 000 qm	55 000 qm	55 000 qm
Gestalt und Aufschließungsgrad des Grundstücks	gut	gut	gut	gut	gut
Gleisanschluß	ja	ja	nein	nein	ja
Bevölkerungsentwicklung der Gemeinde bis 1975 (Tausend Einw.)	180–230	13–20	18–25	42–50	24–30
Kaufpreis des Grundstücks (TDM)	2 500	220	450	660	790
Anlernbeihilfen (fester Betrag)	nein	ja	ja	ja	ja
Investitionsbeihilfen (feste Beträge) verlorener Zuschuß	ja	ja	ja	ja	ja
Darlehen für 7 Jahre, (3,5 %)	nein	ja	ja	ja	ja

Tabelle 3

preis, zu dem noch erhebliche Kosten für Bodensanierungsarbeiten kamen, wurde dagegen als negatives Merkmal gewertet. Gegen die Alternativen A 2 und A 3 erhoben sich vor allem wegen ihrer vergleichsweise großen und überdurchschnittliche Transportkosten verursachenden Entfernung zum Hauptbetrieb Bedenken. Als weitere negative Faktoren wurden bei der Alternative A 3 die relativ ungünstige Situation auf dem Arbeitsmarkt sowie das Fehlen eines Gleisanschlusses vermerkt. Gerade diese Nachteile waren aber auch mit der Alternative A 4 verbunden. Damit verblieb allein die Alternative A 5, die zwar bei keinem der Auswahlkriterien die günstigste Lösung bot, jedoch als die optimale Kombination aller Kriterien angesehen wurde. Die Geschäftsleitung entschloß sich, mit dieser Gemeinde, die auch Grundstückseigentümerin war, in nähere Verhandlungen einzutreten. Nachdem diese Verhandlungen auch für alle übrigen Punkte des detaillierten Anforderungskataloges befriedigende Lösungen erbracht hatten, stand fest, daß die ursprünglich für die Kapazitätsausweitung formulierten Zielsetzungen erfüllt werden konnten: Der langfristige, über 1980 hinausgehende Bedarf an Produktions- und Lagerkapazitäten konnte bei optimalem Produktionsablauf auf diesem Grundstück ebenso realisiert werden wie der für Anfang 1971 geplante Produktionsbeginn. Außerdem war zumindest eine starke Annäherung an den kostenminimalen Standort erreicht worden. Die Geschäftsleitung entschied sich daraufhin für das Grundstück A 5 als neuen Standort. Diese Entscheidung wurde später von der Konzernspitze gebilligt.

IV. Einige allgemeine Schlußfolgerungen zum Entscheidungsprozeß

Durch die Wahl einer Standortentscheidung für diese Fallstudie erhielten einige der verwendeten Konzepte, wie „naheliegende Alternative" oder „Lösungsraum", einen konkreten Bedeutungsinhalt, der die Darstellung des Entscheidungsprozesses als eine ganz spezielle Untersuchung erscheinen lassen könnte, die keine allgemeinen Schlußfolgerungen zuläßt. Tatsächlich sind diese Konzepte jedoch nicht in geographischem, sondern im topologischen Sinne zu verstehen, und zwar so, daß jede Entscheidung für eine Lösungsalternative die Auswahl eines mit bestimmten Merkmalen versehenen Punktes aus dem großen Bereich aller zugelassenen Alternativen, dem Lösungsraum, bedeutet. Die entsprechenden Konzepte besitzen daher Gültigkeit für zahlreiche verschiedenartige Entscheidungssituationen. Mit ihrer Hilfe ist es zugleich möglich, einige generelle Aussagen über den Ablauf von Entscheidungsprozessen zu machen, zumal die untersuchte Entscheidung in wichtigen Phasen mit anderen Beobachtungen über Entscheidungsvorgänge übereinstimmt[3]). Eine auf dieser Basis entwickelte schematische Darstellung der Standortentscheidung findet sich in Abb. 1.

Es ist ein durchaus nicht ungewöhnliches Merkmal der untersuchten Entscheidung, daß zugleich mit der Wahrnehmung der Problemsituation eine erste, allerdings nur vage formulierte Lösung ins Auge gefaßt wurde. Diese Lösungsart läßt sich als Routinelösung bezeichnen, weil sie aus den Erfahrungen mit früher gelösten ähnlichen oder analogen Problemsituationen entwickelt wurde. Erweist sich eine

---

[3]) Vgl. Cyert, Richard M. – March, James G.: The Behavioral Theory of the Firm, Englewood Cliffs, N. J., 1963, S. 117 ff.

solche Routinelösung bei der näheren Überprüfung ihrer Eigenschaften und Konsequenzen an Hand der aus den Zielsetzungen und Nebenbedingungen abgeleiteten Bewertungskriterien als akzeptabel, so wird sie realisiert. Eine Suche nach weiteren Alternativen wird nicht durchgeführt.

Wenn die Routinelösung nicht den Zielvorstellungen und Nebenbedingungen entspricht, muß nach anderen, leistungsfähigeren Lösungsalternativen gesucht werden. Ausgehend von der grundlegenden Kausalvorstellung, daß eine neue Lösung des Problems in der Nähe der gegenwärtig realisierten Lösung zu finden ist, wird zunächst eine lokale Suche nach naheliegenden Alternativen vorgenommen. Die auf diese Weise gefundenen Alternativen werden in der Reihenfolge ihres Auftretens, also in sequentieller Form, bewertet. Die lokale Suche nach und sequentielle Bewertung von Alternativen dauert so lange an, bis entweder eine befriedigende Lösung ermittelt wurde oder keine weiteren Alternativen mehr gefunden werden können. Im ersten Fall wird die Suche abgebrochen und das Problem als gelöst betrachtet. Bleibt dagegen die lokale Suche erfolglos, so setzen verwickeltere und auf einen weiteren Lösungsraum ausgedehnte Suchbemühungen ein.

Die Ausweitung der Suchaktivitäten bringt erhebliche Komplikationen mit sich. Der Lösungsraum, also der Bereich, in dem nach zulässigen und geeigneten Lösungen geforscht werden soll, muß neu abgegrenzt werden. Wenn, wie im untersuchten Fall, der neue Lösungsraum eine sehr große Anzahl von zulässigen Alternativen enthält, muß das Suchverfahren so angepaßt werden, daß der Lösungsraum in wenigen Suchschritten auf einen überschaubaren Teilbereich eingeschränkt werden kann. Auch die Bewertungskriterien müssen modifiziert werden, da nun zunächst nicht mehr eine spezielle Lösung, sondern ein Teilbereich mit geeigneten Lösungen gesucht wird.

Erst wenn die Grobsuche einen geeigneten Teilbereich isoliert hat, kann wieder mit detaillierten Bewertungskriterien und einer feinmaschigen Suchmethode vorgegangen und durch sequentielle Bewertung der einzelnen Alternativen eine befriedigende Lösung gefunden werden.

Besonders bemerkenswert an diesem durchaus typischen Entscheidungsvorgang, der in Wirklichkeit aus einer Kette von Teilentscheidungen besteht, erscheint, daß

1. nicht alle möglichen Alternativen gesammelt und dann simultan, sondern einzelne Alternativen sequentiell in der Reihenfolge ihres Auftretens bewertet werden;

2. nicht alle Bewertungskriterien gleichzeitig herangezogen werden, um eine optimale Lösung zu ermitteln, sondern die Kriterien entsprechend den ihnen zugeordneten Prioritäten ebenfalls sequentiell berücksichtigt werden, und

3. die Liste der Bewertungskriterien durchaus nicht konstant für den gesamten Entscheidungsprozeß bleibt, sondern den Anforderungen der einzelnen Suchphasen angepaßt wird.

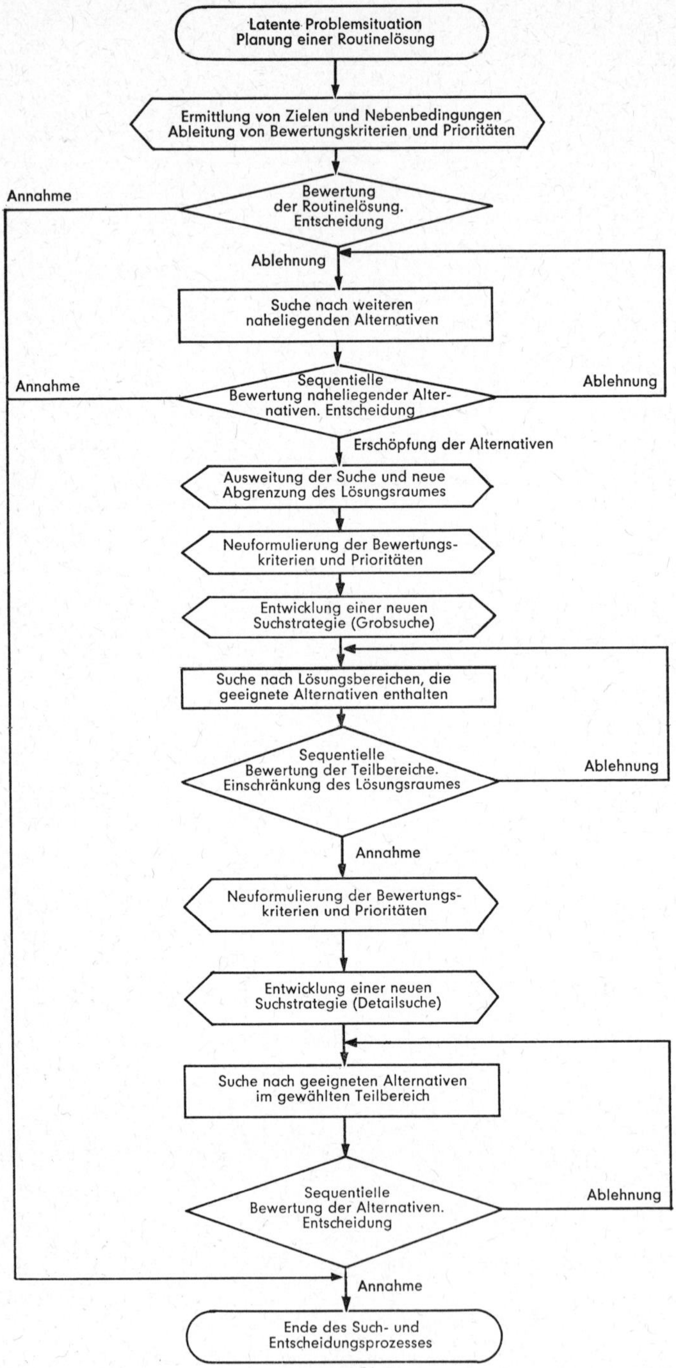
Latente Problemsituation
Planung einer Routinelösung
Ermittlung von Zielen und Nebenbedingungen
Ableitung von Bewertungskriterien und Prioritäten
Bewertung der Routinelösung. Entscheidung
Annahme
Ablehnung
Suche nach weiteren naheliegenden Alternativen
Sequentielle Bewertung naheliegender Alter- nativen. Entscheidung
Annahme
Ablehnung
Erschöpfung der Alternativen
Ausweitung der Suche und neue Abgrenzung des Lösungsraumes
Neuformulierung der Bewertungs- kriterien und Prioritäten
Entwicklung einer neuen Suchstrategie (Grobsuche)
Suche nach Lösungsbereichen, die geeignete Alternativen enthalten
Sequentielle Bewertung der Teilbereiche. Einschränkung des Lösungsraumes
Ablehnung
Annahme
Neuformulierung der Bewertungs- kriterien und Prioritäten
Entwicklung einer neuen Suchstrategie (Detailsuche)
Suche nach geeigneten Alternativen im gewählten Teilbereich
Sequentielle Bewertung der Alternativen. Entscheidung
Ablehnung
Annahme
Ende des Such- und Entscheidungsprozesses

Abbildung 1

Ergebnisse einer empirischen Untersuchung über Unternehmensziele

von Dipl.-Kfm. G. Czeranowsky
und Dipl.-Kfm. H. Strutz

I. Erhebungsgrundlagen

Der anschließend in Grundzügen dargestellte Fragebogen wurde an 500 Unternehmen (unterschiedlicher Branchen und Größenordnungen), die sich über das ganze Bundesgebiet verteilen und in einer Zufallstichprobe ermittelt wurden, verschickt[1]). Am Umsatz gemessen, wurden mit den beantworteten Fragebögen Unternehmen in einer Größenordnung zwischen ca. 4 Mill. und 7 Mrd. DM Jahresumsatz erfaßt, wobei etwa 60 % der Unternehmen zwischen 4 und 60 Mill. DM Umsatz liegen.

Im Fragebogen wurden folgende acht Ziele aufgeführt, die, soweit es zur Klarheit notwendig war, in Unterpunkte aufgeteilt waren[2]):

Gewinnstreben
(möglichst hoher Gewinn bzw. Rendite, angemessener Gewinn bzw. Rendite)

Marktanteil

Umsatz

Wachstum
(Erweiterung des Produktionsprogramms, Erschließung neuer Märkte, Ankauf anderer Unternehmen, Gründung neuer Produktionsstätten und Vertriebsstellen)

Sicherheitsstreben
(Liquidität, Kapitalstruktur, Diversifikation)

Unabhängigkeitsstreben
(gegenüber anderen Unternehmen, Gläubigern, ausländischem Kapital)

Soziale Verantwortung gegenüber den Arbeitnehmern
(Sicherung der Arbeitsplätze, zusätzliche soziale Leistungen)

Ansehen in der Öffentlichkeit
(Zufriedenstellung der Kunden, allgemeine Image-Pflege)

---

[1]) Die Verfasser danken den beteiligten Unternehmen für ihre Mitarbeit.

[2]) Vgl. hierzu auch die Umfrage von Heinen; Heinen, E., Das Zielsystem der Unternehmung, Wiesbaden 1966, S. 37 ff.

Die Unternehmen wurden gebeten, die Hauptzielgruppen in einem vorgezeichneten Raster in eine Rangordnung zu bringen. Weiterhin wurde gefragt, ob die Rangordnung von der Wirtschafts- bzw. Branchenkonjunktur abhängt oder sich sonst im Zeitablauf ändert.

115 oder 23 % der 500 Unternehmen schickten den Fragebogen ausgefüllt zurück[3]). 105 der Fragebögen waren für die nachfolgende Auswertung brauchbar.

II. Auswertung

Tabelle 1

Relative Häufigkeiten (in Prozent) der Zielgrößen in den Rangstufen

Ziel \ Rang	1	2	3	4	5	6	7	8
Gewinn	**51,43**	16,19	8,57	7,62	5,81	8,57	3,81	0
Sicherheit	12,38	**22,86**	14,29	19,05	12,38	11,43	4,76	2,86
Marktanteil	14,29	15,24	**25,71**	13,33	13,33	6,67	6,67	4,76
Wachstum	5,71	16,19	13,33	15,24	11,43	16,19	16,19	5,71
Umsatz	6,67	16,19	13,33	10,48	16,19	9,52	16,19	11,43
Soziale Verantwortung gegenüber den Arbeitnehmern	2,86	6,67	15,24	18,10	19,05	**22,86**	10,48	4,76
Ansehen in der Öffentlichkeit	6,67	5,71	5,71	11,43	16,19	11,43	**26,67**	16,19
Unabhängigkeit	0	0,95	3,81	4,76	7,62	13,33	15,24	**54,29**

Einen Überblick über die Bedeutung der einzelnen Ziele vermittelt Tabelle 1, in der angegeben wird, von wieviel % der Unternehmen ein Ziel an einer bestimmten Rangstelle genannt wurde. Die Zahl, die den häufigsten Rangplatz eines Zieles angibt, wurde jeweils umrandet.

Aus der Tabelle geht hervor, daß das Gewinnstreben von 51,43 % der Unternehmen an die erste Stelle gesetzt wurde und damit recht eindeutig an der Spitze aller Ziele steht. Mit gleicher Deutlichkeit wurde das Unabhängigkeitsstreben von 54,29 % der Unternehmen an letzter Stelle eingestuft, also als relativ unbedeutend angesehen. Dazwischen folgen mit der häufigsten Einstufung an 2., 3., 6. und 7. Stelle die Ziele Sicherheit, Marktanteil, soziale Verantwortung gegenüber den Arbeitnehmern und Ansehen in der Öffentlichkeit. Allerdings handelt es sich bei letztgenannten Zielen wegen der großen Streuung nur um eine grobe Tendenz, die nicht die Aussage rechtfertigt, daß es sich hier um eine generelle Rangfolge der Unternehmensziele handelt. Nicht einordnen lassen sich in diesem Zusammenhang

[3]) Dies entspricht in etwa dem Erfahrungssatz für Antworten, die bei derartigen Umfragen erwartet werden können.

die Ziele Wachstum und Umsatz. Beide Ziele sind in breiter Streuung jeweils auf drei Rangstufen am häufigsten genannt (Tabelle 1, unterstrichene Zahlen).

Zusätzliche Ziele wurden nur sehr vereinzelt genannt (z. B. Fortbildung der Mitarbeiter, Unabhängigkeit gegenüber staatlichen Eingriffen) und bilden lediglich Unterpunkte bereits genannter Ziele.

Als deutlichstes Ergebnis kann festgestellt werden, daß den Zielen Gewinn und Sicherheit im allgemeinen das größte Gewicht zugeordnet wird, während das Ziel Unabhängigkeit im Verhältnis zu den anderen Zielen als unbedeutend angesehen wird.

Zweifellos sind alle Aussagen über Rangordnungen von Zielen durch die Tatsache eingeschränkt, daß zwischen den Zielen teilweise Wechselbeziehungen bestehen[4]).

Tabelle 2

Häufigster und mittlerer Rangwert der Zielgruppen

Rang / Ziel	häufigster Rang		mittlerer Rang	
		Heinen		Heinen
Gewinn	1	1	2,37	2,44
Sicherheit	2	2	3,64	3,24
Marktanteil	3	4	3,67	5,20
Wachstum	2,6,7	6	4,52	4,87
Umsatz[5])	2,5,7	–	4,64	–
Soziale Verantwortung	6	3	4,78	4,51
Ansehen in der Öffentlichkeit	7	(5,7)[6])	5,47	4,50 6,47 [6])
Unabhängigkeit	8	5	6,91	4,46

Eine konzentrierte Zusammenfassung der Auswertung findet sich in Tabelle 2, in der häufigster und mittlerer Rang erfaßt und zum Vergleich den Werten der Untersuchung von Heinen gegenübergestellt werden[7]).

Der mittlere (durchschnittliche) Rangwert ergibt sich, indem die Summe der Produkte aus Rangstufe und Anzahl der Unternehmen in der Rangstufe durch die Anzahl der Unternehmen insgesamt dividiert wird. Hierbei ergeben sich zwischen der vorliegenden Untersuchung und den Ergebnissen von Heinen keine Verschiebungen

[4]) Vgl. in diesem Band Heinen, E., Zielanalyse als Grundlage . . .

[5]) Das Ziel Umsatz fehlt bei Heinen.

[6]) Das Ziel Ansehen in der Öffentlichkeit untergliedert Heinen in Kundenpflege (häufigster Rang 5, mittlerer Rang 4,50) und Prestige (häufigster Rang 7, mittlerer Rang 6,47), vgl. Heinen, E., Das Zielsystem der Unternehmung, Wiesbaden 1966, S. 39.

[7]) Heinen, E. „Das Zielsystem . . .", a. a. O., S. 39.

der Rangfolge bei den Zielen Gewinn (1) und Sicherheit (2), lediglich die Mittelwerte weichen geringfügig voneinander ab.

Eine erhebliche Abweichung tritt bei der Zielgröße Unabhängigkeit auf, die bei Heinen auf dem 5. Platz liegt, dagegen in vorliegender Untersuchung an letzter Stelle rangiert. Dies kann evtl. durch die unterschiedliche Interpretation des Zielinhaltes erklärt werden. Eine Erklärung könnte auch darin zu sehen sein, daß die Untersuchung Heinens vor 1966 durchgeführt wurde und damals das Streben nach größeren Unternehmenseinheiten, der Konzentrationsgedanke und die Konzentrationsnotwendigkeit noch nicht so stark in das Bewußtsein der Unternehmer eingedrungen war.

Verschiebungen der Mittelwerte und der Rangfolge der restlichen Ziele können einmal dadurch erklärt werden, daß Heinen seine Ziele z. T. inhaltlich etwas anders definiert. Das Ziel „Umsatz" fehlt bei Heinen völlig; das Ziel „Ansehen in der Öffentlichkeit" wird von ihm in die beiden selbständigen Ziele „Kundenpflege" und „Prestige" aufgeteilt. Zum andern kann die Rangordnung dieser Ziele z. T. recht erheblich im Zeitablauf schwanken. Dies kommt durch die Zusatzfragen über die Abhängigkeit der Rangfolge von der Wirtschafts- oder Branchenkonjunktur bzw. vom Zeitablauf recht deutlich zum Ausdruck (vgl. Tabelle 3).

Tabelle 3

Abhängigkeit der Rangordnung von Wirtschafts- bzw. Branchenkonjunktur und Zeitablauf

Angaben in % der befragten Unternehmen	ja	nein
Wirtschafts- bzw. Branchenkonjunktur	56,8	43,2
Zeitablauf	66,4	33,6

Eine Änderung der Rangfolge im Zeitablauf bejahten 66,4 % der Unternehmen, davon 56,8 % in Abhängigkeit von der Branchen- bzw. Wirtschaftskonjunktur.

Als weitere Gründe für eine Änderung der Rangfolge wurden genannt: Gesetzgebung, Kapitalbeteiligung, Ertragslage, Marktverhältnisse.

Mathematik für Unternehmer

Hilfsmittel für die Unternehmensführung

Die Anwendung von Regressions- und Korrelationsanalysen bei der Absatzplanung

Von Dipl.-Math. R. Karrenberg und Dipl.-Kfm. A.-W. Scheer, Hamburg

In Band 10 wurden die Absatzzahlen eines Produkts mit Hilfe statistischer Verfahren der formalen Zeitreihenanalyse untersucht. Typisch für diese Verfahren ist, daß lediglich e i n e Zeitreihe (hier die Reihe der Absatzzahlen) betrachtet und in ihre Komponenten zerlegt wird. Bei vielen Problemen ist es aber sinnvoller, nicht die Prognosegröße direkt zu betrachten, sondern indirekt, indem andere, mit der Prognosegröße eng verbundene und leichter zu prognostizierende Zahlenreihen analysiert werden. Einige Beispiele mögen das verdeutlichen: Ein Unternehmen hat beobachtet, daß die Absatzzahlen eines seiner Produkte sehr eng mit der Höhe des Bruttosozialprodukts des Vorjahres korreliert. Wenn der Zusammenhang zahlenmäßig bekannt ist, kann auf Grund der Angaben über die Höhe des Sozialprodukts die Absatzentwicklung eines kommenden Jahres prognostiziert werden. In diesem Beispiel kann die Hilfsgröße, das Bruttosozialprodukt, von der Unternehmung selbst nicht beeinflußt werden, sie hat vielmehr den Charakter eines Absatzindikators[1]). Eine andere Situation liegt vor, wenn z. B. der Zusammenhang zwischen dem Absatz eines Produkts und seinem Preis sowie den Werbeausgaben für das Produkt untersucht wird. Hier können die Größen, die den Absatz bestimmen, vom Unternehmen selbst beeinflußt werden. Eine Absatzprognose muß dann zusammen mit den Entscheidungen über den Einsatz des absatzpolitischen Instrumentariums getroffen werden.

Voraussetzung für derartige Prognosen ist aber, daß der Zusammenhang zwischen dem Absatz und den anderen Größen in seinem quantitativen Ausmaß bekannt ist. Diesen quantitativen Zusammenhang rechnerisch zu bestimmen, bemüht sich die Regressions- und Korrelationsanalyse. Sie soll an Hand eines Beispiels dargestellt werden.

---

[1]) Absatzindikatoren sind wirtschaftliche Größen, die zu dem Absatz eine sehr enge Korrelation aufweisen. Die Indikatoren gehören meistens anderen wirtschaftlichen Bereichen an oder sind globale wirtschaftliche Faktoren. Vgl. H. Jacob, Der Absatz, in: Allgemeine Betriebswirtschaftslehre in programmierter Form, Hrsg. H. Jacob, Wiesbaden 1969, S. 299 f.

I. Darstellung der Regressionsanalyse

Es wird ein Unternehmen der Investitionsgüterindustrie betrachtet, das mit Hilfe der Regressions- und Korrelationsrechnung eine Absatzprognose aufstellen möchte. Im ersten Schritt wird deshalb zunächst das Erklärungsmodell aufgestellt.

a) Aufstellung des Erklärungsmodells

An Hand theoretischer Plausibilitätsüberlegungen müssen die möglichen Einflußfaktoren des Absatzes (die erklärenden Größen), die in die Prognose einbezogen werden sollen, bestimmt und die Art der Verknüpfung zwischen ihnen und dem Absatz als zu erklärender Größe erörtert werden.

Als die wichtigsten Einflußfaktoren des Absatzes sieht die Unternehmung die eigenen Werbeausgaben und die Kaufkraft der Abnehmerbranche an. Die Kaufkraft eines Jahres wird dabei vor allem von den Vorjahresgewinnen der Abnehmerbranche bestimmt. Damit sind die erklärenden Größen festgelegt. Die Kaufkraft, gemessen in Form der Gewinne des Vorjahres, stellt eine Indikatorgröße dar, während die Werbeausgaben für die Unternehmung ein Aktionsparameter sind.

Als nächstes muß die Art der Verknüpfung zwischen dem Absatz und den erklärenden Größen untersucht werden. Hierbei geben Plausibilitätsüberlegungen und ökonomische Theoreme Hilfestellungen. So kann auf Grund derartiger Überlegungen angenommen werden, daß jeweils zwischen dem Absatz und den Werbeausgaben bzw. der Kaufkraft tendenziell Kurvenformen bestehen, wie sie in Abb. 1a und 1b angedeutet sind, d. h. mit abnehmender positiver Steigung[2]). Wenn

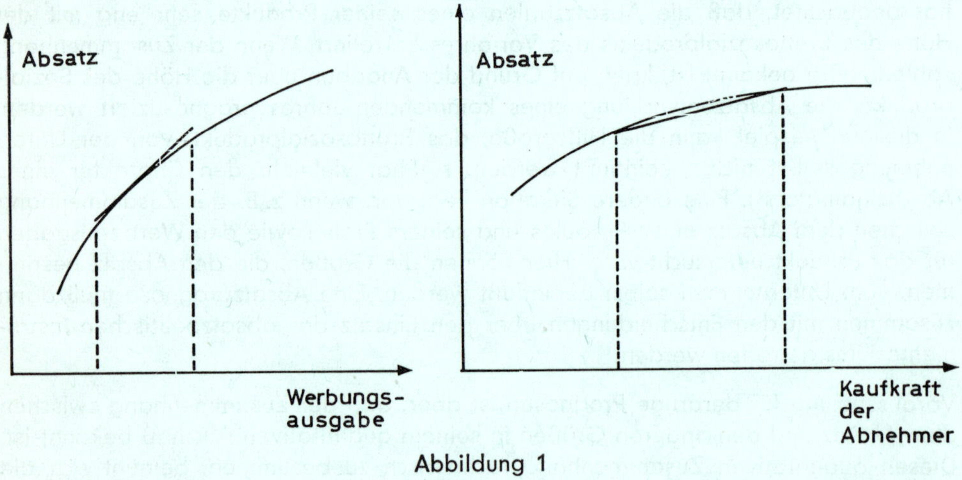

Abbildung 1

die Werbeausgaben bzw. die Kaufkraft keine sehr großen Schwankungsbreiten aufweisen, können diese Kurven auch durch Geraden angenähert werden (vgl. z. B. die punktiert eingezeichneten Bereiche).

[2]) Zu den gebräuchlichsten Kurvenformen vgl. H. Gollnick, Einführung in die Ökonometrie, Stuttgart 1968, S. 30 ff.

Diese Überlegungen werden in einer Gleichung (vgl. Gleichung 1), dem Erklärungsmodell, zusammengefaßt.

$$Y_t = a + b \cdot X_t^{(1)} + c \cdot X_{t-1}^{(2)} + U_t \qquad (1)$$

In Gleichung (1) bedeutet Y_t die abhängige Variable, den Absatz in der Periode t; $X_t^{(1)}$ ist die erste erklärende Größe: Werbeausgaben in der Periode t; und $X_{t-1}^{(2)}$ ist die zweite erklärende Größe: Branchengewinn in der Periode t–1. Aus Gründen der Einfachheit wird zwischen dem Absatz und den Einflußfaktoren eine lineare Beziehung unterstellt. Die Variable U_t gibt einen Restfaktor des Absatzes an, der durch die beiden Größen nicht erklärt wird. Diese Restschwankungen sind darauf zurückzuführen, daß Erhebungsfehler vorliegen, die unterstellte Kurvenform ungenau ist oder nicht alle relevanten Einflußgrößen im Modell erfaßt sind. Für die Größen Y_t, $X_t^{(1)}$ und $X_t^{(2)}$ (in Gleichung 1) liegen Aufzeichnungen aus den Jahren 1960 bis 1969 vor. Sie sind in Abb. 2 bis 4 wiedergegeben. Die Reihenwerte finden sich in Tabelle 1.

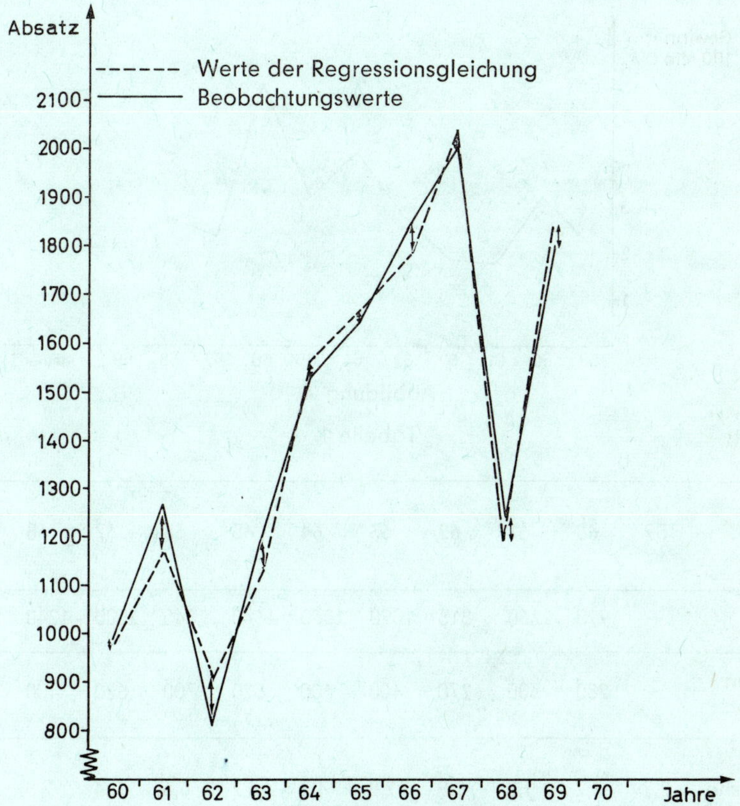

Abbildung 2

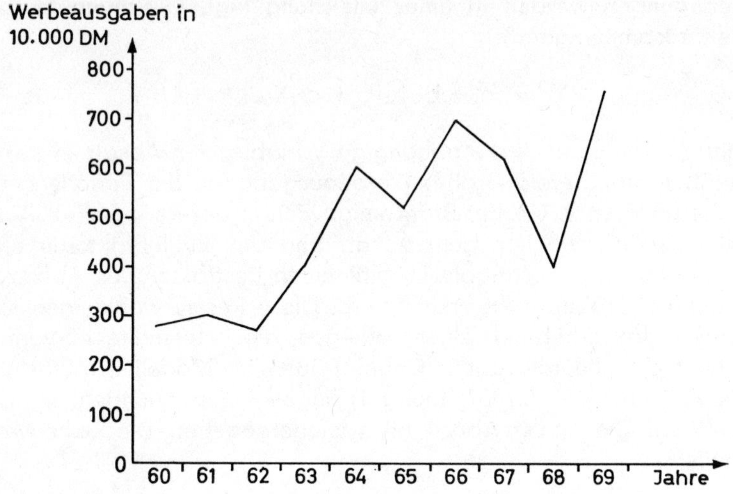

Abbildung 3

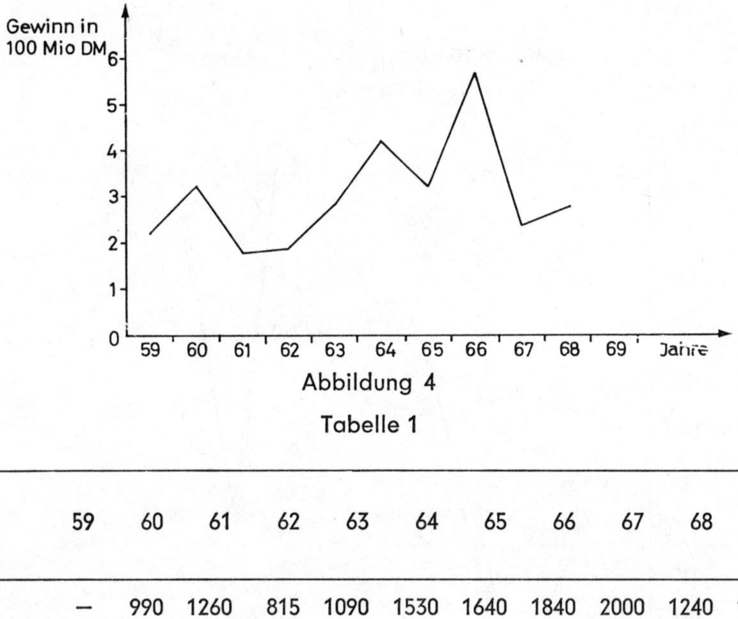

Abbildung 4

Tabelle 1

Jahr	59	60	61	62	63	64	65	66	67	68	69	Arithmetisches Mittel
Absatz	–	990	1260	815	1090	1530	1640	1840	2000	1240	1775	1418
Werbeausgaben in 10 000 DM	–	280	300	270	400	600	520	700	620	400	750	484
Gewinn der Abnehmerbranche in 100 Mill. DM	2,2	3,2	1,8	1,9	2,8	4,2	3,2	5,6	2,4	2,8	3,5	3,01

Dagegen sind die absolute Konstante a sowie die Koeffizienten b und c, die den quantitativen Einfluß der erklärenden Größen auf den Absatz angeben, unbekannt.

b) Die Methode der kleinsten Quadrate

Zur Schätzung dieser sogenannten Regressionskoeffizienten wird die „Methode der kleinsten Quadrate" herangezogen. Sie geht von dem Prinzip aus, daß die Ursprungswerte des Absatzes durch Werte angenähert werden sollen, deren summierte Abweichungsquadrate von den Ursprungswerten ein Minimum sind. In Abb. 2 sind die Ursprungswerte mit einer durchgezogenen Linie verbunden. Die gestrichelte Linie gibt die geschätzte Regressionslinie, die den obigen Anforderungen genügt, wieder[3]). Die Abweichungen der Ursprungs- von den Schätzwerten sind durch senkrechte Pfeile wiedergegeben. In Formel (1) entsprechen diese Abweichungen den U_t. Damit wird die Bedingung der Methode der kleinsten Quadrate für n Beobachtungswerte formal durch

(2) $$\sum_{t=1}^{n} U_t^2 = \min.$$

ausgedrückt, bzw. unter Verwendung von Gleichung (1):

(3) $$\sum_{t=1}^{n} U_t^2 = \sum_{t=1}^{n} (Y_t - a - bX_t^{(1)} - cX_t^{(2)})^2 = \min$$

Die Unbekannten a, b und c müssen nun so bestimmt werden, daß diese Bedingung erfüllt ist. Hierzu wird Gleichung (3) partiell nach den Unbekannten differenziert und die ersten Ableitungen gleich Null gesetzt. Es ergibt sich ein Gleichungssystem, das aus den drei „Normalgleichungen" 4a bis 4c besteht:

(4a) $$\sum_{t=1}^{n} Y_t = n \cdot a + b \cdot \sum_{t=1}^{n} X_t^{(1)} + c \sum_{t=1}^{n} X_t^{(2)}$$

(4b) $$\sum_{t=1}^{n} Y_t X_t^{(1)} = a \sum_{t=1}^{n} X_t^{(1)} + b \sum_{t=1}^{n} (X_t^{(1)})^2 + c \sum_{t=1}^{n} X_t^{(2)} \cdot X_t^{(1)}$$

(4c) $$\sum_{t=1}^{n} Y_t X_t^{(2)} = a \sum_{t=1}^{n} X_t^{(2)} + b \sum_{t=1}^{n} X_t^{(1)} X_t^{(2)} + c \sum_{t=1}^{n} (X_t^{(2)})^2$$

[3]) Auf die Berechnung wird weiter unten eingegangen.

Aus diesen drei Gleichungen können die drei Koeffizienten a, b und c ermittelt werden.

Aus Gründen der Rechenersparnis ist es aber zweckmäßiger, nicht von den Quadrat- und Produktsummen der Reihenwerte auszugehen, sondern diese in Quadrat- und Produktsummen der Einzelwerte von ihrem arithmetischen Mittel zu transformieren. Es wird definiert:

$$y_t = Y_t - AM_y;\; x_t^{(1)} = X_t^{(1)} - AM_x^{(1)};\; x_t^{(2)} = X_t^{(2)} - AM_x^{(2)}$$

Unter Beachtung der Tatsache, daß die Summe der Abweichungen einer Reihe von Werten von ihrem arithmetischen Mittel gleich Null ist, werden die Ausdrücke $\sum_{t=1}^{n} y_t$, $\sum_{t=1}^{n} x_t^{(1)}$ und $\sum_{t=1}^{n} x_t^{(2)}$ zu Null und es vereinfachen sich die Normalgleichungen zu:

$$\text{(5a)}\quad \sum_{t=1}^{n} y_t\, x_t^{(1)} = b \sum_{t=1}^{n} (x_t^{(1)})^2 + c \sum_{t=1}^{n} x_t^{(1)} \cdot x_t^{(2)}$$

$$\text{(5b)}\quad \sum_{t=1}^{n} y_t\, x_t^{(2)} = b \sum_{t=1}^{n} x_t^{(1)} \cdot x_t^{(2)} + c \sum_{t=1}^{n} (x_t^{(2)})^2$$

Die Quadrat- und Produktsummen der transformierten Reihenwerte werden als Varianzen und Covarianzen bezeichnet. Sie sind für das Beispiel in Tabelle 2 eingetragen. Nach Einsetzen der Werte in die Normalgleichungen (5a) und (5b)

Tabelle 2

Varianzen: Diagonalelemente
Covarianzen: Elemente oberhalb der Diagonalen

	$\sum_{t=1}^{n} x_t^{(1)}$	$\sum_{t=1}^{n} x_t^{(2)}$	$\sum_{t=1}^{n} y_t$
$\sum_{t=1}^{n} x_t^{(1)}$	286 040	889,60	57 418
$\sum_{t=1}^{n} x_t^{(2)}$	–	12,01	3 272
$\sum_{t=1}^{n} y_t$	–	–	1 417 110

ergeben sich die Regressionskoeffizienten zu b = 1,507 und c = 160,8. Diese Werte in die Gleichung (4a) eingesetzt, bringen die absolute Konstante a = 204,4.

Die Regressionsgleichung (1) nach Einsetzen der Zahlenwerte lautet:

(6) $$Y_t = 204{,}4 + 1{,}507\,X_t^{(1)} + 160{,}8\,X_{t-1}^{(2)} + U_t.$$

Sie ist die gestrichelte Linie in Abb. 2.

c) Statistische Signifikanztests

Bevor die Regressionsgleichung zu Prognosezwecken herangezogen wird, empfiehlt es sich, statistische Prüfungen über die Enge der gefundenen Zusammenhänge und die Sicherheit der Schätzungen anzustellen.

Ein anschauliches Maß für die Enge des Zusammenhangs zwischen dem Absatz und der gesamten Regressionsgleichung ist das multiple Bestimmtheitsmaß R^2, das Quadrat des Korrelationskoeffizienten R. Es gibt an, wieviel Prozent der zu erklärenden Varianz[4]) durch die Regressionsgleichung tatsächlich erklärt worden ist. Die zu erklärende Varianz ist definiert als

$$\sum_{t=1}^{n} (Y_t - AM_y)^2 = \sum_{t=1}^{n} (y_t)^2$$

und die erklärte Varianz als

$$\sum_{t=1}^{n} (Y_t' - AM_y)^2 = \sum_{t=1}^{n} (y_t')^2,$$ wobei $Y_t' = a + b\,X_t^{(1)} + c\,X_t^{(2)}$ der Schätzwert für Y_t ist.

Damit ist das multiple Bestimmtheitsmaß gleich

(7) $$R^2 = \frac{\sum_{t=1}^{n} (y_t')^2}{\sum_{t=1}^{n} (y_t)^2}$$

Es hat im Beispiel den Wert 0,982.

Dieser relativ hohe Wert für R^2 besagt, daß die Regressionsgleichung gut geeignet ist, den Absatz zu erklären[5]).

[4]) Die Varianz (oder Streuung) einer Zahlenreihe ist die Summe der quadrierten Abweichungen der Einzelwerte vom arithmetischen Mittel dieser Zahlenreihe.

[5]) Mit Hilfe des F-Tests kann geprüft werden, ob das R^2 nur „zufällig" einen solchen hohen Wert zeigt, oder ob er mit genügender Sicherheit statistisch signifikant ist. Vgl. dazu z. B. H. Gollnick, a. a. O., S. 99.

Als weitere Prüfgrößen können für die einzelnen Regressionskoeffizienten sogenannte Standardfehler errechnet werden. Mit Hilfe des t-Tests kann dann geprüft werden, ob der „wahre Regressionskoeffizient" mit genügender Sicherheit von Null verschieden ist. Vgl. dazu z. B. T. Yamane, Statistics, An Introductory Analysis, 2. Aufl., New York, London, Tokyo 1967, S. 415 ff.; H. Gollnick, a. a. O., S. 63 ff.

Weiterhin muß der sogenannte Autokorrelationstest durchgeführt werden. Alle Tests geben für das Beispiel an, daß die gefundenen Zusammenhänge hoch signifikant sind.

d) Ökonomische Anwendung

Auf den in Gleichung (6) gefundenen Zusammenhang kann die Unternehmung eine Absatzprognose für 1970 stützen und den Einsatz der Werbemittel planen. Dabei wird von den Zufallsschwankungen zunächst abgesehen (vgl. Gleichung (8)).

$$(8) \qquad Y_t = 204{,}4 + 1{,}507\, X_t^{(1)} + 160{,}8\, X_{t-1}^{(2)}$$

Da das Einkommen der Abnehmerbranche aus dem Jahr 1969 mit 3,5 bereits in Tabelle 1 vorliegt, hängt der Absatz nur noch von den Werbeausgaben ab. Besteht ein fester Werbeetat, so kann diese Größe eingesetzt werden, und der vermutete Absatz ist bekannt. Häufig soll aber der Werbeeinsatz erst gewinnmaximal ermittelt werden.

Dazu muß die Gewinngleichung

$$(9) \qquad G_{70} = Y_{70} \cdot p - K(Y_{70}) - X_{70}^{(1)}$$

aufgestellt werden, in der p der konstante Preis des Produkts und K(Y) die Produktionskosten in Abhängigkeit von der Produktionsmenge angeben. Wenn für die Produktionskosten der Kostenverlauf $K(Y) = 80\,000\,000 + 15\, Y^2$ angesetzt wird und der Preis gleich 60 000 DM pro ME ist, so lautet die vollständige Gewinngleichung nach Beachtung der Relation (8)

$$(10) \quad G_{70} = (204{,}4 + 1{,}507\, X_{70}^{(1)} + 562{,}9) \cdot p - 80 \text{ Mio} - 15\,(767{,}3 + 1{,}507\, X_{70}^{(1)})^2 - 10\,000 \cdot X_{70}^{(1)}$$

Diese Gleichung ist nach der Unbekannten $X_t^{(1)}$ zu differenzieren und die erste Ableitung gleich 0 zu setzen. Daraus errechnet sich eine optimale Höhe des Werbebudgets in Höhe von 6 710 000 DM.

Die optimale Absatzmenge ist dann für das kommende Jahr gleich 1 780 ME. Bei der endgültigen Entscheidung ist zu berücksichtigen, daß die prognostizierte Absatzmenge durch Zufallseinflüsse verändert werden kann. Aus Abb. 1a geht hervor, in welcher Bandbreite diese Zufallsschwankungen zu erwarten sind[6]).

II. Schätzung von Trend und Saison mit Hilfe der Methode der kleinsten Quadrate

Die bei der Regressionsanalyse angewandte Schätzmethode kann auch bei Problemen der formalen Zeitreihenanalyse herangezogen werden. Wenn eine multiplikative Verknüpfung zwischen Trend und Saison vorliegt, empfiehlt sich an Stelle des Phasendurchschnittsverfahrens[7]) die Anwendung der „Methode der kleinsten Quadrate".

---

[6]) Im vorliegenden Beispiel wird der optimale Absatz durch die steigenden Produktionskosten begrenzt. Das Unternehmen ist damit vor die Frage gestellt, ob Rationalisierungs- und/oder Erweiterungsinvestitionen vorgenommen werden sollen. Würde dadurch der Absatz erheblich ausgeweitet, so müßten den Beziehungen zwischen Absatz und Werbeausgaben bzw. Kaufkraft, wie sie in Abb. 1a und 1b dargestellt sind, im Absatz der Regressionsgleichung Rechnung getragen werden. Ein halblogarithmischer Ansatz:

$$(1a) \quad Y_t = a + b \cdot \log X_t^{(1)} + c \cdot \log X_t^{(2)} + U_t$$

würde der mit wachsendem Niveau abnehmenden Absatzsteigerung der Einflußfaktoren entsprechen.

[7]) Zum Phasendurchschnittsverfahren und deren Ergebnisse vgl. den Beitrag in Bd. 10. Dort sind auch die Ursprungsdaten des Beispiels in den Abbildungen 4 und 5 angegeben.

Im Gegensatz zum ersten Verfahren wird nicht nur e i n e Reihe, die Ursprungsreihe, betrachtet, sondern es wird ein Schätzmodell aufgestellt, in dem die zu erklärende Ursprungsreihe durch eine Zeitreihe t_{ij} erklärt werden soll.

Dabei wird für alle sechs Teilperioden ($j = 1, 2, \ldots, 6$) jeweils folgende Regressionsgleichung aufgestellt:

(11) $$X_{i,j} = a_j + b_j t_i + Z_{ij} \text{ für } j = 1, 2, \ldots, 6$$

Die Größe t_i in (11) gibt dabei die Betrachtungsjahre an, d. h. hier in aufsteigender Reihenfolge die Zahlen von 0 bis 8. Im ersten Jahr setzt sich der Absatz X_{0j} nur aus dem absoluten Glied a_j zuzüglich der Zufallsgröße zusammen, in den folgenden Jahren steigt er jeweils um den Betrag b_j.

In Gleichung (11) sind die beiden Koeffizienten a_j und b_j unbekannt. Sie sollen nun so geschätzt werden, daß die Summe der Quadrate der Abweichungen aus den Ursprungswerten und den Schätzwerten minimiert wird; mithin soll gelten[8]):

(12) $$\sum_i [X_{ij} - (a_j + b_j t_i)]^2 \rightarrow \text{Min.}$$

Gleichung (12) ist der übliche Ansatz der Methode der kleinsten Quadrate, wie er oben vorgeführt wurde.

Insgesamt ergeben sich jeweils für die beiden betrachteten Absatzreihen sechs „Trends" der Teilperioden. Die Regressionskoeffizienten a_j und b_j sind in Tabelle 3 aufgeführt, die geschätzten Gleichungen selbst in Abb. 5 und 6 eingezeichnet[9]).

Aus Abb. 5 und Tabelle 3 geht hervor, daß hier die Steigungen der einzelnen Trends annähernd gleich sind. Von Jahr zu Jahr ist demnach in allen Teilperioden der Absatzanstieg annähernd gleich groß, wobei der jährliche Anstieg auf den Gesamttrend der Absatzentwicklung zurückgeht. Dessen Anstieg $\bar{b}$ läßt sich als arithmetisches Mittel aus den b_j errechnen und ist ebenfalls in Tabelle 2 eingetragen.

Die Absatzunterschiede in den Teilperioden der einzelnen Jahre sind damit nur auf die unterschiedlich hohen Konstanten a_j zurückzuführen. Diese drücken mithin den Saisoneinfluß aus. Wenn das Mittel aus den a_j gebildet wird, so erhält man das absolute Glied $\bar{a}$ des Gesamttrends; die Differenzen $a_j - \bar{a}$ stellen die Niveauverschiebungen der Teilperioden zu dem Trend dar – sind also im additiven Modell die Saisonnormalen. Diese Werte sind in Tabelle 4 eingetragen und können dort mit den effektiven Werten verglichen werden.

Es zeigt sich, daß die Ergebnisse die effektiven Werte recht genau annähern.

In Abb. 6 sind die Steigungen der einzelnen Trends dagegen unterschiedlich hoch. Die Steigungen werden um so steiler, je höher das absolute Glied des einzelnen Trends ist. Je höher demnach die Werte der Teilperioden sind, desto stärker ist ihr

[8]) Der Ausdruck in der runden Klammer wird im weiteren mit T_{ij} bezeichnet.

[9]) Damit sich die a_j alle auf den gleichen Ursprung beziehen, muß vorher noch eine Korrektur vorgenommen werden.

Anstieg in der Zeit. Dieser Effekt war aber gerade als Merkmal einer multiplikativen Verknüpfung zwischen Saison und Trend erkannt worden (vgl. dazu Abb. 2 und 3 in Bd. 10). Auch in diesem Fall wird der Anstieg des Gesamttrends als arithmetisches Mittel der b_j errechnet und in gleicher Weise das absolute Glied $\bar{a}$ als arithmetisches Mittel der a_j.

Teilperiode	Regressionskoeffizienten der Teilperiodentrends			
	Produkt 1		Produkt 2	
	Konstante (a_j)	Steigung (b_j)	Konstante (a_j)	Steigung (b_j)
J/F	190,76	59,0	210,76	40,8
M/A	350,42	62,4	350,42	74,4
M/J	263,68	59,5	243,68	47,4
J/A	229,70	59,6	209,70	41,1
S/O	338,96	60,5	388,96	78,5
N/D	411,20	61,8	471,21	97,8
jährlicher Durchschnittstrend	297,46	60,5	312,45	63,2
zweimonatlicher Durchschnittstrend	297,46	10,08	312,45	10,58

Tabelle 3

Teilperiode	Saisonnormale für Produkt 1 (additive Verknüpfung)		Saisonnormale für Produkt 2 (multiplikative Verknüpfung)	
	effektiv	Methode der kleinsten Quadrate	effektiv	Methode der kleinsten Quadrate
J/F	−110	−106,7	0,7	0,67
M/A	+ 60	+ 52,9	1,2	1,12
M/J	− 40	− 33,8	0,8	0,78
J/A	− 70	− 67,8	0,7	0,67
S/O	+ 40	+ 41,5	1,3	1,24
N/D	+120	+113,8	1,6	1,50
Durchschnittstrend	300+10 t	297,5+10,1 t	300+10 t	300+10,5 t

Tabelle 4

Die Saisonnormalen müssen nun aber multiplikativ mit dem Trend verknüpft werden. Sie ergeben sich im Gegensatz zum additiven Modell nicht als Differenzen $a_j - \bar{a}$, sondern als Quotienten $\frac{a_j}{\bar{a}}$. Auch diese Werte sind in Tabelle 4 eingetragen und demonstrieren, daß die Methode der kleinsten Quadrate gegenüber der Phasendurchschnittsmethode auch bei multiplikativer Verknüpfung zwischen Trend und Saison genauere Ergebnisse liefert. Für Prognosezwecke ist die Methode der kleinsten Quadrate ebenfalls besser geeignet. Der Trend bezieht sich nunmehr auf den gesamten Betrachtungszeitraum und kann ohne Schwierigkeiten extrapoliert werden.

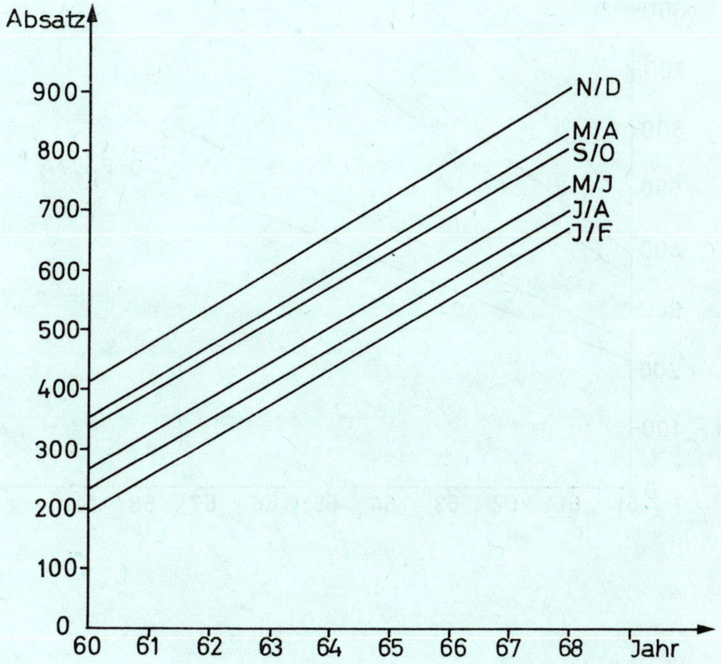

Auch können mit dieser Methode gemischte Modelle gelöst werden, d. h. wenn in einigen Teilperioden die Saison multiplikativ und in anderen additiv mit dem Trend verknüpft ist.

Die Entscheidung über die Art der Verknüpfung kann auf Grund der Differenz zwischen dem Anstieg des Gesamttrends $\bar{b}$ und den einzelnen b_j getroffen werden.

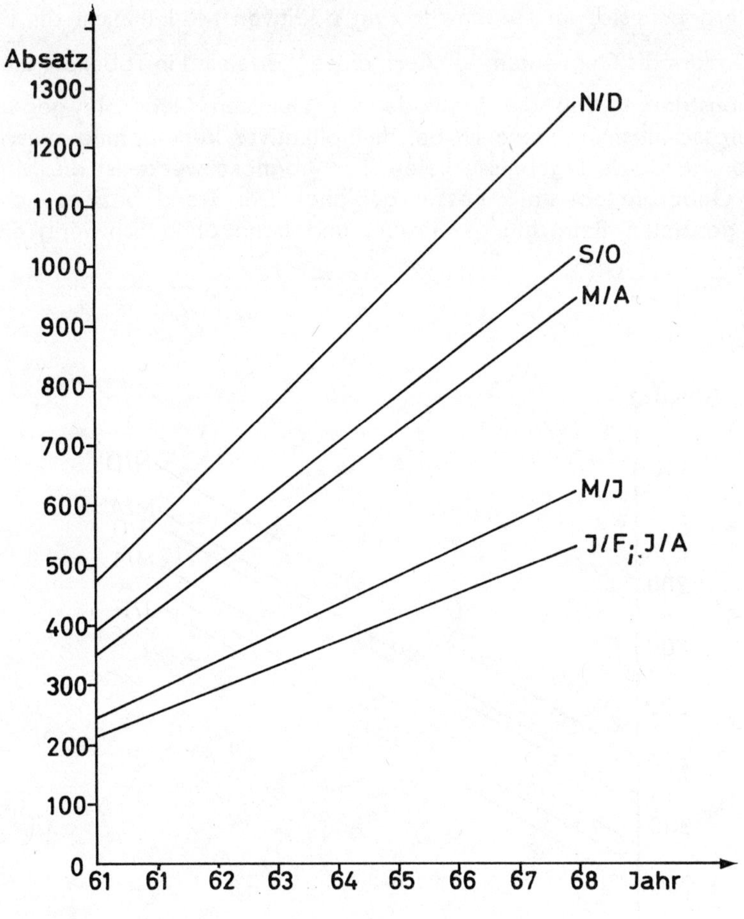

Druckfehlerberichtigung:

Die Formel für die korrigierte Saisonnormale in Band 10 S. 104 lautet richtig:

$$\overline{S}_j = S_j - |S_j| \frac{\sum_{k=1}^{n} S_k}{\sum_{k=1}^{n} |S_k|}$$

Fragen und Antworten

Zur Erläuterung der veröffentlichten Aufsätze

Erläuternde Fragen zum Themenkreis „Zielanalyse als Grundlage rationaler Unternehmungspolitik" von Prof. Dr. Edmund Heinen

Frage: **Was ist eine Entscheidung?**

Antwort:

Eine Entscheidung ist die als Abschluß eines Willensbildungsprozesses bewußt vollzogene Wahl einer Handlungsalternative (S. 8).

Frage: **Welche grundsätzlich verschiedenen Arten von Entscheidungen gibt es?**

Antwort:

Es lassen sich zwei Gruppen von Entscheidungen unterscheiden:

1. Zielentscheidungen: Es handelt sich dabei um die autonome Festlegung der Ziele, die im Rahmen der Unternehmertätigkeit angestrebt werden sollen.
2. Mittelentscheidungen: Das ist die Auswahl der Mittel, die geeignet sind, die unter 1. festgelegten Ziele zu erreichen (S. 8).

Frage: **Was ist ein Entscheidungsprozeß, und wie läßt er sich charakterisieren?**

Antwort:

Der gesamte Vorgang der Willensbildung mit der Entscheidung als Abschluß stellt den Entscheidungsprozeß dar. Jeder Entscheidungsprozeß läßt sich durch drei Phasen kennzeichnen:

1. Anregungsphase (Feststellung des Wahlproblems)
2. Suchphase (Aufsuchen von Handlungsalternativen)
3. Optimierungsphase (Auswahl der im Hinblick auf die Zielsetzung günstigsten Handlungsalternative) (S. 9).

Frage: **Was sind Entscheidungsdeterminanten?**

Antwort:

Entscheidungsdeterminanten sind Einflußgrößen, die in der Realität bei Entscheidungen wirksam werden. Es sind dies:

1. das Zielsystem des Unternehmens in qualitativer und quantitativer Hinsicht;
2. das Informationssystem;
3. das Sozialsystem (die Entscheidungsträger und die Art ihrer Beziehungen).

Die Entscheidungsdeterminanten sind miteinander verknüpft und bilden die Ansatzpunkte für Verbesserungen der Unternehmensentscheidungen in der Praxis (S. 9 ff.).

Frage: **Woraus besteht die Zielfunktion einer Unternehmung?**

Antwort:

Die Zielfunktion ist die geordnete Zusammenfassung aller im Rahmen der Unternehmenspolitik verfolgten Ziele unter Beachtung der zwischen den einzelnen Zielen bestehenden Verknüpfungen (S. 12).

Fragen und Antworten zur Erläuterung der veröffentlichten Aufsätze

Frage: **Welche Aufgaben hat die empirische Zielforschung zu erfüllen?**

Antwort:

Im Rahmen einer empirischen Zielforschung soll Aufschluß gewonnen werden über Art, Ausmaß und relative Bedeutung einzelner Ziele in der praktischen Unternehmenspolitik. Weiterhin wird untersucht, welcher Personenkreis in welcher Weise im Unternehmen an der Zielbildung beteiligt ist und wie die Ziele gegebenenfalls im Zeitablauf variieren (S. 12).

Frage: **Mit welchen Methoden kann die empirische Zielforschung ein Bild von vorherrschenden Unternehmenszielen erhalten?**

Antwort:

Es sind zwei Methoden zu nennen:

1. Die indirekte Methode: Hier werden Mittelentscheidungen (z. B. Investitions- und Preisentscheidungen) auf die dahinter stehenden Ziele untersucht. Bei dieser Methode kann es leicht zu Fehldeutungen kommen (S. 13 ff.).
2. Die direkte Methode: In diesem Fall wird die Zielforschung mit Interviews oder schriftlichen Befragungen der Unternehmer durchgeführt. Auch diese Methode ist problematisch (S. 16 ff.).

Frage: **Welches ist die Aufgabe der betriebswirtschaftlich-theoretischen Zielanalyse?**

Antwort:

Eine rationale Unternehmenspolitik ist nur möglich, wenn die Ziele fixiert sind im Hinblick auf:

1. Inhalt
2. erstrebtes Ausmaß
3. zeitlichen Bezug

Diese Festlegung ist der Inhalt der betriebswirtschaftlichen Zielanalyse (S. 12).

Fragen und Antworten zur Erläuterung der veröffentlichten Aufsätze

Frage: **Welchen Inhalt kann das Ziel Gewinnstreben im Einzelfall haben?**

Antwort:

Gewinn als Zielgröße kann auf folgende Weise angestrebt werden:

1. als absoluter Gewinn
   a) Kapitalgewinn
   b) pagatorischer Gewinn
   c) kalkulatorischer Gewinn
2. als relativer Gewinn
   a) Gesamtkapitalrentabilität
   b) Eigenkapitalrentabilität

   (S. 19 ff.).

Frage: **Inwiefern ist die Gesamtkapitalrentabilität als Zielgröße wenig sinnvoll?**

Antwort:

Bei einer Maximierung der Gesamtkapitalrentabilität wird der Einfluß der Kapitalstruktur (das Verhältnis Eigen- zu Fremdkapital) auf die Zielerreichung vernachlässigt. Es wird nicht berücksichtigt, daß die Fremdkapitalzinsen — vom Unternehmen her gesehen — kein Gewinnbestandteil sind (S. 20).

Frage: **Auf welche Weise kann das Ausmaß, in dem ein Ziel anzustreben ist, festgelegt werden?**

Antwort:

Unterscheiden lassen sich das Streben nach optimalen und befriedigenden Handlungsalternativen. Der Entscheidungsträger kann versuchen, Alternativen zu ermitteln, für die die Zielgrößen optimale Werte annehmen oder er kann die Suche nach Lösungen abbrechen, sobald er eine gefunden hat, für die die Zielgrößen nach seiner Ansicht befriedigende Werte annehmen (Erfüllung des Anspruchsniveaus) (S. 21 ff.).

Frage: **Welchen Einfluß hat die zeitliche Dimension der Ziele auf die Entscheidung?**

Antwort:

In Abhängigkeit vom zeitlichen Bezug der Ziele umfaßt das Entscheidungsproblem zumindest zum Teil jeweils andere Entscheidungsvariable und Daten, was wiederum einen Einfluß auf die günstigste Lösung des Problems hat. Somit ist der Zeitaspekt von ausschlaggebender Bedeutung für die Wahl der Lösungsalternative (S. 22 ff.).

Frage: **Wie können die einzelnen Ziele zur Charakterisierung ihrer Verknüpfungen untereinander näher gekennzeichnet werden?**

Antwort:

Je nach der Art der gewählten Ziele, den individuellen Präferenzen des Entscheidungsträgers oder bestimmten Zweck-Mittel-Beziehungen lassen sich drei Gruppen unterscheiden:

1a) komplementäre Ziele: Die Erfüllung eines Zieles bedeutet die gleichzeitige Erfüllung des komplementären Zieles;

b) konkurrierende Ziele: Eine Verbesserung im Hinblick auf ein Ziel zieht eine Verschlechterung bei einem anderen Ziel nach sich (die häufigste Beziehung in der Realität);

c) indifferente Ziele: die Ziele sind voneinander unabhängig.

2. Haupt- und Nebenziele: Die Nebenziele werden nur insoweit angestrebt, wie sich daraus keine Nachteile für die Erfüllung der Hauptziele ergeben.

3. Ober-, Zwischen- und Unterziele: Es gibt Ziele, zwischen denen ein Zweck-Mittel-Zusammenhang besteht, und zwar in der Weise, daß die Zwischen- bzw. Unterziele Mittel zur Erreichung des Oberziels darstellen. Die Zwischen- oder Unterziele können in einzelnen Abteilungen des Unternehmens das Oberziel in

den dort anfallenden Entscheidungsprozessen ersetzen und so zu einer Ausrichtung aller Aktivitäten auf das Oberziel beitragen. Eine derartige Ausrichtung der gesamten Unternehmensorganisation auf das Oberziel ist jedoch nur möglich, soweit zwischen den Zielen Komplementarität besteht (S. 24 ff.).

Erläuternde Fragen zum Themenkreis „Aufgaben des Unternehmers" von Dr. Kurt A. Körber

Frage: In welchem Spannungsfeld divergierender Kräfte steht der Unternehmer heute?

Antwort:

Jeder Unternehmer muß sich um ein Denken bemühen, das nicht nur den ökonomischen, sondern auch den gesellschaftlichen und politischen Tatbeständen Rechnung trägt, weil zwischen Wirtschaft, Staat und Gesellschaft nicht auflösbare Zusammenhänge bestehen.

Zum einen muß jede betriebspolitische Maßnahme der ökonomischen Forderung nach Produktivität und Rentabilität gerecht werden; zum anderen sind die Bedingungen und Ansprüche der Belegschaft sowie die Forderungen der Gesellschaft und des Staates zu beachten (S. 28 f.).

Frage: Welche Typen von Unternehmern lassen sich grundsätzlich unterscheiden?

Antwort:

Man kann folgende Unternehmertypen bilden (S. 30).

a) den Pionierunternehmer, der die Frühphase der industriellen Entwicklung bestimmte, aber in einer entwickelten Industriegesellschaft mehr und mehr an Bedeutung verliert, wiewohl sie ihn nicht entbehren kann;

b) den selbständigen Unternehmer unserer Zeit, bei dem Kapital und Führung in e i n e r Hand liegen;

c) den Typ des Manager-Unternehmers, den wir vor allem in den Großbetrieben antreffen. Bei ihm ist die Trennung von Unternehmensführung und Kapital vollzogen. Er ist rein juristisch ein Angestellter, in seiner Funktion aber ein Unternehmer.

Frage: Wie sieht die soziologische Situation des Unternehmers in der heutigen Gesellschaft aus?

Antwort:

Die soziologischen Konsequenzen aus dem vielschichtigen Bild der Unternehmer — vgl. die vorhergehende Frage — sind:

a) Die Unternehmer bilden keine gemeinsame „Klasse" oder Schicht: Der Generaldirektor, der kleine Einzelhändler, der Fuhrunternehmer usw. bilden nicht einmal eine in sich geschlossene Gruppe, weder was die objektiven Merkmale einer

Gruppe anbelangt (Statusgleichheit und Verhaltenskonformität), noch was das Bewußtsein des einzelnen betrifft, sich mit den anderen in einer gemeinsamen Gruppe zu befinden (S. 30).

b) Die Solidarität der Unternehmer ist nicht vergleichbar mit der Solidarität anderer Verbände, beispielsweise der Gewerkschaften: Ursachen der fehlenden Solidarität sind nicht nur die Unterschiedlichkeit der Betriebs- und Unternehmensgrößen, die Verschiedenartigkeit der Branchen und Marktinteressen, sondern auch die Konkurrenz zwischen den Unternehmern selbst (S. 30 ff.).

c) Die Unternehmer bilden keine politische Führungsschicht in der Gesellschaft: Dies folgt zum einen bereits aus den Punkten 1 und 2, zum anderen aus folgendem: Die Unternehmer sind ganz auf Aufgaben konzentriert, die ihnen ihr Betrieb und ihr Absatzmarkt stellt; es verbleibt ihnen daher wenig Zeit für persönliche Einflußnahme in der Politik (S. 31).

Frage: Wie kann der Unternehmer eine innere Bereitschaft aller Betriebsangehörigen für eine erfolgreiche Zusammenarbeit erreichen?

Antwort:

Eine solche arbeitsbezogene Haltung bei den Betriebsangehörigen kann nur erzielt werden:

a) durch Befriedigung ihrer menschlichen Grundbedürfnisse nach Sicherheit, Anerkennung, Gerechtigkeit usw. (S. 31 ff.).

b) durch Teamarbeit, die dem einzelnen eine volle Entfaltung seiner Fähigkeiten ermöglicht (S. 32 und 37 ff.)

c) durch einen neuen Führungsstil, der in folgendem besteht: Es ist ein qualifiziertes oberstes Führungsteam als zweite, zumindest jedoch als vorbereitende Instanz unternehmerischer Entscheidung heranzubilden (S. 32 und S. 38).

Frage: Aus welcher Überlegung läßt sich die gesellschaftspolitische Aufgabe des Unternehmens ableiten?

Antwort:

Jedes Unternehmen lebt aus den Voraussetzungen, die ihm die Gesellschaft ihrerseits bietet. Deshalb dürfen sowohl der Arbeitgeber als auch seine Mitarbeiter das Unternehmen nicht als ein Objekt betrachten, das nur ihren eigenen Interessen zu dienen hat. Vielmehr muß ein Teil des erwirtschafteten Gewinnes der Allgemeinheit zukommen, und zwar nicht nur in Form von steuerlichen Abgaben, sondern auch durch freiwillige Beiträge.

Fragen und Antworten zur Erläuterung der veröffentlichten Aufsätze

Frage: **Durch welche rechtliche Gestaltung kann die gesellschaftspolitische Aufgabe des Unternehmens erfüllt werden?**

Antwort:

Die gemeinnützige Stiftung ist ein geeigneter Weg, allen — also nicht nur der eigenen Belegschaft — einen Teil des erzielten Gewinnes zugute kommen zu lassen, z. B. für den Bau von Fachschulen, Altersheimen, Studentenwohnheimen u. ä. (S. 34 ff.).

Frage: **Wie sollte sich ein Gremium zusammensetzen, das über die Nachfolge des (obersten) Geschäftsführers zu entscheiden hat?**

Antwort:

Die Mehrzahl der Personen dieses Gremiums sollte durch die Funktionen, die sie innerhalb oder außerhalb des Unternehmens erfüllen, über Bestand, Aufgaben und Entwicklungsmöglichkeiten des Unternehmens besonders gut unterrichtet sein. Darüber hinaus müßten in dem Gremium Persönlichkeiten vertreten sein, die auf Grund ihrer Position qualifiziert erscheinen, bei der Wahl des Nachfolgers im gesellschaftspolitischen Interesse mitzubestimmen.

Frage: **Auf welche Weise kann die Auswahl von Vorgesetzten besonders effizient gestaltet werden?**

Antwort:

Eine erfolgversprechende Auswahl von Vorgesetzten kann im Wege einer sog. „Stufenselektion" erfolgen. Hierbei ermittelt die Geschäftsleitung den Kandidaten im Einvernehmen mit

a) den zukünftigen Vorgesetzten des Kandidaten,

b) den Mitarbeitern, deren direkter Vorgesetzter der Kandidat werden soll, und

c) dem Vorsitzenden des Betriebsrates und seines Stellvertreters.

In einem geheimen Abstimmungsverfahren muß der Kandidat mindestens die einfache Mehrheit der Stimmen erhalten (S. 36 ff. und Schaubild).

Fragen und Antworten zur Erläuterung der veröffentlichten Aufsätze

Frage: **Wie kann bei einer Gewinnbeteiligung der Arbeitnehmer zum einen die Gleichheit aller, zum anderen die individuelle Leistung berücksichtigt werden?**

Antwort:

Dem Prinzip der Gleichheit aller Mitarbeiter kann dadurch Rechnung getragen werden, daß jeder Mitarbeiter — unabhängig von seinem Einkommen — eine gleich hohe Lebensversicherungsprämie erhält (S. 40).

Daneben erhält jeder Mitarbeiter für jede während des Arbeitsjahres als Lohn oder Gehalt verdiente Mark den gleichen Zuschlag, dessen Höhe sich aus der Umlage der Erfolgsbeteiligung abzüglich der Versicherungsprämien ergibt. Auf diese Weise wird die individuelle Leistung des Mitarbeiters berücksichtigt (S. 40 ff.).

Frage: **Welche Bedenken lassen sich gegen eine „paritätische Mitbestimmung" erheben?**

Antwort:

Durch die Übernahme unternehmerischer Aufgaben und Entscheidungen würden die Gewerkschaften ihr Mandat zur Repräsentation der Arbeitnehmerschaft spalten und es letztlich aufgeben müssen (S. 41 ff.).

Erläuternde Fragen zum Themenkreis „Der Dualismus in der Zielsetzung des Industrieunternehmens" von Dipl.-Kfm. H. Bendix

Frage: **Hat die Einbeziehung der Kybernetik in die Betriebswirtschaftslehre die Diskussion um das Thema „Zielsetzungen der Unternehmung" in neue Bahnen gelenkt?**

Antwort:

Die Behandlung dieses Problemkreises mit Hilfe der Kybernetik hat zwar nicht unmittelbar bessere Zielkriterien hervorgebracht, aber es sind Zusammenhänge sichtbar geworden, die klarer als bisher zeigen, inwieweit das Ziel „maximaler Gewinn" mit anderen für das Unternehmen bedeutsamen Zielen sinnvoll integriert werden kann (S. 44).

Frage: **Was ist von einem Management bei der Festlegung von Unternehmenszielen besonders zu beachten?**

Antwort:

Das Unternehmen kann als steuerbares Teilsystem der Volkswirtschaft, die einzelnen Bereiche eines Betriebes als Systemteile eines eigenen Steuerungssystems aufgefaßt werden. Auf jeder einzelnen dieser Systemebenen wirken zum Teil recht gegensätzliche Kräfte aufeinander ein. Die besondere Aufgabe der Unternehmensleitung ist es nun, sich ständig damit auseinanderzusetzen, wie im Zeitablauf diese Kette von entgegengesetzten Zielgrößen aufeinander abgestimmt und in einen Gleichgewichtszustand gebracht werden kann (S. 44).

Frage: **Gibt es objektive Kriterien, nach denen eine Unternehmensleitung bestehende Gleichgewichte im Zielsystem erhalten, bzw. die Anpassung an neue Gleichgewichtszustände steuern kann?**

Antwort:

Die Unternehmensleitung bedient sich zunehmend mathematischer Modelle, um bestimmte Gleichgewichte zwischen entgegengesetzten Zielgrößen rechenbar zu machen. Allerdings hängen die Ergebnisse derartiger Rechnungen von dem individuellen Akzent ab, den ein Management den jeweiligen Ansätzen bereits bei der Modellformulierung gibt. Die Richtung, in die sich das angestrebte Gleichgewicht im Zielsystem der Unternehmung bewegt, wird somit auch stark von subjektiven Kriterien bestimmt.

Fragen und Antworten zur Erläuterung der veröffentlichten Aufsätze

Frage: **Welche Ursachen können ein Management dazu veranlassen, die ursprünglich vorgesehene Richtung der Entwicklung einzelner Unternehmensbereiche nachträglich zu verändern?**

Antwort:

Bei der Durchsetzung seiner Ziele kann ein Unternehmen auf Störungen endogener und exogener Art stoßen, die im Interesse der Verfolgung des Hauptziels des Unternehmens Veränderungen innerhalb bestimmter betrieblicher Teilbereiche erforderlich werden lassen. Nur die richtige Einschätzung der Auswirkungen solcher Störfaktoren auf die Unternehmung kann zu realisierbaren Zielen und zu einer entsprechenden Anpassung der Aktionsrichtung an die neue Datensituation führen. Es bedarf insbesondere einer ständigen Überprüfung der Entwicklung des Kräfteverhältnisses in Systemen, die dem Unternehmen übergeordnet sind. So können z. B. Veränderungen im Bereich des Wettbewerbs oder staatlicher Dirigismus, verstärkte Konsumentenpositionen u. a. m. die Aktionsmöglichkeiten eines Unternehmens erheblich verändern bzw. beeinträchtigen (S. 46).

Frage: **Inwieweit sind entstehende Abweichungen von den vorgegebenen Planzahlen auf die Tätigkeit in den einzelnen Teilbereichen des Unternehmens zurückzuführen?**

Antwort:

Eine der wichtigsten Ursachen, die Zielabweichungen auftreten lassen, ist zweifellos das Leistungsverhalten in den einzelnen Unternehmensteilen.

In gleichem Ausmaß muß jedoch geprüft werden, ob nicht bereits die Voraussetzungen, die als Erwartungswerte bei der Zielsetzung berücksichtigt wurden, einer Veränderung unterlagen und somit Abweichungen induziert haben (S. 48).

Frage: **Welchen Aussagewert haben Abweichungen vom Periodenziel als Steuerungs- und Entscheidungskriterium?**

Antwort:

In Branchen, die nur geringen exogenen Störeinflüssen ausgesetzt sind, kann das Arbeiten mit kurzfristigen Soll-Ist-Vergleichen für die Unternehmensleitung gerade noch ausreichend sein. Demgegenüber verlieren Abweichungen vom (kurzfristigen) Periodenziel um so mehr an Aussagewert, je größer der Umfang stochastischer Störfaktoren ist, die sich z. B. aus dem Wettbewerbsverhalten, dem Konsumverhalten der Verbraucher, dem technischen Bereich usw. ergeben (S. 49).

Fragen und Antworten zur Erläuterung der veröffentlichten Aufsätze

Frage: Soll die Unternehmensleitung auf Abweichungen vom bisherigen Planziel unmittelbar reagieren?

Antwort:

Da die Aktions- und Reaktionsvorgänge in allen miteinander verflochtenen Systemen und Systemteilen unter unsicheren Datenerwartungen erfolgen, ist es fraglich, ob sich jede auftretende Abweichung als nachhaltig erweist und durch entsprechende Anpassungsmaßnahmen beseitigt werden soll. Unvorhersehbare Veränderungen der maßgeblichen Einflußfaktoren können den Zweck einer angestrebten Anpassungsmaßnahme aufheben oder sogar die gesamte Entwicklung der Unternehmen negativ beeinflussen.

Eine gewisse Schwerfälligkeit in der Reaktion der Unternehmung verhindert oft zwangsläufig viele Aktionen, die sich im Nachhinein als voreiliges und überflüssiges Handeln herausgestellt hätten (S. 51).

Frage: Wovon hängt die zielgerechte Steuerung einer Unternehmung ab?

Antwort:

Die besondere Schwierigkeit, ein Unternehmen zielgerecht zu steuern, liegt in der zunehmenden Komplexität der wirksam werdenden Einflußfaktoren und in der Gefahr, über Informationen von nur ungenügender Qualität zu verfügen. Trotz der Möglichkeiten, die heute Computer und moderne Nachrichtenmittel für die Errechnung und Übermittlung besserer Informationen bieten, sind deisen Bemühungen auf Grund des nach wie vor bestehenden Unsicherheitsproblems natürliche Grenzen gesetzt (S. 53 ff.).

Erläuternde Fragen zum Themenkreis „Zur Organisation von Entscheidungsprozessen" von Professor Dr. Knut Bleicher

Frage: **Was versteht man unter einem Entscheidungsprozeß?**

Antwort:

Eine menschliche Entscheidung ist jede bewußt vorgenommene Wahl einer von mehreren möglichen Alternativen zur Beeinflussung der Umweltsituation.

In vielen Fällen steht jedoch die Entscheidung am Ende eines Prozesses, der sich in einzelne Stufen oder Phasen unterteilen läßt, z. B. Gewinnung von Informationen, Analyse und Verdichtung der Information, Erkennen der einzelnen Alternativen und schließlich Wahl der günstigsten Alternative. Diese Phasen faßt man unter dem Begriff „Entscheidungsprozeß" zusammen (S. 56 ff.).

Frage: **Sind Entscheidungen organisierbar?**

Antwort:

Einmalige Wahlhandlungen können nicht generell geregelt und daher nicht organisiert werden. Voraussetzung für die Organisation von Entscheidungen ist 1. häufige Wiederholung und 2. die Vorhersehbarkeit aller relevanten Einflußgrößen auf die Wahlhandlung. Je besser diese beiden Bedingungen erfüllt sind, um so höher kann der Organisationsgrad der Entscheidungen gewählt werden S. 58 ff.).

Frage: **Welche organisatorischen Gestaltungsmöglichkeiten von Entscheidungsprozessen sind denkbar?**

Antwort:

Jede Organisation muß die drei Elemente: Aufgaben, Personen und Sachmittel zu einem System integrieren. Im wesentlichen bieten sich hier drei Gestaltungsmöglichkeiten an.

1. Zentralisation und/oder Dezentralisation der Entscheidungsprozesse (S. 61);
2. individuelle und/oder kooperative Erfüllung von Entscheidungsaufgaben (S. 61);
3. freie und/oder gebundene Kommunikationssysteme (S. 62).

Frage: **Welche Gründe sprechen für die Dezentralisierung von Entscheidungsaufgaben?**

Antwort:

Die Dezentralisation gibt den einzelnen Entscheidungsträgern einen größeren Ermessensspielraum. Dadurch wird ihre Eigenverantwortlichkeit, die zweifellos einen

Leistungsanreiz bietet, gestärkt. Darüber hinaus wird bei einer Dezentralisation des Entscheidungsprozesses gewährleistet, daß die Entscheidungen von den Personen getroffen werden, die den konkreten Problemen näherstehen. In der Regel werden jedoch in jeder Organisation Elemente der Zentralisation und Dezentralisation gemischt vorkommen (S. 61).

Frage: Wodurch werden kooperative Führungsformen charakterisiert?

Antwort:

Durch die individuelle Entfaltung der Persönlichkeit der arbeitenden Menschen ist heute weitgehend eine Abkehr von autokratischen Führungsformen hervorgerufen worden. Als neue Form bietet sich die kooperative Führung an. Ihre Kennzeichen sind 1. geringe Konkretisierung der Entscheidungsaufgaben (großer Ermessensspielraum), 2. Dezentralisation und 3. kooperative Lösung der Entscheidungsaufgaben (S. 62).

Frage: Wie sind die Entscheidungsanlässe organisatorisch zu gestalten?

Antwort:

1. Das Informationssystem des Unternehmens muß so beschaffen sein, daß Entscheidungsanlässe rechtzeitig von den Entscheidungsträgern erkannt werden. Dazu bedarf es einer organisatorischen Regelung von Informationsbeziehungen, damit die notwendige Übersicht der Entscheidungsträger über ihre Entscheidungsobjekte hergestellt werden kann (S. 62 ff.).
2. Unter dem Druck einer bereits eingetretenen Situation sind manchmal ad-hoc-Entscheidungen (Improvisationen) nötig, die nicht organisiert werden können (S. 63 ff.).
3. Dagegen ist es zweckmäßig, für die sogenannten Planentscheidungen, die den Kurs der Unternehmung im Ganzen oder in Teilbereichen festlegen, zu bestimmten Zeitpunkten einen künstlichen Entscheidungsanlaß herbeizuführen, um eine gewisse Kontinuität zu sichern (S. 64).

Frage: Was versteht man unter dem Phasentheorem des Entscheidungsprozesses?

Antwort:

Das Problem der Zerlegung des Entscheidungsprozesses in einzelne, voneinander abgegrenzte Aktivitäten (Phasen) wird als Phasentheorem bezeichnet. Sehr verbreitet ist folgende Unterteilung in sechs Stufen:

1. Problemstellung
2. Informationsbeschaffung

3. Sammlung der Alternativen
4. Alternativenbewertung
5. Auswahl der günstigsten Alternativen
6. Realisierung, Lernprozeß und Revision (S. 66).

In der Realität kommen jedoch auch Entscheidungsprozesse vor, die mit diesem Phasenschema nicht zerlegt werden können (S. 66).

Frage: Ist eine Analyse von Teilaktivitäten des Entscheidungsprozesses nötig?

Antwort:

Besteht die zu organisierende Entscheidung nicht nur aus einem punktuellen Akt, so muß der gesamte Entscheidungskomplex einer Analyse unterzogen werden, um seine Elemente und Beziehungen klar erkennen zu können. Die Erledigung der einzelnen Teilaktivitäten kann dabei an organisatorisch selbständige Stellen delegiert werden (S. 67).

Frage: Wie spielt sich die Verknüpfung der Teilaufgaben bei einem Entscheidungsprozeß konkret ab?

Antwort:

Zur endgültigen Entscheidung müssen die Teilaufgaben logisch (nicht unbedingt zeitlich) miteinander verknüpft werden. Dies wird konkret an einem ausführlichen hypothetischen Beispiel gezeigt (S. 68–70).

Der erste Aufgabenkomplex ist die Definition einer Führungsgröße (Zielvorstellung) und der konkreten Problemstellung (S. 67). Es folgt als zweite Aufgabe die Problemanalyse einschließlich der Informationssammlung. Nach der Synthese der Problemlösung schließt der Finalentschluß den Prozeß ab (S. 70).

Frage: Worin besteht die sogenannte Makroorganisation von Entscheidungsprozessen?

Antwort:

Unter der Makroorganisation versteht man die Einbettung eines Entscheidungsprozesses in die übergeordnete Organisationsstruktur, die sogenannte Entscheidungshierarchie (S. 23). Entscheidungsprozesse müssen auf allen Ebenen koordiniert werden. Zwei Formen kommen dafür in Betracht:

1. Austausch von Rückkoppelungs-Informationen. Dadurch werden Entscheidungen an veränderte Daten angepaßt.

2. Eine umfassende Gesamtplanung setzt Entscheidungsprämissen, durch die der Ermessensspielraum der Entscheidungsträger sehr eingeengt wird.

Frage: Welche charakteristischen Merkmale besitzt das personal-paternalistische Organisations- und Führungsmodell?

Antwort:

1. Das Modell beruht in hohem Maße auf der leitenden Persönlichkeit, die dem gesamten System Impulse der Steuerung und Regelung vermittelt.
2. Die Hierarchie ist flach und die Organisationsmöglichkeiten wenig entwickelt.
3. Die Flexibilität des Systems ist verhältnismäßig groß, dagegen sind die Entscheidungen häufig durch mangelnde Rationalität gekennzeichnet (S. 73).

Frage: Was zeigt die Analyse des hierarchischen Organisations- und Führungsmodells?

Antwort:

Das hierarchische Modell ist heute in der Praxis noch weitgehend vorherrschend. Seine hervorstechendsten Eigenschaften sind

1. Die Umweltverhältnisse werden als stabil angesehen. Daraus folgt die Tendenz, im System selbst möglichst vieles generell zu regeln, um die Entscheidungen programmierbar zu machen (S. 75).
2. Die Autorität des Systems steht über der der Persönlichkeit. Demzufolge sind mechanistische Züge bei der Behandlung der Mitarbeiter zu finden (S. 75).
3. Relativ starke Zentralisierung der Entscheidungsprozesse (S. 75).

Im Laufe der letzten Jahre ist das hierarchische System jedoch in mancher Hinsicht modifiziert worden, z. B. durch die Einrichtung von Stabsstellen und die modernen Formen des Produkt- und Projekt-Managements (S. 75).

Frage: Welche Entwicklungen sind bei einem systemorientierten Organisations- und Führungsmodell der Zukunft zu berücksichtigen?

Antwort:

1. Wachsender Anteil von kooperativen Arbeits- und Entscheidungsformen, sowie Verminderung des Anteils an Routineentscheidungsprogrammen (S. 76 ff.).
2. Die Autorität einer hierarchischen Stellung geht zugunsten persönlicher und fachlicher Autorität zurück (S. 76). Außerdem schreitet die mittelbare Demokratisierung der Unternehmen (Mitbestimmung) fort.
3. Das Organisationssystem wird zunehmend von der Automatisierung und von speziellen Systemtechniken der Datenverarbeitung geprägt (S. 76—80).

Erläuternde Fragen zum Themenkreis „Der Einfluß der elektronischen Datenverarbeitung auf Entscheidungsfindung und Entscheidungsprozeß" von Prof. Dr. P. Mertens

Frage: **Welche Entwicklungen erscheinen für eine fortschreitende Anwendung der EDV-Technik in den Bereichen des Entscheidungsprozesses relevant?**

Antwort:

Insbesondere folgende Entwicklungen erscheinen für die EDV-Anwendung bedeutend:

1. Die Bemühungen, dem Fernziel einer integrierten Datenverarbeitung näherzukommen, haben zunehmenden Erfolg und finden immer größere Anerkennung in der Praxis.
2. Das Teilnehmerrechnen (Time sharing) hat seine Anfangsschwierigkeiten überwunden und setzt sich immer mehr durch.
3. Auf dem Gebiet der Bildschirmein- und -ausgabe sind wesentliche Fortschritte erzielt worden.
4. Im Bereich der Software hat man gelernt, große elektronische Datenbanken effektiv zu verwalten und so die Anwendungsmöglichkeiten auszubauen.
5. Es hat sich als realisierbar erwiesen, EDV-Anwendungs-Systeme weitgehend unabhängig von einzelnen Unternehmen zu entwickeln und dann einzuführen S. 82 ff.).

Frage: **Was ist unter dem Begriff „Software" zu verstehen?**

Antwort:

Unter Software ist alles zusammengefaßt, was für Durchführung und Entwicklung der Organisation mit einer speziellen Datenverarbeitungsanlage von Bedeutung ist. Hierzu gehören z. B. Programmbibliotheken. Sie können enthalten:

1. Die Ausarbeitung von mehr oder weniger umfangreichen Routine- und Unterprogrammen;
2. die Übersetzer zu den verschiedensten Programmsprachen;
3. eine zusammenfassende Darstellung der Erfahrungen, die bei der Anwendung der EDV-Anlagen gesammelt worden sind (S. 82 ff.).

Fragen und Antworten zur Erläuterung der veröffentlichten Aufsätze

Frage: Welche Organisationsformen der Datenverarbeitung haben sich herausgebildet?

Antwort:

In jüngster Zeit hat sich eine Vielzahl von Organisationsformen herausgebildet, die auf den Entscheidungsprozeß unterschiedlichen Einfluß ausüben. Es erscheint angebracht, sie in zwei Hauptgruppen, nämlich Off-line-EDV und On-line-EDV zusammenzufassen.

1. Off-line-EDV

Die Datenträger werden zum Rechner transportiert und mit den bereits vorhandenen Daten verarbeitet. Im einzelnen kann unterschieden werden:

a) Es wird nur ein Datensatz geliefert und auch nur ein Ergebnis ermittelt.

b) Es werden mehrere alternative Datensätze durchgerechnet und dementsprechend mehrere Ergebnisse ermittelt.

c) Es wird ein Datensatz geliefert; der Rechner führt darüber hinaus eine Sensibilitätsanalyse (Empfindlichkeitsanalyse) durch.

2. On-line-EDV

Die Daten werden durch Fernübertragung zum Rechner geleitet und die Ergebnisse auf gleichem Weg zurückgemeldet. Hierbei ist zu unterscheiden:

a) Die EDV-Operation wird vom Menschen ausgelöst. Hier können die Daten

   a_1) stapelweise und nach einer bestimmten Priorität im Rechner verarbeitet werden (Stapelverarbeitung);

   a_2) sofort verarbeitet werden (Echtzeitverarbeitung z. B. mit Hilfe des Timesharing-Prinzips).

Sowohl bei a_1) als auch bei a_2) kann es sich handeln um

(1) reine Datenbankabfragen

(2) den Lauf von Verarbeitungsprogrammen. Bei Verarbeitungsprogrammen hat der Mensch Eingriffsmöglichkeiten.

b) Die EDV-Operation wird vom Rechner ausgelöst (S. 85 ff. und Abb. 2, S. 88).

Fragen und Antworten zur Erläuterung der veröffentlichten Aufsätze

Frage: Welche Wirkungen auf die Entscheidungsvorbereitung und den Entscheidungsprozeß können von der elektronischen Datenverarbeitung ausgehen?

Antwort:

Im einzelnen lassen sich folgende Wirkungen unterscheiden:

1. Die Entscheidungen erfolgen bei verbessertem Informationsstand.
2. Die Entscheidungen konzentrieren sich stärker auf das Wesentliche.
3. Routineentscheidungen werden automatisiert.
4. Massenentscheidungen werden verbessert.
5. Komplexe Entscheidungen werden verbessert.
6. Der Trend zur rationalen Entscheidung wird verstärkt.
7. Bei Einzelentscheidungen werden die Interdependenzen besser berücksichtigt.
8. Der Prozeß der Entscheidung durch mehrere Personen wird verbessert.
9. Es entsteht die Gefahr einer Überbetonung quantitativer Daten.
10. Es entsteht die Gefahr einer Überbetonung unternehmensinterner Daten (S. 86).

Frage: Welche Einzelwirkungen können dazu beitragen, daß die Entscheidungen mit Hilfe der EDV bei verbessertem Informationsstand getroffen werden?

Antwort:

Bei Führungsinformationen, die mit Hilfe der EDV gewonnen werden (sog. Management-Informations-Systeme) können i. d. R. folgende Einzelwirkungen unterstellt werden:

1. Die Information wird besser als bisher auf den Interessenbereich des Informationsempfängers zugeschnitten.
2. Das Datenmaterial kann sorgfältiger analysiert werden.
3. Die Information wird früher als bei manueller Berichterstattung vorgelegt.
4. Fehlerquote bzw. Gefahr bewußter Manipulation sind geringer.
5. Die Information kann, insbesondere bei On-line-Datenverarbeitung, z. B. mit Bildschirm-Endgeräten aussagekräftiger dargestellt werden.
6. Die Bereitstellung einer Vielzahl von Informationen kann mit relativ geringem Kostenaufwand erfolgen (S. 87).

Fragen und Antworten zur Erläuterung der veröffentlichten Aufsätze

Frage: **Wie kann durch Hinweis auf bemerkenswerte Datensituationen erreicht werden, daß die Entscheidungen sich mehr auf das Wesentliche konzentrieren?**

Antwort:

Hinweise auf entscheidungsreife Probleme und bemerkenswerte Datenkonstellationen können auf folgenden Wegen erreicht werden:

1. Informationen werden nur ausgedruckt, sobald sie Ausnahmesituationen enthalten.
2. Auf periodisch ausgedruckten Blättern können auffällige Datenkonstellationen durch besondere Symbole gekennzeichnet werden.
3. Am Fuß der Blätter werden verbale Aussagen und Hinweise auf einzelne an anderer Stelle gedruckte Daten ausgeschrieben.
4. Am Fuß der Blätter werden Verbalaussagen und Hinweise ausgedruckt und zusätzlich Detailinformationen auf besonderen Blättern ausgegeben (S. 89).

Frage: **Wie läßt sich begründen, daß der Computereinsatz zu einer wachsenden Rationalität der Entscheidungen führt?**

Antwort:

Eine wachsende Rationalität der Entscheidung läßt sich hauptsächlich aus zwei Überlegungen ableiten:

1. Die Bereitstellung detaillierter Daten und die Dispositions- und Optimierungsrechnungen verdrängen die „Gefühlsentscheidungen".
2. Die elektronische Führungsinformation zeigt in nüchterner Form die Konsequenzen unrationaler Entscheidungen auf (S. 92).

Frage: **Welches sind die Hauptursachen dafür, daß häufig Einzelentscheidungen relativ selbständiger Entscheidungsträger nicht mit der unternehmerischen Gesamtzielsetzung übereinstimmen.**

Antwort:

Als Ursachen sind insbesondere zu nennen:

1. Der Entscheidungsträger legt ein unberechtigtes Routine- und Gewohnheitsverhalten an den Tag.
2. Der Entscheidungsträger verfügt nicht über die notwendigen Informationen (Störung im Kommunikationssystem).
3. Der Entscheidungsträger verfolgt bewußt Individualziele, die nicht mit dem Unternehmensziel korrespondieren (die Ursache liegt hier besonders in innerorganisatorischen Interessen- und Zielkonflikten) (S. 92 ff.).

Fragen und Antworten zur Erläuterung der veröffentlichten Aufsätze

Frage: **Wie kann der Entscheidungsprozeß bei relativ selbständigen Entscheidungsträgern mit Hilfe der EDV positiv beeinflußt werden?**

Antwort:

Die EDV trägt wesentlich zur Koordination und Zentralisation des Entscheidungsprozesses bei. Dies wird im einzelnen insbesondere erreicht durch:

1. Da die Informationen besser als bisher auf den Interessenbereich des Informationsempfängers und Entscheidungsträgers zugeschnitten werden, erfolgen die Entscheidungen bei einem höheren Informationsstand.
2. Das Datenmaterial kann sorgfältiger analysiert werden.
3. Die Entscheidungen konzentrieren sich stärker auf das Wesentliche.
4. Routineentscheidungen werden automatisiert.
5. Massenentscheidungen werden verbessert.
6. Die Fehlerquote bzw. die Gefahr der bewußten Manipulation sind geringer.
7. Bei Einzelentscheidungen werden die Interdependenzen besser berücksichtigt.

Frage: **Ist die Befürchtung einer Überbetonung quantitativer Daten bei der Einführung der elektronischen Datenverarbeitung berechtigt?**

Antwort:

Die Gefahr der Überbetonung quantitativer Daten läßt sich zwar nicht grundsätzlich leugnen, es müßte aber berücksichtigt werden, daß die EDV sich nicht nur auf die Verarbeitung von Zahlendaten beschränkt.

Es kann sogar vermutet werden, daß langfristig Modelle der Mensch-Maschinen-Kommunikation und der On-line-Simulation und außerdem die quantitativen Daten und Informationen immer mehr an Bedeutung gewinnen (S. 99).

Kurzlexikalische Erläuterungen

Anspruchsniveau

Dieser der Psychologie entlehnte Ausdruck bezeichnet die vom Entscheidungsträger festgelegten Werte von Zielgrößen, deren Realisierung er als befriedigendes Ergebnis seiner Wirtschaftstätigkeit empfindet (z. B. Jahresgewinn und Marktanteil in bestimmter Höhe).

Dirigismus

Terminus für die Lenkung der Wirtschaft durch den Staat.

Feedback-Informationen

im Deutschen als Rückkoppelungs-Informationen bezeichnet. Jeder Entscheidungsträger hegt bestimmte Erwartungen über die Entscheidungen anderer Personen. Erweisen sich diese Erwartungen als unrichtig, so erhält der Entscheidungsträger eine entsprechende Information. Er ist nun in der Lage, seine Entscheidung auf Grund der Feedback-Information an die veränderte Entscheidungssituation anzupassen.

Gewinn, pagatorischer

ist der Gewinn, der sich ergibt, wenn als gewinnmindernde Kosten nur solche berücksichtigt werden, denen effektive Ausgaben gegenüberstehen.

Gewinn, kalkulatorischer

Diesen Gewinn erhält man, wenn der Kostenbegriff wertmäßig interpretiert wird, also auch Zusatzkosten (kalkulatorische Eigenkapitalzinsen, Abschreibungen und kalkulatorischer Unternehmerlohn) als negative Gewinnkomponenten angesetzt werden.

Heuristik

bezeichnet ein wissenschaftliches Verfahren, mit dem durch die Aufstellung von Hypothesen Erkenntnisse über die Wirkungsweise von komplexen Zusammenhängen gewonnen werden.

Individual causation

Form der Entscheidungsbildung. Die Entscheidungsanlässe in einer Unternehmung werden hier nicht generell geregelt, sondern die einzelnen Mitarbeiter setzen indiviuell, wenn sie es für richtig halten, einen Entscheidungsprozeß in Gang. Es muß sichergestellt werden, daß die individuellen Entscheidungsanlässe ausreichend koordiniert werden.

Kompetenz

lat. = Zuständigkeit; im Rahmen der betrieblichen Organisation die durch Betriebsanweisungen und ähnliche Maßnahmen klar abgegrenzte Zuständigkeit hinsichtlich bestimmter Entscheidungsbefugnisse und Weisungsrechte.

Kuppelproduktion

liegt vor, wenn in einem Fertigungsprozeß gleichzeitig mehrere verschiedenartige Erzeugnisse anfallen. Man unterscheidet:

1. Kuppelproduktion mit konstantem Mengenverhältnis der Kuppelprodukte;
2. Kuppelproduktion mit variablem Mengenverhältnis der Kuppelprodukte, d. h., durch die besonderen Prozeßbedingungen ist die Mengenrelation zwischen den Kuppelprodukten in gewissen Grenzen frei variierbar.

Kybernetik

neuere, auf Norbert Wiener zurückgehende interdisziplinäre Forschungsrichtung, die sich mit der Erforschung der Verhaltensweisen von komplexen Systemen (z. B. „Betrieb", „Volkswirtschaft") unter Regelungs- und Steuerungsaspekten beschäftigt.

Manager-Unternehmer

vor allem in Großbetrieben anzutreffen; bei ihm ist die Trennung von Unternehmensführung und Kapitalgeber vollzogen: Der Manager-Unternehmer ist rein juristisch ein Angestellter, in seiner Funktion aber ein Unternehmer.

Mikrosynthetische Struktur des Entscheidungsprozesses

Detaillierte Aufgliederung eines Entscheidungsprozesses in einzelne Stufen bzw. Aufgabenkomplexe. Im allgemeinen besteht der Entscheidungsprozeß aus Problemstellung, Problemanalyse, Synthese einer Problemlösung und dem Finalentschluß.

Nichtmonetäre Ziele

sind Ziele, die sich im Gegensatz zu den monetären Zielen nicht mit Geld als Maßstab messen lassen (z. B. Prestigestreben).

Novative Entscheidungen

Wahlhandlungen, die einmalig oder unter ungewöhnlichen Umständen bahnbrechend neue Möglichkeiten für das Unternehmen eröffnen.

Off-line-EDV

Die Datenträger werden zum Rechner transportiert und dort mit den bereits vorhandenen Daten verarbeitet. Nach dem Rechengang erfolgt die Ergebnisausgabe i. d. R. in Form von Computerausdrucken.

On-line-EDV

Die Daten werden durch Fernübertragung zum Rechner geleitet, die Ergebnisse auf dem gleichen Weg zurückgemeldet.

Organizational causation

Form der Entscheidungsbildung in multipersonal-arbeitsteiligen Unternehmungen. Die Entscheidungsanlässe werden organisiert und z. T. in einem festen Zeitplan aufgestellt. Man spricht hierbei auch von „geplanten Entscheidungen".

Sensibilitätsanalyse

Empfindlichkeitsanalyse. Es wird getestet, wie eine Variation der Daten um bestimmte Spannen das Ergebnis beeinflußt.

Simulation

Verfahren zur Lösung komplexer betriebswirtschaftlicher Entscheidungsprobleme. In einer Reihe von Berechnungsexperimenten wird geprüft, welche Auswirkungen von alternativen Datenkonstellationen und/oder Strategien auf die Variablen eines bestimmten Problems ausgehen. Im Gegensatz zu den analytischen Verfahren gibt es dabei keinen Algorithmus, der zwangsläufig zu einer optimalen Lösung führt, sondern es kann nur das jeweilig beste Ergebnis aus den durchgeführten Einzelexperimenten ausgewählt werden.

Situativer Entscheidungsanlaß

Zustand, in dem unter dem Druck einer bereits eingetretenen Situation dringend eine Entscheidung getroffen werden muß. Solche Entscheidungsanlässe führen zu ad-hoc-Entscheidungen (Improvisationen).

Software

Unter Software ist alles zusammengefaßt, was für Durchführung und Entwicklung der Organisation mit einer speziellen EDV-Anlage von Bedeutung ist. Software beinhaltet u. a. umfangreiche Programmbibliotheken.

Stufenselektion

ist ein Verfahren zur Auswahl von Vorgesetzten. Hierbei ermittelt die Geschäftsleitung den Kandidaten im Einvernehmen mit

a) den zukünftigen Vorgesetzten des Kandidaten,

b) den Mitarbeitern, deren direkter Vorgesetzter der Kandidat werden soll,

c) dem Vorsitzenden des Betriebsrates und seine Stellvertreter.

Der Kandidat muß die einfache Mehrheit der Stimmen erhalten.

System

Ein System (im kybernetischen Sinne) ist die Gesamtheit von geordneten Elementen, die sich an einem gemeinsamen Ziel orientieren und deren besondere Eigenschaften in einer erkennbaren Beziehung zueinander stehen (Struktur). Je nach dem Umfang der in einem System enthaltenen Elemente und Beziehungen lassen sich einfache und komplexe Systeme unterscheiden.

Teilnehmerrechnen (Time sharing)

Mehreren voneinander unabhängigen Benutzern kann gleichzeitig Zugang zu einer Rechenanlage verschafft werden, ohne daß sie einander nennenswert beeinträchtigen.

Unternehmen, multinationales

ein Unternehmen, das aus einer Muttergesellschaft und mehreren im Ausland tätigen Tochtergesellschaften besteht.

Varianz

Streuung; mathematisch ist die Varianz ein Maß dafür, wie stark eine Zufallsvariable im Durchschnitt von ihrem Erwartungswert abweicht.

Zieldimensionen

dienen zur Charakterisierung der Unternehmensziele in qualitativer und quantitativer Hinsicht. Es sind dies Inhalt, erstrebtes Ausmaß und zeitlicher Bezug der Ziele.

Zielpluralismus

kennzeichnet die Tatsache, daß die Unternehmenspolitik nicht nur von einem, sondern von einer Mehrzahl von Zielen geleitet wird.